"ZHINENG +"
YU ZHIZAOYE ZHUANXING YANJIU

"智能+"与制造业转型研究

刁生富　程　文　吴选红 ◎ 著

·广州·

版权所有　翻印必究

图书在版编目（CIP）数据

"智能+"与制造业转型研究/刁生富，程文，吴选红著 . —广州：中山大学出版社，2023.1

ISBN 978-7-306-07676-2

Ⅰ.①智… Ⅱ.①刁…②程…③吴… Ⅲ.①智能制造系统—制造工业—产业结构升级—研究—中国　Ⅳ.①F426.4

中国版本图书馆 CIP 数据核字（2022）第 251737 号

出 版 人：	王天琪
策划编辑：	杨文泉
责任编辑：	杨文泉
封面设计：	曾　斌
责任校对：	卢思敏
责任技编：	靳晓虹
出版发行：	中山大学出版社
电　　话：	编辑部 020-84110283，84113349，84111997，84110779，84110776
	发行部 020-84111998，84111981，84111160
地　　址：	广州市新港西路 135 号
邮　　编：	510275　　　　　　　　传　真：020-84036565
网　　址：	http://www.zsup.com.cn　　E-mail:zdcbs@ mail.sysu.edu.cn
印 刷 者：	广东虎彩云印刷有限公司
规　　格：	787mm×1092mm　1/16　17.75 印张　260 千字
版次印次：	2023 年 1 月第 1 版　2023 年 1 月第 1 次印刷
定　　价：	45.00 元

如发现本书因印装质量影响阅读，请与出版社发行部联系调换

本书受佛山科学技术学院学术著作出版
基金资助

前言

制造业是国民经济的主体，是立国之本、兴国之器、强国之基。在以大数据和人工智能为代表的新一代信息技术赋能下，传统制造业正在向智能制造转型升级。"智能+"的力量日益凸显，"制造"最终将演化为"智造"。

《2019年国务院政府工作报告》首次提出，要"围绕推动制造业高质量发展，强化工业基础和技术创新能力，促进先进制造业和现代服务业融合发展，加快建设制造强国。打造工业互联网平台，拓展'智能+'，为制造业转型升级赋能"。这是"智能+"第一次被写入政府工作报告，也是继2017年首次提及"人工智能"、2018年提出加强新一代人工智能研发应用之后，政府工作报告对于制造业智能化升级的又一个重要论述，意味着我国正在加速推动人工智能为传统产业赋能升级的步伐。2021年3月13日，新华社公布了《中华人民共和国国民经济和社会发展第十四个五年规划和2035年远景目标纲要》，全文"智能""智慧"相关表述达到57处，足见"智能+"的重要性。

"智能+"是一个非常广阔的领域，将智能加到不同的领域会得出不同的结果，其功能也会在不同领域得以发挥，促成不同领域的变革与颠覆，这是"数智技术"在当下的伟力。"智能+制造业"，说到底还是将智能技术、大数据技术等运用于制造业，促成制造业转型升级的革命。在这个革命的过程中，有的制造业企业由于提前布局，实现了"弯道超车"；有的制造业企业抓住了机遇，实现了"换道超车"。无论是前者还是后者，都紧紧抓住了大数据和人工智能等的技术风口，勇于在制造业转型升级的"浪尖上打滚"，才得以在变革的浪潮中圈得一块领地。

本书包括"智能+"与制造业转型的"道""术""势"三大部分，共15章。在"智能+"与制造业转型之"道"部分，我们分析了"智能+"赋能智能制造的本质、作用、场景、演化和未来，探讨了制造业转型升级的驱动力和大趋势；在"智能+"与制造业转型之"术"部分，分析了工业互联网、大数据、云计算、人工智能、3D打印、边缘计算、5G技术、区块链和数字孪生等新兴"数智技术"对智能制造的价值、应用场景、机遇与挑战以及应对措施等；在"智能+"与制造业转型之"势"部分，分析了无人工厂、机器换人的作用、影响、发展趋势等。通过对"智能+"如何赋能制造业转型升级的思路进行系统性梳理，从技术赋能、安全赋能、柔性赋能、效率赋能、质量赋能等方面来思考制造业转型升级的未来：生产性服务业的异军突起、制造基础理论的蓬勃发展、制造业的"生态化"和从"制造大国"向"制造强国"的转变。

本书在写作过程中参考了大量国内外文献，在此特向有关研究者和作者致以最真诚的感谢。中山大学出版社杨文泉编辑为本书的出版付出了心血，佛山科学技术学院学术著作出版基金资助了本书的出版。在此一并致以最真诚的感谢。对书中存在的不足之处，敬请读者批评指正。

刁生富

2022年6月16日

目录

第一部分
"智能+"与制造业转型之"道"

第一章 / 智能+制造：智能制造时代的来临
一、"智能+"：智能社会的大趋势 …………………… 002
二、从自动化到智能化：智能制造的演化历程 ……… 009
三、制造转型：从传统到智能的飞跃 ………………… 013
四、制造新动能：推进智能制造的合力 ……………… 018

第二章 / "智能+"赋能智能制造：正在到来的生产力革命
一、特征："智能+"赋能智能制造的本质 …………… 023
二、变革："智能+"赋能智能制造的作用 …………… 027
三、路径："智能+"赋能智能制造的场景 …………… 030
四、展望："智能+"赋能智能制造的未来 …………… 035

第三章 / 转型驱动力："智能+"与制造业的迭代升级

一、世界制造业的转型升级：智能化重塑制造业竞争
新优势 ·· 039

二、中国制造与中国智造：强势推进的制造业新力量
·· 046

三、中国制造业的难题：产业由低端向高端转型任重
道远 ·· 050

四、中国智造革命与国家政策：国家力量多方助力产业
升级 ·· 056

第二部分

"智能+"与制造业转型之"术"

第四章 / 工业互联网与智能制造：万物互联赋能制造革命

一、工业互联网：承接消费互联网的下半场 ············ 062

二、工业互联网的作用：智能制造的基石 ·············· 067

三、工业互联网的应用：构建智能制造新模式 ·········· 071

四、工业互联网的创新发展：科技竞争的新赛道 ······ 076

第五章 / 大数据与智能制造：预测型制造的实现

一、大数据：人类认识复杂世界的新思维和新手段
·· 082

二、大数据在智能制造中的作用：建立生产要素模型，
提质增效 ·· 088

三、大数据在智能制造中的应用：建立预防式的制造系统运转管理模式 …………………………… 093

四、智能制造在大数据时代面临的挑战及应对：方兴未艾的大变革 …………………………… 097

第六章 / 云计算与智能制造：资源即服务

一、云计算：互联网即计算机 …………………… 102

二、云计算在智能制造中的作用：制造资源和制造能力虚拟化 …………………………………… 108

三、云计算在智能制造中的运用：制造即服务 …… 111

四、云计算在智能制造中的机遇与挑战：迎接云制造时代 …………………………………………… 115

第七章 / 人工智能与智能制造：潜能无限

一、释放潜能：人工智能语境中的智能制造 ……… 121

二、五大优势：制造领域的新机遇 ………………… 125

三、未来趋势：人工智能与智能制造的无限可能 …… 129

四、应对之策：国家、企业与制造转型 …………… 132

第八章 / 3D打印与智能制造："化零为整"的技术突破

一、与生俱来：3D打印的制造属性与制造优势 …… 138

二、前世今生：3D打印制造能力的演化 …………… 141

三、"化零为整"：3D打印赋能智能制造 …………… 144

四、大显身手：3D打印在智能制造中的应用 ……… 146

第九章 / 边缘计算与智能制造：制造业功率、成本与延迟的再审视

一、技术互补：边缘计算助力"智造"变现 ………… 153

二、应用场景：边缘计算引发的数据处理革命 …… 158

三、网络架构：边缘计算在智能制造中的技术蓝图 …………… 162

四、凸显优势：功率、成本与延迟的再审视 ………… 165

第十章 / 5G 技术与智能制造：制造业转型升级的新动能

一、5G 技术的诞生：数字经济的新引擎 ………… 169

二、5G 技术的应用场景：eMBB、mMTC 和 uRLLC …………… 176

三、5G 技术服务智能制造：信息化与工业化的深度融合 …………… 181

四、5G 技术与智能制造的融合：挑战与应对 ……… 187

第十一章 / 区块链与智能制造：去中心化的生产协作

一、区块链技术：去中心化的分布式记账 ………… 193

二、区块链在制造业中的作用：生产资源整合+分布式商业模式 ……… 197

三、区块链在智能制造中的应用：新型智能生产模式+去中心化电商平台 ……… 201

四、区块链在智能制造中的挑战与前景：万众期待的区块链盛宴 ……… 205

第十二章 / 数字孪生与智能制造：未来制造的新趋势

一、数字孪生：与制造业密不可分的集成技术 …… 210

二、精准映射：制造领域虚实空间高效互动 ……… 213

三、创造价值：制造业新的利润增长点 …………… 215

四、应用场景：西门子公司的数字孪生实战 ……… 219

五、未来趋势：数字孪生重构智能制造 …………… 222

第三部分
"智能+"与制造转型之"势"

第十三章 / 无人工厂：一种依靠智能技术的工厂形态
    一、工厂的历史与当下：无人工厂诞生之缘由 …… 226
    二、利润来源：无人工厂的利润变现之道 ………… 232
    三、企业应对：无人工厂的未来发展准备 ………… 236

第十四章 / 机器换人：做一个不会被机器换掉的人
    一、生存之战：制造业的机器换人战略 …………… 240
    二、弯道超车：机器换人对智能制造的影响 ……… 245
    三、新不等式：机器换人≠不需要人 ……………… 249
    四、能力再造：做一个不会被机器换掉的人 ……… 253

第十五章 / 结语：迈向智能制造新时代
    一、制造业智能化：智能制造从点向线、面深化应用 ……………………………………………… 260
    二、制造业服务化：现代产业融合发展新趋势 …… 264
    三、制造业"生态化"：实现绿色高效发展 ……… 266
    四、实现"制造强国梦"：制造业系统全面智能化 ……………………………………………………… 268

第一部分

"智能+"与制造业转型之"道"

第一章

智能+制造：智能制造时代的来临

智能制造作为有"温度"的制造活动，已成为传统制造业转型升级的风向标。智能制造的柔性化生产方式，让消费者参与到心仪产品的制造活动中，将消费者个性化、定制化的独特体验推向极致，从而突出了消费者的主人翁地位。

随着大数据、人工智能、区块链和数字孪生等新一代信息技术的快速发展和广泛普及，智能制造体系不断得到构建和完善。在今天，从设计、生产、管理到销售和服务等，各个环节都以嵌入智能系统作为制造业创新发展的最佳选择。从自动化制造到集成化制造，再到智能化制造，这是一个漫长的制造业生态演化过程。作为21世纪先进制造方式的典型代表，智能制造对于推动制造业转型升级具有重大战略意义。

一、"智能+"：智能社会的大趋势

智能是智慧和能力的合称，总体上是指用智慧去思考、发现和解决问题的能力。根据智能载体的不同，可以大致将智能分为人类智能和人工智能两大类。人工智能是相较于人类智能而言的，是人类智能的技术化延伸、增强和再现。

在漫长的历史长河中，人类为了更好地生存和发展，一直坚持对工具进行研究，并不断地将人自身所具备的智慧和能力赋予工具（机器），希冀能够用工具或机器来代替人类从事繁重、艰苦或者危险的劳动——这可以说是人工智能诞生和发展的源泉和动力。

"人工智能"一词诞生于1956年夏季举办的世界达特茅斯会议。时至今日，人工智能的发展已有60多年历史，虽几经波折，有时发展放缓，有时加速前进，但就总体上说，人工智能始终是在不断地向前发展的。

自人类进入21世纪以来，社会生产力得到了极大发展，经济全球化进一步加深，全球分工愈来愈细化，这就促使国与国之间、区域与区域之间的合作更加密切。特别是基于经济全球化对全球分工的影响，专门从事劳动密集型制造业的国家曾经风光无限。

然而，这是一个技术"核聚变"的时代，某个单项技术的发展虽然在短时间内不能引起太大的变化，但多项技术的融合与创新，其催生出来的技术力量却是不容小觑的。人工智能技术就是这样的多项技术融合发展的最新成果。如今，人工智能正以迅猛之势重塑着人类的生产、生活、工作和学习的方方面面，并深刻影响着全球的产业与就业、合作与竞争。

技术时代的特征在实体经济领域中表现得尤为突出。但凡新兴技术，人们都会想办法使之迅速与产业相融合，从而带来新的产品和服务，以满足人类不断产生的新的社会需求。正是"融合"这种思想理念，使"互联网+""数字经济""智能+"等新技术形态和新经济形态得以产生和发展。

早在2015年3月5日十二届全国人大第三次会议上，李克强总理在政府工作报告中就首次提出"互联网+"行动计划，强调将新一代信息技术应用于实体经济中，走"互联网+传统产业=新产业"的道路。"互联网+"利用互联网思维推动经济形态不断发生演变，从而带动实体经济焕发新的生命力，为改革、创新、发展提供广阔的网络平台。通俗地说，"互联网+"就是"互联网+各个传统行业"，但这并不是简单的两者相加，而是利用信息通信技术以及互联网平台，让互联网与传统行业进行深度融合，创造新的发展生态。①

数字经济是"互联网+"时代背景下的一个经济应用场景,其本质是经济的数字化、信息化转型。数字经济是指在一个经济系统中,数字技术被广泛使用并由此带来了整个经济环境和经济活动的根本变化。数字经济也是一个信息和商务活动都数字化的全新的社会政治和经济系统。② 可见,无论是"互联网+"还是"数字经济",无疑都是技术融合发展的产物。

"智能+"是继"互联网+"和"数字经济"之后的又一核心概念。从"互联网+"到"数字经济"再到"智能+"的演化,一方面反映的是社会的技术变革,另一方面反映的是由技术引起的社会经济形态的变革。社会技术的变革是基于新技术、新应用而出现的社会进一步技术化,社会经济形态的变革是基于新兴技术而出现的经济结构升级与转型。2019年的政府工作报告提出"智能+"重要战略:深化大数据、人工智能等研发应用,打造工业互联网平台,拓展"智能+",为制造业转型升级赋能。由此,掀起了一股"智能+"的社会研究热潮,"智能+传统产业=新产业"的新型发展进路走进了大众的视野。

"智能+传统产业=新产业"。这就意味着要想人工智能技术促进传统产业的发展,自然要将其"+"到互联网上。人工智能的核心是智能算法,算法的基础是数据,在实体经济没有进行数据化、信息化转型之前,人工智能是很难与其进行融合发展的,因为两者之间存在关联障碍,难以实现彼此的有效互动。所以,"互联网+"是"智能+"的基础条件,"互联网+"为"智能+"提供了最基础的平台和数据支撑。

在互联网发展之前,人类社会的各领域是依靠现实的关系网络维系的。由于受到时空限制,若将这种现实的关系网络扩展延伸到一定范围,则会出现"孤岛"的情况,多元化的数据是各自独立而存在的。但随着互

---

① 《互联网+》,见百度百科网(https://baike.baidu.com/item/%E4%BA%92%E8%81%94%E7%BD%91+/12277003)。

② 《数字经济》,见360百科网(https://baike.so.com/doc/7909987-8184082.html)。

联网的发展，数据孤岛的问题逐渐被突破，数据得以不断开放与共享，万物的物理网络得以与虚拟信息网络相连接，万物呈现互联互通的状态（见图 1-1）。

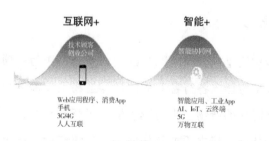

图 1-1　"互联网+"与"智能+"

（资料来源：阿里研究院报告《从连接到赋能："智能+"助力中国经济高质量发展》。）

与此同时，随着技术赋能能力的提高，通过技术手段使得工具具备了智能的能力，这个过程就是赋能与使能的过程，在这个发展过程的后期将出现万物智能的状态。可见，"智能+"的发展，是经历"万物孤岛→万物互联→万物赋能→万物使能→万物智能"的过程，前者是后者的发展基础，后者是前者的发展结果。由此可知，从"互联网+"到"智能+"的演化，是数据、算法赋能与使能的结果。

就制造业而言，"智能+"是指深度依托大数据、物联网、互联网、边缘计算、机器人、5G、机器学习、深度学习、图像识别、语音识别、自然语言处理、专家系统等智能技术，赋能现代制造业和生产服务业，改善制造业发展的技术环境，从提质、增效、降成本三个方面为制造业的高质量发展提供战略支撑、技术架构和服务指南，促进制造业从高速发展向高质量发展的临界点超越，从而实现制造业发展过程的动能转换，释放实体经济发展的新活力。

经济发展是一个动态的过程，从"互联网+"到"智能+"的技术性演变，是全球先进技术进军实体经济领域的应用场景，整个演化的过程隐藏着人类经济社会发展的技术依附性。如今，"智能+"是社会先进生产力的代表，是世界顶尖技术的社会化应用的体现。正当"智能+传统产业=新产业"这一具有革命性力量的公式被普遍应用之时，"智能+"的特征也逐渐明显。

（一）智能化

今天，智能化已是在全球范围内的大势所趋。作为一项典型的使能型技术，未来，人工智能向各行各业的广泛渗透将引发深度变革。"智能+"作为这个智能新时代的产物，它的诞生依托于智能技术，它真正的魅力就在于其智能化的特征，将之添加到任何一个传统产业，这个产业都将发生重大变化。例如，"智能+传统医疗=智能医疗""智能+传统家居=智能家居""智能+传统交通=智能交通""智能+传统物流=智能物流"等，无不突出了"智能+"的根本特征和重要力量。可见，智能化是"智能+"的根本特征。在智能化阶段，人工智能技术通过与各行各业深度融合，不仅使传统产业得到转型升级，而且催生了一大批新产品、新产业、新业态，从而大大拓展了产业发展的新空间。

（二）跨界化

跨界化是指不同事物跨域关联的能力和倾向，跨界的本质是整合与融合。人工智能技术支撑下的"智能+"，其本身就是一种跨界融合，是将一系列单个技术整合起来产生"化学反应"的产物。因此，跨界化是"智能+"的又一重要特征，具体可分为技术跨界和领域跨界。

"智能+"的技术跨界是指它的技术发源于多样化技术的整合。大数据、人工智能时代是一个信息共享与数据高度关联的时代，高效率的数据传输、存储、分析和预测技术，为实时、动态数据的采集与数学建模提供了技术跨界的条件。

"智能+"的领域跨界是指它所拥有的能够在不同领域引起跨界发生与跨界创新的能力。在领域跨界方面，阿里巴巴商业操作系统就是一个

"智能+"助力跨界的实例。阿里巴巴商业操作系统是一种基于"数据+算力+算法"的运营机制,它通过赋能各类企业,使企业的品牌、商品、销售、营销、渠道管理、服务、资金、物流供应链、制造、组织、信息管理系统11个商业要素实现在线化与数字化。① 阿里巴巴商业操作系统赋能各类企业具体环节的过程,就是一个跨界的过程,基于"智能+"("数据+算力+算法")机制的跨界与融合,实现各行各业的各个环节互通有无,协力推动商业要素的智能化转型,助力制造业从各环节"互联"到各环节"智能"的转变。

(三)可预测化

可预测化是指对未发生的事情提前预知的能力和倾向。可预测化特征是"智能+"的又一个重要特征,主要反映的是大数据、人工智能技术对相关性的追求。在"智能+"被广泛应用的时代,大部分传统产业中存在的程序性操作的相关环节将被人工智能技术可视化,并实现数据模型建构,从而有利于人们进一步掌握事物发展的规律。譬如,可以通过人工智能预测技术,很好地预测全球制造业未来发展的趋势和规模;也可以运用人工智能预测生产制造产品的合格率,并对不合格产品的问题源头进行改进,进一步提高制造业中的产品合格率等。延伸到制造业,"智能+"正在引领制造业发展的新航向。它通过更可靠的需求预测、提升运营和供应链的灵活性,以及更精准地预测影响制造业营运的因素来加速生产能力的提升。②

智能化、跨界化、可预测化作为"智能+"的三大特征,是"智能+传统产业=新产业"这一公式区别于传统产业变革公式的核心特征。在"互联网+"时代,转变社会经济增长方式的关键是信息化,与之相对应的社会路径是产业信息化和信息产业化。在"智能+"时代,转变社会经济

---

① 《一张图看懂未来的智能化组织》,见阿里研究院网(http://www.aliresearch.com/Blog/Article/detail/id/21787.html)。

② 顾硕:《人工智能引领智能制造》,载《自动化博览》2017年第9期,第3页。

增长方式的关键是智能化，与之相应的社会路径是产业智能化和智能产业化。两者的目的虽然都是实现经济的转型升级，但在转型升级的广度和深度上却存在差异。产业信息化和信息产业化强调信息化、知识化和技术化，但在行业间的跨界融合、互联互通、技术对话等领域存在不足，形成的仅是万物互联的状态。但就"智能+"时代而言，产业智能化和智能产业化的社会进路强调的是智能化、跨界化和可预测化，形成的是万物互联与万物智能的叠加态。

在当下的大数据、人工智能时代，人类正处在信息社会与未来智能社会发展的碰撞期，大数据、人工智能技术浪潮正在席卷全球，传统信息社会的结构逐渐被新兴技术解构与重构。社会重构意味着信息社会即将向更高阶的社会形态跃升，人工智能作为当前科学技术发展最前沿的代表，自然成为促进经济和社会转型的核心技术角色。一方面，传统技术的研发与应用瓶颈凸显，在一定程度上表现为技术的局限性阻碍了社会的转型，即是说仅凭传统技术无法顺利推进社会转型。另一方面，信息社会已经不能继续很好地满足人类对美好生活向往的需求，诉诸新生科技力量是大势所趋。正是在这样的时代背景下，"智能+"的思想被提出，它在总体上反映的是后人类社会的历史与现实的统一。随着"智能+"的影响范围的逐渐扩大，在传统信息社会结构的相关领域中，"智能+"的智能化、跨界化、可预测化特征开始向社会产业渗透，最终迈向产业智能化和智能产业化的发展之路，一个新的社会——智能社会正在形成。

智能社会是以大数据、人工智能等新兴技术为依托的社会新形态，其发展的基础仍然是实体经济，尤以制造业和制造服务业为典型代表。据前文所述，智能社会兼具产业智能化和智能产业化两大特征，分别对应智能社会形成前与形成后的产业经济发展特点。那么，制造业在这场产业变革中势必"首当其冲"。换言之，制造智能化在智能社会形成前就已经全面启动，待智能社会初具形态时，为了顺应社会发展的需要，智能化制造也开始出现。因此，制造智能化与智能化制造共同建构了智能制造的内涵与外延。

二、从自动化到智能化：智能制造的演化历程

制造源于人类需求的不断扩张。当社会总需求大于社会总供给时，一些人得以从劳动中解放出来专门从事产品生产活动，当这种生产活动能够换来劳动者必要的生存物质时，制造活动开始从"业余"走向"专业"，制造业就此演化而来。随着社会生产力水平的不断提高，以及随之发生的一系列技术革命，人类的制造能力和制造水平也与日俱增。

对制造的追问，难免要问及什么是制造的问题。制造的概念有广义和狭义之分，广义的制造覆盖整个制造业活动，包括市场需求、产品设计、研发、产品加工过程、库存、销售与售后服务等，而狭义的制造主要是指将原材料加工成成品的过程。从其概念中可以看出，狭义的概念所覆盖的制造活动的面很窄，主要是用于界定传统的生产制造活动。而如今，由于制造范畴的不断扩大，制造活动已经成为一个系统的经济、社会和文化活动现象。

制造的发展历程是与工具分不开的。在最早的制造活动中，大多数是直接通过人类劳动力，这时的制造活动被称为手工制造活动。随着工具的不断革新，手工制造活动逐渐退出历史舞台，转而被机械制造活动取而代之，制造活动进而过渡到机械制造活动阶段。在这个阶段，制造活动又有不同的划分方式。根据机械智能化的水平，制造活动可分为自动化制造和智能化制造；根据制造活动的动力来源，可分为蒸汽制造、电力制造和智能算法制造；按照种类划分，又可分为纺织业、农副食品加工业、家具制造业、医药制造业、金属制造业等。

无论依据哪种分类学标准，从其纵向历史发展进程来看，在时间轴后端的制造活动总体上是优于前端的，并且存在明显的"无人化"特征和趋势。制造活动的无人化，不是整个制造过程不再需要人，而是人类以另外一种方式参与其中。这种参与方式即是制造生产链自动化和智能化。只有

这样,才能满足繁重的生产制造环节的无人化需求。

正是基于这种"另外一种方式"的目标,各种科学技术得以不断涌入制造业领域,制造活动也在不断地升级换代。得益于近期科技发展的重要突破,人类谋求的那种间接参与制造活动的方式正在逐步得以实现,并在互联网、物联网、大数据和人工智能等日新月异的条件下,激发了人类探索新兴技术应用场景的兴趣。由于制造活动在整个人类社会中占据着重要的地位,制造活动被最新科技广泛渗透融合也就不难理解了。因此,继"互联网+"之后,"智能+"也开始在制造领域崭露头角。"智能+传统制造=智能制造",一场新的制造革命就此拉开帷幕。

智能制造是"智能+"与制造业深度融合发展的产物,是借助人工智能技术延伸、增强人的制造能力于制造业全生命周期的过程,包括智能装备、智能工厂、智能服务等各环节的智能化,具体表现为制造决策、制造管理与制造服务的智能化转型升级。它是智能与制造的合称,是"智能+"对制造行业施加影响后的结果。

按照前文的解释,智能是智慧和能力的代名词,是指一种运用系统知识去化解现实问题的能力。所以,从一定意义上来说,智能制造就是用智能技术解决制造活动中存在的问题的制造过程。总的来说,智能制造是传统制造业遇上人工智能技术后的"变数"发展,它有效解决了传统制造业劳动力供给不足、生产成本高、生产数量大但质量不高、生产的管理与决策不便捷等难题,是传统制造业的升级版,也是继"互联网+"制造业之后的"换道发展"的最新成果。

(一) 智能制造发展特征

智能制造是全球数字经济的最新形态,在其发展过程中表现出一系列新的特征。

1. 设备智能化

智能制造场景中的设备智能化,包括设备的智能化调适、设备的智能化数据感知、设备的智能化互联以及设备的智能化学习等。换言之，智能制造的设备智能化，是生产设备互联、感知、决策、执行、学习等方面的智能化，最终助力制造业智能化终极场景的出现。

在智能生产过程中，基于大数据、人工智能技术的制造业各环节、各个智能设备之间的制造数据的互联互通，为制造活动的管理者和消费者提供了及时、准确、可视化的数据信息。就管理者而言，他们能够实时根据这些生产数据进行生产决策与执行，并在机械设备的智能化学习中提高生产决策的效率和质量；就消费者而言，他们可以随时随地跟进消费商品的制造过程、进度和物流位置等信息，提高对制造过程的参与度。

2. 人机一体化

在制造业智能化的过程中，最为显著的现象就是机器换人和无人工厂。这种现象引发了人们对智能制造不需要人的担忧与焦虑，但与此同时，智能制造行业的人才短缺现象也逐渐明显。这个"换人"与"缺人"的智能制造行业悖论，背后意味着智能制造不是不需要人，而是需要新型专业化的技术工人，需要能够在制造场景中完成人机协作的人才。

因此，在制造智能化的过程中，需要引进和培养大批具有能够熟知人机交互原理与实操、制造产品数学建模、制造系统的管理与使用、机器人培训与维修、数控机床编程与控制等素质和技能的人才，进而促进人与机器人的良好合作。

3. 柔性化与定制化

智能制造的柔性化与定制化，是智能制造在发展过程中为了满足消费者个性化需求而塑造的。传统的制造业为了提高生产效率和降低生产成本，再加上受到技术水平的限制，在制造各环节中，只能按照标准化和规模化的生产进行制造业布局，使其在柔性化生产方面受到僵硬的生产模式的限制，无法实现小规模的个性化定制。但智能制造则不同，其生产模式具有柔性化的特征，由智能技术操控的智能生产设备，能够根据输入的产品参数，及时调适生产各环节的和谐度，从而在短时间内实现柔性化生产与个性化定制。

通过上面的分析可以看出，智能制造实际上是借助于智能技术延伸，在制造业全生命周期的过程之中增强人的制造能力，从而在制造活动中体现设备智能化、人机一体化、柔性化与定制化等特征。

（二）智能制造发展阶段

智能制造的发展历程绝不是一蹴而就的，截至目前，共经历了三个发展阶段。

1. **智能制造 1.0：自动化制造**

自动化制造是一种人机分离的智能制造活动，在自动化制造的前期，半自动化制造和低效能自动化制造占据自动化制造主流。在这个阶段，自动化机械的引进虽然在一定程度上冲击了劳动力市场，但是由于自动化水平不高，且普遍表现为独立性制造作业，仍需要大量劳动力掌管自动化机械的运维，机械与机械之间的对接成本高，消耗了大量制造业资金。因此，在自动化制造的后期，在引进智能生产设备的前提下，固定岗位上的自动化水平普遍提高。特别是计算机技术的运用，促使每个独立的生产环节的数据开始发挥作用，单个生产环节的制造智能化水平得以提高。

2. **智能制造 2.0：集成化制造**

智能制造的第二阶段是制造业的集成化发展。智能制造在步入第二个发展阶段时，制造行业为了方便对制造全生命周期进行有效管理，迅速开展关于制造业各环节的数字化、信息化、标准化工作，工作内容包括设计、研发、原材料采购、生产加工、产品库存、产品销售与运输、售后服务、生产质量、生产效率、市场反应等方面的数字化、信息化、标准化工作。基于"互联网+"的运用，智能制造的各环节由处于孤立状态走向联合发展，这个联合的过程就是集成化制造的形成过程。集成化制造即借助于计算机系统平台，如计算机辅助设计（CAD）、办公自动化（OA）系统、用于管理客户关系的 CRM 系统、计算机辅助制造（CAM）、计算机辅助测试（CAT）、生产数据及设备状态信息采集分析管理系统、制造执行系统（MES）、计算机辅助质量控制（CAQ）、制造过程数据文档管理系统等，系统与系统的互联互通打通了智能制造全生命周期，生产的各个环节都普遍采用计算机操作系统以辅助执行制造任务，产品与服务实现从物理网络到信息网络的转变，在生产制造环节嵌入智能化技术，大大提高了制造数据处理分析与运用的能力。其间，基于物联网、服务网、数据网、工厂间互联网等各种服务网络的全覆盖，各种智能制造装备迅速集成，人与制造机器的对话能力得到显著提高。

3. **智能制造 3.0：智能化制造**

在智能制造 3.0 阶段，设备、生产、管理与服务等各个环节开始过渡到智能驱动阶段。"数据+算法+算力+模型"为制造过程赋能与增能，智能生产线、智能生产车间、智能仓储管理、智能物流等环节的智能化特征明显，机器换人与无人工厂建设如火如荼，整个制造环节对人才的需求，已基本完成由劳动密集型向知识密集型和技术密集型的大转变。借助于大数据、云计算、物联网、人工智能、5G、边缘计算、3D 打印等智能技术，促成制造全生命周期的人机协同、柔性化制造与个性化定制，制造业完全转型为"三高"（高效率、高质量与高标准）产业。

三、制造转型：从传统到智能的飞跃

制造的本质是产品与服务的生成，其本身并无传统与现代之分，只是在不同的时间，人们对产品与服务的要求不同。在智能制造崛起之初，传统制造的发展正值兴盛时期，但发展的短板却迟迟得不到解决。更准确地说，这些短板几乎成为传统制造的顽疾，仅凭旧有的生产技术和生产模式很难攻克。

传统制造是在重需求侧、轻供给侧的经济发展环境中发展起来的。改革开放之初，国家总体经济实力不强，社会生产力较为落后，工业化水平远远落后于发达国家水平。在这样的时代背景下，急需改变这种现状，振兴国家制造业的担子很重。所以，在传统制造业中，个人、企业与政府都偏向于强调国家经济实力和财富的高速增长，与之相对应的是社会总体经济发展的国家理念，实现经济的"又快又好发展"，衡量的指标是国内生产总值（GDP）。过去常被经济学界誉为拉动经济发展的"三驾马车"，即消费、投资、出口，一直是社会经济发展的风向标。"三驾马车"作为需求侧的驱动力，对传统制造业的影响深远。从积极方面看，随着传统制造业的发展，国家工业化水平不断提高，国际竞争力明显增强，社会经济实力与总体财富不断增长，社会产业结构优化升级，对保障和改善民生起到了重大作用；从消极方面看，最为直观的表现就是制造业对供给侧的劳动力、土地、资本、制度创造、创新等要素的关注度不足，导致传统制造行业在发展后期遭遇高效率、低质量的发展瓶颈，一系列问题也随之出现。

第一，制造业呈现"高耗能、高排放、高污染"的状态。传统产业最为明显的现象就是"三高"：高耗能、高排放、高污染。在生产制造活动中，由于缺乏有效的政府监管措施，制造厂商缺乏有效的资源与能耗管理平台，整个制造大环境缺乏环保意识等，导致了以牺牲环境为代价的传统制造业的野蛮发展。根据工业品营销研究院的研究数据，在传统制造领域，光是电机（俗称"马达"），国内能源消耗就比发达国家高出15%～20%。发达国家使用的多为节能环保的高效电机，其高效电机效率已达到91%以上；而中国高效电机使用率仅为5%，其余大部分是低于标准规定的3级能效电机，平均效率为87%。①

第二，技术缺乏核心竞争力，产品附加值不高。技术对于制造的影响，集中表现在商品的价值层面，高质量的产品自然离不开"高精尖"技术的支撑。一方面，企业可以有效将技术优势转化为产品优势，减少因不必要的技术故障所致的劣质产品问题的出现。另一方面，掌握核心制造技

---

① 《中国制造业存在的问题》，见行知部落网（https://www.xzbu.com/3/view-6131946.htm）。

术的企业,能够保证他们在同行技术产品竞争中占据优势,并持续塑造产品价值生态链。然而,在传统制造领域,在整个国内制造生态系统的构成要素中,核心技术占比明显不足,严重依赖进口核心技术,在行业竞争中的话语权声音微弱,严重制约着制造业的发展。从整体来看,传统制造业的生产总量虽然可观,但大部分仍处于全球价值链微笑曲线的中间,产品附加值不高,能源消耗强度大,缺少核心技术与前期技术积累的优势,导致我国传统制造业在全球范围内竞争力依然较低。① 中国制造业微笑曲线如图1-2所示。

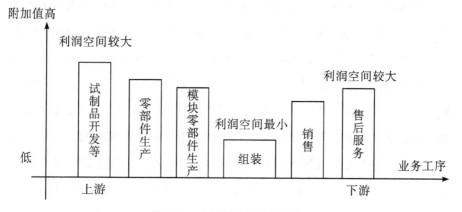

图1-2 中国制造业微笑曲线

第三,规模化生产导致产销结构失衡。传统制造特别注重规模化生产,这与规模化生产的优势息息相关。规模化生产存在分工极端细化的特征,企业的个别劳动生产率大幅度提高,降低了产品的生产成本,在生产制造流程中可实现高效率生产,并能迅速实现短时间内产出大量同类产品,便于开展市场的低价竞争,且随着生产规模的扩大,同样批量产品的产出耗时减少。这就是在激烈的市场竞争环境中,相较于小规模生产企业,大规模生产企业往往能够在市场竞争中胜出的缘故。然而,这种传统制造领域的规模化生产也存在很大的弊病:一旦市场出现该产品的消费替

---

① 杨水利、张仁丹:《智能制造推动我国传统制造业转型升级研究——以沈阳机床集团为例》,载《生产力研究》2017年第12期,第13-17页、第161页。

代品，就意味着生产制造的产品无法迅速转换为企业资本，从而引发资金链断裂危机。传统制造中的规模化生产，也是僵硬的生产模式的典型代表，这种生产模式是以提高效率、降低生产成本、迅速拓展新市场为生产导向的，它忽视对动态变化的市场需求的有效应对机制，柔性化生产能力明显不足。当消费者的需求出现动态变化时，规模化生产制造的产品与市场需求不对应，一边是需求得不到满足，一边是产品积压滞销，给传统制造业的发展带来重大的打击。总而言之，传统制造业的规模化生产缺乏对市场随机应变的能力，特别容易导致产销结构失衡。

扬长避短，为解决传统制造领域重点强调需求侧改革的发展动力不足问题，智能制造悄然而至。在智能制造崛起之初，很多传统企业是不够重视的，因为它们认为智能化本身意味着要主动面对转型升级带来的巨大压力，还不如先停留在传统领域观望其走向。但当资源流向的临界点到来时，制造行业开始大范围"觉醒"。在资源分流到传统制造与智能制造领域，且初次出现流向智能制造领域的资源多于传统制造领域时，我们称之为传统制造与智能制造未来发展的临界点，即分水岭。提前跨越分水岭的转型企业，在制造资源分配中占据优势地位，而那些尚未达到或者在战略上无视智能化转型的企业，它们最后付出的代价就是，要么破产倒闭，要么被廉价并购。

制造业智能化转型升级是中国经济从高速增长转向高质量发展的重要抓手，是供给侧结构性改革的重要经济手段，在技术、需求与市场等方面均体现出智能制造的时代发展趋势不可阻挡。从劳动价值论角度看，智能制造改变了传统制造中的物质产品价值构成，大大降低了生产成本，在实现经济利益的同时，提高了社会资源配置的效率。[①] 基于先进的机器人技术、物联网技术、大数据技术、人工智能技术，智能制造从智能设计、智能生产、智能产品、商业模式创新、智能管理和智能化基础设施建设五个

[①] 李永红、王晟：《互联网驱动智能制造的机理与路径研究——对中国制造2025的思考》，载《科技进步与对策》2017年第16期，第56-61页。

维度入手，以价值链升级支撑产业升级，使传统制造业从价值链低端向价值链高端区域移动，从以生产为主导转向以研发为主导，从规模生产转向定制化生产。高度灵活的生产模式铸造高价值产品。智能制造的生产经营活动，是按照"用户直连制造"的模式按需运行的，它依托尖端的"智能+"配套技术与服务，全方位转移技术优势与高品质服务于产品之中，大大提高了产品的附加值与市场竞争力。以消费者为中心的现实观照，是对规模化生产的有效突破。事实证明，传统制造中注重存量与增量、轻视流量的规模化生产模式，并不是消费者最欢迎的模式。

智能制造实现了产业链整合与产销结构的平衡。传统制造，有一种低着头"猛搞"生产活动的行为，它确实在短期内能够极大地增强社会总体经济实力，但当其社会溢出效应达到最大值时，往往暴露出巨大的市场风险。风险的来源是产业后端的数据反馈不足以支撑产业前端的生产行为。而由智能技术渗透到制造产业价值链各个环节的智能化生产，借助于"智能+"配套技术的优势，促进了制造全生命周期的无缝衔接，进一步提高了产业协作链条的整体互动能力，做到了"生产是对需求的有效回应"与"无需求不生产"的"零库存"制造模式。可见，智能制造是产业链高度整合的结果，它突破了传统制造领域产销结构不平衡的瓶颈，走向了供需平衡的生态制造形态。

智能制造是有温度的制造活动。虽说制造业的本质是产品与服务，但制造的本源却是为人而存在的。在传统制造模式下，僵硬的生产模式与个性化需求永远是一对不可调和的矛盾。换言之，这种模式实质是上游产品决定了下游客户的需求，制造活动本就冰冷，加之销售与售后常常缺少主动温情的服务，更加凸显出传统制造业的冰冷行为。当传统制造的市场需求进入饱和阶段时，产能过剩问题促使相关企业不得不谋求转型升级的道路。所以，智能制造作为有温度的制造活动，自然成为传统制造业转型升级的风向标，也势必成为标杆和典范。智能制造的柔性化生产特点，将个性化、定制化的消费者独特体验推向极致，甚至直接突出消费者的主人翁地位，让出生产制造的主动权，让他们开放地参与到心仪的产品制造活动中去，给予消费者以极大的尊重——下游消费者决定上游生产。在制造活动中突出消费者的主人翁地位，其实就是在提高制造活动的情感温度，提升了整个制造生态链条价值变现的能力。

四、制造新动能：推进智能制造的合力

在"智能+"时代，智能制造拥有传统制造无法替代的优势和发展潜力，必然会成为越来越多制造企业追逐的对象。在未来，智能制造将一直是建设制造强国的主攻方向，也是传统制造业转型升级的必然趋势。智能制造是基于"智能+"配套技术体系的人机一体化协作系统，其制造环节包括人与人、人与网络、人与机器、机器与机器的互联互通与相互协作，共同构建了智能制造生态系统的价值链条。

紧跟时代步伐，为了进一步发展和完善智能制造生态系统，充实其价值链条上的价值信息，需要对其进行战略布局，使价值网络通过节点和连接不断促进产品增值的实现。智能制造是一项系统工程，要想实现从"智变"到"质变"的历史飞跃，需要慎重考量诸多方面的价值与意义。

在智能制造场景中，究竟哪些重要方面对其具有不可忽视的作用？各家各抒己见，具体有人才、智能工厂、智能物流、工业大数据、生产流程的数字化、工业大脑、信息物理系统（CPS）、智能机器人、人工智能技术、工业互联网、3D打印、5G技术、边缘计算等。从系统论的角度而言，智能制造的快速发展，主要与人、技术、场、创新、政策五个重要方面息息相关。要实现智能制造的高质量发展，"五个重要方面"一定是相辅相成、相互促进、缺一不可的关系。譬如，缺少人，智能制造无从开展，将会失去灵魂；缺少技术，智能制造没有技术支撑，将会回归传统；缺少政策，智能制造的发展进度放慢，"有形的手"与"无形的手"之间很难做到协调配合。

在智能制造场域中，人是首要因素。在智能制造全生命周期中，都不可能全盘地脱离人而存在。随着智能制造的崛起，中国传统文化中"以人为本"的人本思想理念有机会与西方自然科学技术理论密切结合，并在智能制造环境中凸显出来。这种凸显，就社会学角度而言，体现为一种人文关怀，当机器换人导致制造行业大批量从业人员失业时，社会的呼声不断，怎么解决他们被裁员后的生计问题，成为人们最为关心的问题。从企业发展的角度而言，出于对自身长远发展的考虑，只有技术过硬的人才队伍，才能在产品的产出方面更为贴近消费者的高标准需求。可见，人是智能制造中的首要因素。

在制造业智能化过程中主要牵涉这几个方面的人：在制造业智能化转型升级的过程中，被机器换人战略换掉的人、目前没有被换掉的人，以及即将准备进入智能制造行业的人，还有智能制造行业的顶层规划者等。他们各自都有一个非常相似的任务，就是掌握"真本事、硬功夫"，确保自己不被制造业劳动力市场所淘汰。正是基于这个目的，全球掀起了一阵"新工科"人才培养浪潮，复旦共识、天大行动、北京指南、麻省理工人才培养计划等方案应运而生。一方面，这是从教育的视角为即将步入社会的青年学生提前备战；另一方面，这是为国家制造业智能化转型升级而做准备。毕竟，国与国之间的制造业市场的竞争，本质上是人才的竞争——人才归根到底是第一资源。

若要将智能制造的人本理念比作其灵魂，那么，技术则是智能制造的骨骼，即智能制造的支撑架构。大数据、人工智能时代，"智能+"配套技术赋能传统制造业，以现代制造业著称的智能制造才得以如此快速地发展。"智能+"配套技术包括互联网技术、物联网技术、智能机器人技术、机器学习、深度学习、图像识别、语音识别、自然语言处理、3D打印技术、边缘计算技术、5G技术等。图像识别技术赋能制造业以"眼睛"，深度学习技术赋能制造业以"大脑"，物联网与语音识别技术赋能制造业以数据反馈的能力，5G技术赋能制造业以反应速度，3D打印技术赋能制造业以化零为整的能力。无论是哪种技术，都在一定程度上促成了智能制造的快速发展。

技术赋能智能制造不是一蹴而就的，它是无数个细微技术的量变引发的质变，所以才有了当今时代"智能+"配套技术的蓬勃之势，才有了改变传统制造的卓越能力。智能制造中的"智"主要就是指智能技术。在整个制造业系统中，"智"更多地表现在通过最新的智能通信技术拉近与终端消费者的距离，通过海量的数据采集并利用大数据、人工智能技术挖掘客户的有效信息、获知客户的需求，融合先进制造技术在设计、生产、管理、服务等制造活动的各个环节，[①] 实现制造场景的线下线上相结合，物理网络与智能网络深度契合。智能网络覆盖的领域，重新衍生出一种制造场域——智能工厂。

"场"是智能制造应用场景的现实载体，所有的生产制造活动基本都在某个场域中进行。场分为两种：一种是智能制造的整体环境，另一种是智能工厂（无人工厂）。在制造业发展的早期，专门用于形容大型制造活动现场的词是"工场"；在制造业进入机械辅助制造阶段后，这个词演变为"工厂"。究其起源，"工厂"是"工场"的延伸和发展，两者之间反映的制造活动虽然在生产方式与生产规模方面有差距，但本质上还是一种制造场域，反映的是智能制造各环节的相关关系。社会学中的场域理论认为，发生在人们身上的每一种思想与行为，都与他们生活的场景紧密相关。

回归智能制造领域，经过机器换人战略的实施，国内第一家智能工厂在东莞落地，标志着新型的制造场域的诞生。在智能工厂中，智能机器人代替了那些原本只能由人类劳工才能完成的繁重劳动，整个生产流水线、生产车间乃至工厂，都表现为无人的状态，呈现一种依托智能技术生存的工厂形态，这是多年以前的人们怎么也没有想到的。正是这种超乎想象的

---

① 蔡丽娟：《互联网+智能制造实现传统制造业服务化转型升级路径研究》，载《商场现代化》2017年第11期，第233-234页。

现实存在，特别容易激发人们的好奇心。譬如，智能工厂的历史与当下的状态，无人工厂诞生之缘由，流水线如何升级改造，无人工厂的利润来源与利润变现之道，无人工厂的发展与企业应对等问题，都是值得个人、政府和企业关注的点。在智能制造行业，智能工厂作为智能制造的外化形式，它的成型意味着智能制造的能力和水平已经远超传统。在完成智能工厂的建设工作之时，智能制造的效率、成本与质量问题，制造产品对消费者的个性化需求的满足问题，已基本得到很好的解决。那么，若需要进一步提高整个国家的制造场域的智能化水平，又该如何入手？当然，专注于创新和政策制定，无疑是提升某个制造场域的智能化水平的重要举措。

创新是智能制造可持续发展的不竭动力。无论是传统制造还是智能制造，创新对于制造业而言都是必不可少的元素。在智能制造企业中，就创新的内容而言，包括要素创新、材料创新、生产工艺创新、产品结构创新、品牌创新、营销模式创新、技术创新、管理创新等。就创新的方式而言，包括企业的自主创新、组合创新、跨界创新、模仿创新等。每个智能制造企业的制造活动，自始至终都是与创新密不可分的。智能制造的创新，通常意味着与之相关的产品、管理与服务的增值，在不断的探索中寻求新的消费点，更好地解决消费者的痛点。痛点即需求，智能制造活动对创新手段的运用，就是对消费者需求的有效回应过程。所以，创新对智能制造而言，有利于助力企业赢得消费者的信赖，有利于扩大制造企业的品牌影响力，有利于提高制造企业的市场竞争力，从而实现智能制造企业的可持续发展。

智能制造的健康快速发展，离不开制造业政策的有力支持。制造业的智能化最先始于市场，经过一些龙头企业的先行先试后，在结果喜人的情况下，引来众多企业的跟踪模仿。当制造业智能化的优势逐渐明朗之时，社会政策开始介入引导其规范化发展。智能制造政策是指在制造智能化的大环境中，政府根据实际情况，对智能制造的发展规模、发展速度、发展质量施加影响的行为。政府通过一定的方式和手段，辅助智能制造企业在遵循市场发展规律的条件下，如期完成制造业智能化的任务和目标。智能制造政策主要包括财政政策、税收政策和金融政策三个方面，在不同的国家和地区，政策的扶持力度各有偏向，这是由它们本身的大环境的不同所致。

  智能制造是一个复杂的系统工程，人、技术、场、创新、政策是对智能制造产生重大影响的五大要素。每个要素都是一个独立的子系统，但我们不能单独将它们分割开来，而是将之放置于智能制造的这个大系统中去考量。

第二章

"智能+"赋能智能制造：正在到来的生产力革命

以数据化、网络化和智能化为代表的新一代信息技术作为"智能+"的核心资源要素，在智能制造模式变革进程中展现出强大的赋能作用，释放出远超传统要素的巨大价值潜能。加快制造业领域的数字化、网络化和智能化步伐，不断释放数智技术的应用价值，有助于实现现代制造业的高质、高效和绿色发展。

智能制造的内在机制，揭示了"智能+"对制造业竞争力提升的支持性基础作用。"智能+"能给制造业效率、制造业柔性、制造业全要素生产率等方面带来极大的影响，有助于实现高柔性、高智能、定制化的生产，保障智能制造政策的落地实施。

一、特征："智能+"赋能智能制造的本质

"赋能"是指通过一定的技术、方法、工具或管理手段，促进相关主体获得过去所不具备的能力，或达成不能实现的价值目标。[①] 以前，人们对赋能的关注点大多基于两个方面：客户或顾客赋能及员工赋能。客户或顾客赋能强调企业把更多的主动权让位给顾客，鼓励顾客参与到企业的价值创造活动中，企业和顾客之间的实时而充分的沟通，能够使企业更明确

---

① 孙新波、苏钟海、钱雨等：《数据赋能研究现状及未来展望》，载《研究与发展管理》2020年第2期，第155-166页。

顾客的个性化需求，制造出最符合顾客心意的产品，达成既切实提升企业服务能力，又有效满足顾客需求的双赢效果；员工赋能强调高管将权力下放，让员工有权获得信息、机会与资源，在工作过程中给予员工适当的自主空间，尽可能使员工发挥自己的聪明才智和能力，并感受到积极正面的反馈，这样，员工主动性、自我效能感和工作的自信心都能得到增强，工作会更有积极性和创造性。①

随着科技和经济社会的发展，赋能的概念逐渐被注入新的思想内涵。当前，"数据赋能"引起了产业界和学术界的广泛关注。数据赋能主要指通过数据为相关主体进行能量赋予，或者相关主体通过挖掘、分析和利用数据获得之前所不具备的能力，创造过去难以实现的价值目标。② 数据是实现智能化的"原料"，数据的高渗透性、高复用性以及高流动性在制造领域打破了客户端与工厂制造端的价值不对称，成为企业打造新一轮高质量制造优势的重要手段。

数据赋能已经在销售和生产制造领域中得到广泛运用。比如，以苏宁、京东和拼多多为代表的互联网平台企业旨在构建"线上+线下""前台+后台"的全渠道数据化新零售优势。通过对平台上小众客户的需求数据进行分析，形成新产品开发决策，然后委托依赖于平台而存在的制造商完成生产任务。此外，以酷特智能为代表的智能制造企业，通过系统的数据化变革，砍掉中间渠道周转的环节，让每一位客户的个性需求直达制造工厂。③ 基于大数据的深度分析，企业能够即时洞察客户需求，由随需而变到主动引导和创造需求。通过数据赋能充分满足客户需求的同时，企业的生产模式也由粗放式规模批量生产向精益式定制生产创新转变，能够从根

---

① 周文辉、杨苗、王鹏程等：《赋能、价值共创与战略创业：基于韩都与芬尼的纵向案例研究》，载《管理评论》2017年第7期，第258-272页。

② 孙新波、苏钟海、钱雨等：《数据赋能研究现状及未来展望》，载《研究与发展管理》2020年第2期，第155-156页。

③ Zhang X, Ming X, Liu Z, et al. "A Framework and Implementation of Customer Platform-connect Manufactory to Service (CPMS) Model in Product Service System". *Journal of Cleaner Production*, 2019, 230: 798-819.

本上改变传统制造企业生产利润薄弱、同质化库存积压、定制效率低下等问题。

在智能制造领域，数字化是"智能+"的基础。无论是数字化模拟仿真、柔性制造、计算机集成制造、远程诊断与预测，还是精密成型、绿色制造、自动化生产线，包括数字车间、智能工厂、个性化的柔性化定制生产等，数字化都是基础。

单忠德院士于 2021 年 8 月在"全球数字经济大会数字仿真技术论坛上"表示："数字制造、智能制造，就是要真正把数字化设计覆盖整个制造全流程，实现设计与功能一体化、设计与生产制造一体化、设计与制造评价（检测评价）一体化、制造与管理运维一体化。"

数字制造、智能制造技术将在缩短产品设计周期、优化生产工艺、提高产品质量及满足客户多样化需求方面带来根本性的改变，实现更加柔性化的生产，从而使制造业发生重大变革。这一点，已经得到学术界和产业界的高度认同。

工艺的数字化是智能制造的重要基础。智能制造必须利用数据和信息来进行决策和判断，因此，在生产制造过程中，机器、原材料、生产过程等环节必须适应智能化的需要实现深层次的数字化。在数字化仿真、数字化样机、数字化建模等方面，数字孪生起到了非常重要的作用。以数字仿真在汽车零部件制造中的应用为例，这是一种三维设计仿真和成形一体化的无模铸件模式，通过数字化复合砂型建模，把砂型和铸件建模一体化，通过数字化挤压切削成型，可以做出多材质复合铸型，制造出高质量铸件。采用这种方式，可以大大缩短产品设计周期，提高生产效率，使制造周期缩短 30%～87%，而且几乎降低 1/3 的成本，精度也得到了很大的提高。

数字仿真设计技术赋能制造业，有助于实现设计与功能一体化、设计与生产制造一体化、设计与制造评价（检测评价）一体化、制造与管理运维一体化，真正把数字化设计覆盖制造全流程。通过数字建模、数字孪生技术，以及 3D 打印、多材料/多工艺尺度数字化制造技术，数字化的装配技术等，实现"设计—虚拟制造—物理制造"产品生产新模式，使设计与生产实现一体化。美国 F-35 战机以这样的设计与生产一体化模式，缩短了 33% 的缺陷处理时间，加快了制造工艺的改进。[①]

"智能+"能帮助智能制造企业降本增效。新一代信息技术与制造领域跨界融合，不断生成新产品、新业态、新模式，从而推动制造业的跨越发展。动态业务和工程流程使生产制造企业能够对需求做出灵活反应，能够很好地适应多品种、小批量的生产需要，因而也更利于有效加速初创企业和中小企业的发展。此外，"智能+"使不同的企业彼此跨界赋能、融合发展，能够极大地增强市场竞争力。

"智能+"不仅与制造领域进行融合，同时也深入各个消费场景中。目前，大家能在生活中切实运用的数字消费如移动支付、远程医疗、在线教育等，只是"智能+"场景当中很小的一部分。在数字技术和数字要素的加持下，可以预见，未来，我们的生活将变得更加便利。

"智能+"智能制造的核心特征是数字化、网络化和智能化。数字化体现在产品数字化设计、制造工艺与流程信息数字化、性能功能数字化模拟与仿真及资源信息的处理等生产制造全过程。数字化使生产制造在物理空间与信息空间两个空间中实现交互和融合，形成具有感知、分析、决策、执行能力的数字孪生体，集成到统一"软件"平台进行资源、能源、时间等生产要素资源的配置。在这个分配过程中，机器算法替代人的决策，通过强大的算力实现生产要素的最优分配。当前，传感与控制技术的发展为制造数据和信息的获取和应用提供了可能和便利。

网络化主要是通过互联网及物联网等的发展，彻底打破地域的限制，使制造业企业能够将市场范围向全球扩展，与世界各地的客户进行联系，获取全球各地的资源。就制造业企业内部而言，网络化能够通过其连接功能，使不同层级、环节、组织的数据实现在不同系统间自由流动，从而实

---

① 李佳师：《中国工程院院士单忠德：数字仿真赋能制造业的关键是"一体化"》，载《中国电子报》2021 年 8 月 6 日第 6 版。

现企业制造各层级及产业链上各环节的互联互通和协同化生产。通过网络，人们能实现设备、车间、工厂、流程、物料、人员乃至产业链价值链各个节点的全面互联，通过实时数据感知、传送、分析和处理，围绕用户需求和产品全生命周期，进行资源动态配置和网络化协同，从而最大限度地实现个性化定制。

智能化指将人工智能技术中的知识表示、机器学习、自动推理、智能计算运用到制造技术中，不仅为生产数据和信息的分析和处理提供了有效方法，而且使得生产数据和信息得到有效的创造性应用，实现生产制造的智能化升级。

制造业向"智能+"转型，是利用信息感知、决策判断、安全执行等数智技术，深化数智技术在产品、生产、管理和服务等诸多环节的应用，实现产品、工具、环境与制造者等方面的最佳资源组合和优化配置。可见，加快制造业领域的数字化、网络化和智能化步伐，不断释放数智技术的应用价值，有助于实现现代制造业的高质、高效和绿色发展。

二、变革："智能+"赋能智能制造的作用

企业的智能制造系统是由信息技术和传统制造流程两个方面融合建立的。"智能+"与制造技术融合，构建数据资源，使信息技术在智能制造中发挥重要作用。

首先，通过信息技术基础设施的建设，可以将包括制造载体和制造过程在内的物理空间所有生产要素、供应链环节、工艺流程、管理活动等进行数字化，并通过网络连接和传输汇聚到统一数据平台之上，再结合智能化分析技术深度挖掘数据价值。客户需求，流程运行中的人、事、物以及外界合作力量，均可在数据化或模型化后成为企业的数据资源。

其次，对数据资源进行编排整合、利用，将挖掘到的数据价值赋能到诸如能源、资源、供应链、订单等企业内部管理平台，实现对客户、生产

制造流程端与企业间的合作赋能,提高企业管理和运营效率。

另外,还可以通过工业应用开发平台面向第三方开发者开放,结合应用端需求进行工业应用定制化开发,将企业能力/资源沉淀后,以工业服务微组件库的形式开放给诸如金融机构、物流、电商等产业链上下游企业使用,通过协同合作的方式提高整体产业的资源配置效率,响应终端用户的需求变化。

基于数据的渗透性、复用性和流动性等属性的激活,以及数据的融合与驱动效用的发挥,智能制造企业不仅能够实现对常规能力进行数据化加持后体现新能力,还能够通过数据赋能,有效消除客户、企业以及利益攸关方之间的价值不对称。

以上过程的基础,就在于5G、人工智能、工业互联网等各种新兴信息技术在智能制造中的应用和赋能。

5G与智能制造进行深度融合能够为我国推动智能制造业走向数智化提供强大的驱动力。作为新一代移动通信技术,实现人与人之间的通信是5G应用最基本的场景,但对于人们目前的通信,4G已基本能够实现满足,因此,具有强大功能的5G展现身手的地方无疑在新型制造业领域中,通过工业物联网和工业互联网,制造业智能化转型的强烈需要为5G提供了强大的应用场景。预计到2035年,制造业将成为5G发挥作用的最主要领域。

制造领域对移动通信有着更高的传输和组网的要求,除传输速率、带宽外,性能指标、抗干扰能力、安全性也同样非常重要。5G不仅可以满足智能制造中大数据传输各类数据和各种量级需求,而且能满足工业现场网络灵活组网和无线通信的需要。但对目前制造业领域的需求而言,产业各方还有必要从降低硬件成本、运营商商业布网降本、工业应用专用模组硬件功能拓展等方面加强5G工业应用技术与产业规模的提升,并重点考虑5G工业专网解决方案,谋求在智能制造领域实现稳定可靠性、信息安全、部署灵活、抗干扰能力强等。

5G 行业终端将成为企业数字化转型的重要推手，并助力企业打造全过程的数字化生产闭环系统。传统制造业终端应用面临着工业级终端的算力不足、工业数据的协议不标准、工业终端可移动性差、现有终端难以满足智慧工厂数据采集要求等困难，5G 工业互联网 CT（通信技术）、OT（操作技术）和 IT（信息技术）全产业界各方有必要快速引入丰富的产品品类，提供多种资源以促进规模销售，推动 5G 行业终端产品发展和行业应用。5G 是行业数字化的基础，5G 在制造领域中的运用，有助于实现资源透明可视，机器云化，使柔性制造成为可能。①

与大数据分析类似，在制造业智能化过程中，人工智能在优化企业的生产方式中也具有重要作用。通过将机器人和机器学习应用于企业的生产加工过程，可以实现智能生产模式。譬如，在传统生产线上引入智能工件载体的框架，从而实现柔性生产。在技术发展的驱动下，通过人工智能和现代 IT 技术，未来的制造业必须能够灵活地满足客户的高层次、多样化的需求，实现现代经济模式中客户需求导向驱动的生产方式。此外，通过机器代人或人机协同的方式不仅可以提高劳动生产效率，还可以降低人工成本。

工业互联网是制造业实现智能化的最底层逻辑。工业互联网的核心是依托连接和大数据分析，推动数据汇聚赋能，创造工业新价值。

工业互联网在制造业领域中，首先使生产设备得以互联互通，并在兼容统一工业通信协议下，为工业制造领域提供涵盖所有要素和整个流程的系统性智能。

工业互联网是其他信息技术运用的基础。比如，以大鱼视觉项目等运用的传感技术为例，传感技术在现代工业产业链的各个环节中发挥着前端采集的关键作用，就像工业互联网的神经末梢，为越来越长的产业链高效、精准的运转提供支撑。光谱是视觉传感的全新维度，在工业互联网的

---

① 语沐：《5G 技术如何赋能工业制造？》，载《人民邮电》2021 年 7 月 15 日第 6 版。

助力下，光谱技术可以促进工业生产运维中现实应用的增强，利用光谱物质检测技术，结合人工智能算法，对操作对象进行识别，在全息技术或其他AR设备的支持下，工作人员能够以更加安全的方式进行生产流程的维护，对工人的熟练和专业程度要求也降低了。此外，生产线上的超光谱相机可以使物质鉴别、分类、剔除残次品等工作完全自动化。

万物互联的数字化时代已经开启。"智能+"必将为推动制造业智能化转型升级赋能，对实现制造业的高质量发展发挥重要作用。

三、路径："智能+"赋能智能制造的场景

在生产制造与运营管理领域，"智能+"赋能带来的创新突破和变化不仅限于客户与员工范畴，更是广泛渗透到多种应用场景中。"智能+"在服务、管理和生产制造方式等主要场景中的赋能作用，能够使制造业发生颠覆性的创新变革。

（一）"智能+"赋能服务，提升用户体验

随着时代的发展，许多制造业企业提出"服务化"的价值主张。现代制造企业越来越多地从事服务业，在提供实物产品的同时提供先进的服务，同时还创建了先进的"产品服务系统"。在这种"产品服务系统"中，信息技术基础设施是最关键的部分，这意味着"智能+"在服务智能化中起到重要作用。

在制造业智能化的环境下，客户的需求非常丰富复杂且充满变化，存在着很大的不确定性，这给企业现有业务环境带来了巨大的挑战。因此，运用数字信息技术提升服务对企业的竞争与发展十分重要。制造业企业在致力于缩短企业生产制造周期、提升企业技术水平的同时，还必须注重"智能+"对服务的赋能作用。

运用"智能+"制造技术，通过设计数据交互渠道，可以使产业链上

下游实现有效实时沟通，使用户的需求直接对接到产品设计和制造等环节，通过在价值链各个环节增加与用户交互的节点，鼓励用户全程参与产品生产过程。由此，企业可以为客户提供参与价值创造的机会，捕捉客户的真实需求，并使客户的需求得到准确及时的传达，为企业及时调整自己的服务策略与提高服务质量提供市场依据，使企业能够响应市场变化和用户个性化需求，满足用户对最佳体验的需求，实现按需生产，有效地应对客户需求及其变化，提升自身竞争力。

"智能+"制造能实现产品自动回传运行和环境数据到达制造企业的效果。通过数据监控和分析，制造企业可以为用户提供远程的预防性运维服务。同时，"智能+"还有助于对复杂的市场动态进行数据分析和预测，对市场变化进行提前预见，在创新产品方面把握先机，增强企业竞争力。

另外，还有一个加强对客户服务至关重要的问题，就是如何将产品和客户数据转换为客户的信息。要实现这个目标，必须通过大数据分析等信息技术手段，加强"智能+"对网络商品服务的赋能。

在未来的智能制造中，信息的集成和传输是有效智能化的基础。因此，可以考虑借助云服务，将各种分布式和分离的制造设施与它们的实时信息集成和聚合，从而提高信息传输效率，提升企业的智能服务化水平；也可以考虑在企业中实施企业信息系统战略，通过建立企业信息系统，提升企业的信息服务与信息传递水平。

随着制造任务的日益复杂，选择最优的制造服务供应链已经成为制造业企业面临的一个重要挑战，这对于提升企业的服务智能化水平显得至关重要。现代经济组织是建立在高效的运输系统之上的，要想提升企业的服务智能化水平，应重视制造服务现代供应链的选择与构建，包括新的数据、网络、客户界面等，突破现有的价值链。

（二）"智能+"赋能管理，优化决策

随着现代制造业的发展，"智能+"在管理中扮演着越来越重要的角色。通过智能化管理，不仅能够在生产制造流程中提升管理效能，而且能够对传统管理模式形成一种挑战，使管理者有意识地与新的管理模式相适应，提升自己的核心业务能力和制造能力。

物联网、大数据、区块链等技术的应用，能够带来管理模式的智能化创新，使异地管理与远程服务的融合成为可能。"智能+"赋能管理，可以实现对产品全生命周期内的全部数据进行统一管理，对产品全生命周期进行优化；还可以解决企业资源管理的难题，将企业的所有资源进行整合集成管理，建立从供应决策到企业各部门再到用户之间的信息集成，有效提高企业的市场反应速度和产品开发速度。

通过"智能+"进行资源管理，在处理与工人当前生产率、工作性质和与生产活动有关的其他信息的基础上也有较为积极的作用，可以实现对工人未来生产率的预测，进而提升企业的资源管理能力。

先进的数字化制造技术能够加强供应链资源管理。供应链管理是企业资源管理的重要组成部分，智能制造企业需要有一个良好的供应链组织和运营模式，协调网络系统中各参与者的利益，改善信息流和物流，对不断变化的市场和行业做出快速反应。将"智能+"技术应用到企业的供应链管理中，能够优化智能制造企业整个供应链的绩效，使企业能依据市场数据反馈合理安排要素投入，减少物料浪费，或施行智能库存管理来降低仓储成本等，并能有效支持企业的循环经济战略，为企业的可持续经营管理决策做出贡献。

通过智能系统与智能设备广泛收集信息，将信息整合成关键绩效指标并实时提供给企业的决策者，对于企业的发展非常重要。针对信息的收集、存储、处理、反馈，还需要开发出应用设计系统来推进企业的管理智能化，或开发某种基于数据库管理技术的可视化监控系统，为企业的生产线监控和管理提供有效的数据支持。

当然，尽管通过开发应用设计系统等"智能+"方式可以提高企业的管理智能化水平，但是，这些数字信息技术在管理领域的运用仍然面临战略与分析、规划与实施、合作与网络、商业模式、人力资源、变革与领导等深层次的挑战。

(三)"智能+"赋能生产方式,提质增效

"智能+"制造可以重塑生产方式,真正把数字世界和机器世界融合起来,实现生产制造流程智能化和柔性化变革,企业从单纯的制造商向服务端衍生,价值创造过程也将从传统单向链式过程转向网络化协同共创模式。"智能+"制造带来的改变,不仅推动了传统制造企业从大规模生产向定制化生产转变,而且有效增强了组织生产流程处理复杂矛盾目标的能力,提高了生产流程的效能。

"智能+"带来的数据传输便利与大数据分析判断使制造模式优化。"智能+"能够使传统的制造业模式转变为数据驱动模式,利用数字化技术从自动化、互联性、过程分析和机器智能等方面优化企业的生产方式,提高制造业生产效率。例如,基于云制造平台的智能生产网络可以将制造业企业、银行等金融机构、供应商以及顾客连接起来,通过智能生产网络的优化引擎实现生产策略的优化,进而改善企业的生产方式,并提高企业的资源利用效率;基于智能制造的多商品、多模式的供应链网络,可以更好地将企业、供应商以及顾客融为一个整体,以实现企业生产方式的系统化管理。

"智能+"制造,一方面使CAD、CAM、CAPP(计算机辅助工艺过程设计)等数字化系统和数字化制造装备得到快速发展,实现数据驱动代替经验判断,大幅度提升生产系统的功能、性能与自动化程度,全面优化生产流程,改善制造工艺,提高生产效率。另一方面,"智能+"制造通过自感知、决策、执行等功能实现科学高效排产,还能提高设备的利用效率。此外,集成数智技术造就的智能化生产系统还能提高生产执行精度,确保产品质量。

有学者通过对日本食品工业和农业投入产出的分析,评价新兴信息技术在智能社会中的影响，证实了新兴信息技术推进了产业结构的转型，并提高了行业产业效率。新兴信息技术更是带动了印度制造业和服务业效益的提升。针对印度大企业和小企业的各种研究结论发现，无论公司大小，采用新兴信息技术对于企业提升劳动生产率均具有积极作用。同时，大量实践证明，利用商业自动化分析来改善企业的业务流程，能够提高企业绩效。

中国制造业上市企业的情况也表明，智能制造企业与普通制造企业的生产率存在明显差异，"智能制造"通过技术进步能够显著提高劳动要素利用效率和全要素生产率（total factor productivity，TFP）。

在数字化技术应用的背景下，大数据分析有望为生产方式的智能化做出重大贡献。有专家开发了一种创新的大数据智能免疫系统，对企业的加工过程进行全生命周期的监测、分析和能效优化。针对欧洲多家工厂的工业试验表明，该免疫系统能够实现30%左右的节能，生产率提高50%以上。此外，从博世公司"工业4.0"分析平台建设的实践经验来看，利用大数据分析能够极大地优化企业的生产方式。

比如，利用视觉算法等手段提升检测的一致性和稳定性，降低产品的不良品率，可以有效减少因质量问题造成的经济损失。比较有代表性的是曾获得洛阳创业之星大赛一等奖的大鱼视觉技术项目，主要产品被应用于检测平面显示器、集成电路、半导体、汽车电子、太阳能面板等。

在传统的工业生产中，液晶屏、第三代半导体等材料的表面瑕疵检测问题长期以来都是行业痛点。第三代半导体主要应用于新能源汽车、航空航天、军工领域，对产品质量要求更高。因此，对使用者而言，液晶屏的瑕疵很有可能直接影响产品使用效果。大鱼视觉项目用摄像头代替人眼进行数据采集与判断，用机器代替人工进行产品质量检测，不仅可以发现人眼发现不了的微米级缺陷，并且通过挖掘数据价值，能够对缺陷的成因和制造流程的改善提供判断依据，为智能制造赋能。同时，检测效率也大大提高，单片检测时间由5分钟缩短至4秒，故而往常因为人力和效率的不足而只能进行的质检抽查转变成全方位的普查。此外，机器可以识别出人工不易观察到的缺陷，能够高效筛选出残次品，有效保证了进入市场的产品品质。[①]

"智能+"制造还可以实现网络化制造、远程制造。大数据的交互、渗透与融合可以有效消除客户、企业和潜在合作商之间的距离，促进动态价值合作。企业通过数据平台的搭建，凝聚需求侧的需求数据，并及时分享给供给侧的诸多利益相关者，依赖数据的广维交互，促成合作伙伴之间实现资源的互补与协调，促进企业快速高效地整合所需资源，实现网络化制造、远程制造。

四、展望："智能+"赋能智能制造的未来

"智能+"制造就是要满足批量客户定制的柔性化生产，制造过程是绿色的，制造手段是数字化的，其最终目的是高效、优质、清洁、安全地制造产品，形成新的制造业服务模式。将新兴信息技术、智能技术运用在制造业领域，能够从根本上改变企业生产组织、产品营销和管理方式。

在不久的将来，"智能+"将成为经济发展的核心动能，赋能中国制造业的进一步强势崛起，"智能+"将为制造业带来重大突破与创新。我们有理由预见，智能制造未来将表现出向智能化、高质量、绿色化、服务化转变的趋势。

（一）向智能化转变

为实现世界经济的新一轮增长，现今世界各制造业大国纷纷从国家层面制定发展战略，推动新一代信息技术与制造业进行深度融合，力图以"智能+"重塑制造业的竞争优势，夺得制造业发展的先机。顺应第四次工

[①] 李岚、郝悦岚、赵普：《精密工业检测赋能智能制造》，载《洛阳日报》2021年8月4日第1版。

业革命的浪潮，中国在制造业智能装备、智能产品以及制造业流程的智能化方面强势发力，推进制造业智能化转型升级。"智能+"制造能够克服某些复杂、危险、恶劣或不确定的生产环境造成的困难，取代人类去完成大量重复性的或超过人类体能等的对人类来说较为困难的生产活动，这不仅能解放人类的体力，而且助力人类的分析和决策。"智能+"使制造系统能够获取与识别环境和自身信息，并进行分析判断以及规划自身行为；实现人机协同，配合人类实现生产制造和管理；融合大数据等新兴技术，实现信息处理、智能推理、预测和仿真，为设计、生产和维护等建立仿真模型和模拟制造过程；并能够依据工作任务需要，实现制造资源的重构和自行组织新的结构。[①] 在制造的整个流程或者说产品全生命周期中，智能化都在深度融入制造场景，在设计、生产、管理和服务各个环节逐步推进，虽然方兴未艾，但势不可当。

（二）向高质量转变

新兴信息技术在制造业领域中的融入，将推进创制出更先进的智能化制造设备、更多功能强大的高端装备研制，使生产制造过程中的效率以及加工制作精度得到量与质的全方位提升；同时，新兴信息技术融入生产制造流程，使得产品设计方面由客户和企业共同参与来实现，制造领域的配合和协调得到增强，建成基于泛在网络的高度集成的企业信息系统，从而提高制造业增加值率、全员劳动生产率，使得高端产业占比得到提升，促进全球制造业及中国制造业向更高质量发展转变。

（三）向绿色化转变

制造业总是会涉及资源能源消耗和污染物排放的问题。同一个地球，同一个家。进入21世纪后，保护地球环境、实现人类社会的可持续发展成

---

① 中国机械工程学会：《制造技术与未来工厂》，中国科学技术出版社2016年版，第38-39页。

为世界人民共同关注的问题。我国是制造业大国，过去几十年里，我国的工业化经历了从无到有、从落后到先进的发展过程，在追求发展速度的过程中形成了高投入、高消耗、高排放的发展方式，这种粗放型的生产制造模式给资源环境带来很大压力。目前，我国资源能源消耗和污染物排放与国际先进水平仍存在较大差距，为了彻底推进制造业从资源消耗、环境污染型向绿色制造方式转变，我国从国家层面制定了全面实施传统产业清洁化改造和扎实推进污染源头防治的相关战略。绿色制造需要综合考虑环境影响和资源效益，致力于在设计、制造、维修及报废处理的整个产品生命周期中，废弃资源和有害物排放最少、对环境的负面影响最小、资源利用率最高，同时实现制造业效益协调优化。因此，要实现绿色制造，将"智能+"融入制造过程不可或缺。在产品的设计环节，"智能+"能满足节能、低排放的要求，建立面向能源和碳排放模型的生态化设计的知识库。在生产制造环节，"智能+"能够实现零件精确成型，大大提高材料的利用和生产效率。[1] 另外，在维修环节的预测性维护以及报废回收环节的有效追踪溯源方面，"智能+"都能有效实现节能降耗。全面实现"智能+"在智能制造中的赋能作用，构建现代绿色制造体系，推进制造业向绿色化转变是适应人类可持续发展的必然趋势。

（四）向服务化转变

"智能+"为我国制造业由生产型制造向服务型制造转变提供了良好的基础和条件。由现代信息技术集成的远程监控系统，能够提供远程监控与故障诊断，并提供全过程不间断的持续监测服务，通过传感技术、非接触式检测技术及远程传输和控制技术的应用，在线进行测量、检验、监控等服务。通过"智能+"数智技术系统的远程检测及数据模型分析，制造企业可以提前向用户通报设备运行状态并进行预防性维修，减少因故障突然

---

[1] 中国机械工程学会：《制造技术与未来工厂》，中国科学技术出版社2016年版，第38-39页。

发生而造成的损失与影响。"智能+"在制造设备的操作运行、维护维修、再循环使用以及机械设备价值折旧与寿命评估等的服务方面都能提供重要支持。新一代信息技术在智能制造领域的融入，推动了新产业、新业态和新商业模式不断产生，制造业的服务化转型有利于制造企业更好地满足市场需要，保持竞争优势。

"智能+"的不断进步给制造业企业生产方式的发展提供无限可能。需要强调的是，企业生产方式的智能化不仅是简单的技术系统升级、数字化技术的使用、人机交互，更应该是企业的自动化系统朝着整体化和智能化的方向发展，知识、产品、过程和服务的融合是制造业智能化发展的必然趋势。

在新一轮科技革命和工业革命到来的历史机遇期，中国制造业必须紧跟时代步伐，运用"智能+"推动制造业向智能化、高质量、绿色化和服务化转型升级，尽快实现制造业由大到强的根本转变，实现世界制造强国的目标，也为全球制造业健康发展担当责任，做出积极的、重大的贡献。

第三章

转型驱动力:"智能+"与制造业的迭代升级

在新科技革命的浪潮之巅,以 5G、人工智能、大数据、云计算、物联网、区块链、数字孪生等为代表的数智技术正逐渐走向成熟,引领生产制造不断向智能化推进。制造业向智能化转型升级不仅使制造业结构向集约型发展,而且使制造业具有更高的附加值。能否实现制造业的智能化转型将在很大程度上决定着企业未来的成败,从而也影响着一个国家在国际竞争中的比较优势。

智能制造是制造业自动化、制造业数字化进步发展的必然结果。制造业智能化正在改变人类的生产和生活方式,推动人类社会展现出新的面貌和形态。在经济发展新旧动能交替之际,主要制造业国家都将制造业升级作为战略重心和博弈焦点,智能制造成为世界各制造大国取得竞争优势的最重要的抓手。

一、世界制造业的转型升级:智能化重塑制造业竞争新优势

2008 年国际金融危机爆发后,美国、德国、日本等发达国家普遍认识到产业空心化带来的种种弊端,纷纷开始实施针对制造业的转型升级战略,并大力发展新兴产业以培育新的经济增长点。尤其是面对新一代信息技术快速发展的机遇,从国家到企业纷纷谋篇布局,相继出台政策方针、实施规划,希望通过数智技术的创新和应用提升制造业的竞争力水平,以

重塑制造业的竞争新优势。

(一) 美国的"再工业化"政策

自"二战"后，美国面临制造业空心化问题，通过发展智能制造引领制造业复兴是美国的主要诉求。早在2012年，为了维持自身在制造业领域的绝对领先地位，美国发布了"先进制造业国家战略计划"等一系列战略规划和政策，希望通过大力推动"工业互联网"和"新一代机器人"的发展，促进制造业向智能制造转型升级。

在制造领域，美国的信息化程度一直以来领先全球，其中，工业软件和互联网占据绝对优势，制造业前沿劳动生产率持续保持最高水平，在制造业结构优化和持续发展方面也优于其他国家。目前，美国的战略重点主要在价值链环节，注重在生产设计、服务等方面推进智能设备与软件的集成和大数据分析。

长期以来，制造业对美国经济至关重要。几乎整个20世纪，美国在全球经济中都持续占据主导地位，这主要得益于美国的制造业。无论是航空航天还是医药制造，美国都保持着全球领先的发展优势。但20世纪90年代后，美国的制造业开始呈现出衰退的趋势，其中一个明显的标志是美国的制造业从业人员开始不断减少，制造业领域的就业率持续下降。

为了保持产业竞争优势，扩大制造业就业，提振美国先进制造业的发展，美国政府从多个方面采取强有力的措施以促进经济发展。美国国家科学技术委员会先进制造委员会制定的《美国先进制造业领导力战略》提出了以下4个方面的目标。

首先，开发和转化新的制造技术。这是美国为之规划了4年的任务目标，计划从5个方面着手。

一要着力发展智能制造。将智能制造技术应用于生产和供应链中，保障产品质量和可追溯性。政府创造数字制造环境，促进智能制造、数字制造、先进工业机器人的发展，建设人工智能基础设施和制造业网络安全设施。

二要开发先进材料。拥有世界领先的材料和加工技术,就可以占据制造业领域的先机,提升制造业的竞争力。"巧妇难为无米之炊",材料是制造业物质基础中的最基本要素。先进材料能够使产品原有的性能产生质的飞跃,并开发出新的性能,实现制造业领域的"人无我有,人有我优",在经济竞争和国家安全方面占据优势地位。比如,用于航空航天领域和国防的特殊高性能材料。新材料的获得需要发展相应的加工技术,开发更先进的加工技术以取代现行方法,可以提高某些材料的性能,促进行业的成本降低和效益提升,增强竞争力。高性能材料、添加剂制造和关键材料是美国该项目标的优先关注点。

三要通过国内制造获得医疗产品。美国的医药卫生和医疗器械行业每年为美国带来巨大的经济效益。从经济和国家安全意义来考虑,美国将制药和生物技术产品的先进制造纳入战略规划中,计划在低成本的分布式制造、连续制造以及组织和器官的生物制造方面进行投入和支持。

四要保持在电子设计和制造领域的领先地位。半导体因其特殊的电学特性,成为电子科技信息领域应用最广泛且至关重要的部件,半导体技术和产业的创新与进步直接关联信息科技产业的创新与进步。冯·诺依曼计算机体系结构、传统的COMS半导体体系以及以之为基础的传统的信息处理存储方法,在支撑新一代信息技术发展需要中越来越表现出其局限性,难以满足其在当前激烈的全球经济科技竞争中保持领先的需要。因此,美国通过制订半导体规划,推动半导体设计和制造的进步以及进行新材料、设备和架构的研发,推动开发基本材料、设备和互联解决方案,使未来的计算和存储模式超越现有局限。

五要增加食品生产和农业制造业的机会。美国将开发技术,使食品生产和农业制造业能够养活不断增长的人口,保护食品供应链,改善生物产品制造技术。该目标的优先事项是进行食品安全的加工、测试和提升可追溯性,保证粮食安全生产和供应链,控制生物基因产品的成本和改善其功能。

开发和转化新的制造技术无疑是美国的重点关注领域,美国希望通过解决先进制造业的科学和技术挑战,有效推动其经济增长,并使其取得并保持这些行业的领导者地位。

其次,教育、培训员工以促进制造业发展是美国重要的人力资本战略。先进的制造业从业人员需要有能力、有效地设计、定制和实施先进的制造方法,提高生产力、开发新产品。美国制定和加强关键的人力资本战略的具体目标主要有四个方面:吸引和培育未来的制造业劳动力,更新和扩大职业教育路径,促进学徒制和授予行业认可的证书,使熟练工人与需要他们的行业相匹配。

再次,提高国内制造业供应链的能力,确保美国国内供应链的健康发展。信息技术的发展使得制造业供应链日益全球化,美国国内供应链也蒙受损失。为了提高国内制造业供应链的能力,确保那些受供应链影响的中小型制造企业能够充分参与先进制造,美国制定了以下战略目标:一是加强中小型制造商在先进制造业中的作用。为此,美国计划确保供应链增长,加强网络安全宣传和意识,提升公司与合作伙伴的关系。二是鼓励制造业创新生态系统。制造业生态系统主要由大型制造商、初创公司和高科技企业组成,美国计划通过资金和政策支持,加强鼓励制造业创新系统、新业务的形成和增长,以及研发、转型力度。三是加强国防制造业基地建设。美国国防部有权力使用其他交易权限进行试点,帮助制造业中小企业了解联邦合同的动态,以获得创新性的商业项目、技术和服务,以及充分利用非传统制造商的人才。

最后,加强发展农村社区的先进制造业。制造业是农村经济的主要来源之一,对美国来说,农村的制造业尤其重要。美国农业部计划为农村繁荣提供全面的支持系统,其中很多计划对先进制造业的发展也很重要,有利于促进农村先进制造业发展、资本准入、投资和商业援助。

(二)德国"工业4.0"战略

德国是老牌工业化国家,实施工业自动化的时间比较早,在全球处于领先地位。此外,德国具有极强的制造精密、高端装备的能力。面对越来越激烈的全球竞争,德国国家战略着眼通过 CPS(cyber-physical systems,信息物理系统)推进智能制造,希望通过数字化创新与工业制造的融合发展来巩固、捍卫国家工业技术主权。

2013年,德国等西欧传统发达工业国开始正式实施"工业4.0"战略,期望以工业互联网为手段,进一步巩固其制造业的领先地位。

2019年,德国发布了《国家工业战略2030》(草案),计划对其重点工业领域进行适度的干预,助力相关企业在全球竞争中保持领先地位,提升德国工业在全球的竞争力。该草案对德国工业的增加值提出了明确的目标:到2030年,用约10年实现德国工业增加值在本国 GDP 中的占比提高3%,达到25%,而在欧盟 GDP 中的占比要提高到20%。

德国目前在许多关键工业领域都处于世界领先地位,其中包括钢铁和铜及铝工业、化工产业、设备和机械制造、汽车产业、光学产业、医学仪器产业、环保技术产业、国防工业、航空航天工业、增材制造(3D打印)[1] 10个工业领域。《国家工业战略2030》(草案)提出需要关注且面临危机的主要有四个方面:一是汽车产业,二是平台经济,三是人工智能,四是企业规模。

汽车产业是德国的关键产业之一,在全球竞争中长期保持着领先地位,是德国经济发展至关重要的一项产业。但新一轮科技革命的到来,给德国的汽车产业带来了严峻的挑战:越来越高的减排要求对德国汽车产业原有模式的变革提出了更高的要求;各类新型替代性交通工具的出现则可能给德国汽车产业带来"降维打击"(目前,应对能源挑战而研发的电动

---

[1] 黄燕芬:《德国工业战略2030:背景、内容及争议》,载《人民论坛·学术前沿》2019年第20期,第76-91页。

汽车正在快速发展，自动驾驶技术取得一项又一项重大突破）；另外，全新的移动出行理念也影响着人们对传统汽车的选择和态度，从而亟须改变原有的营运模式。这些挑战中的任何一项都可能影响德国汽车原有的优势地位。比如，在自动驾驶领域，"如果人工智能自动驾驶的数字平台由美国提供，未来汽车的电池由亚洲提供，德国和欧洲在这一领域的损失将超过50%"①，由此将不仅仅影响汽车产业，还将影响德国的经济乃至整个国家的利益相关部门。

平台经济目前对德国来说是弱项，全球闻名的平台经济互联网公司基本都是中国或者美国的，德国以及大多数欧盟成员国在这一领域不具备优势。如今，这些已经占据先机的大型互联网平台不但拥有大量的资金，而且汇集了庞大的数据资源，为新兴科技在制造领域的应用提供动力和基础，正在改变世界的附加价值链。互联网技术应用正在逐渐成为工业生产的标配。德国需要采取措施在这些方面做出改变。

德国在人工智能领域也不具有明显优势。"德国在人工智能领域的基础研究仍然强大，但在人工智能技术的实际应用和商业化领域却明显落后。"② 当前，人工智能的应用和创新正在经历进一步加速，德国企业与人工智能领域领先企业的差距似乎还在日益扩大。投资的差距应该是造成这种差距的重要原因之一，在人工智能领域，任何一家美国大型信息科技企业的投资都是德国企业无法企及的。"德国必须在人工智能领域集中企业、科研和政策力量，消除关键技术的竞争差距，创立自己的数据主权，才能充分利用新关键技术中的经济潜力。"③

企业规模是德国面临的又一个重要问题。目前，规模宏大且实力雄厚

---

① 《解读德国工业战略2030》，载《经营者（汽车商业评论）》2019年第4期，第247-262页、第246页。
② 《解读德国工业战略2030》，载《经营者（汽车商业评论）》2019年第4期，第247-262页、第246页。
③ 《解读德国工业战略2030》，载《经营者（汽车商业评论）》2019年第4期，第247-262页、第246页。

的企业在中美两国体现出强大的竞争优势,而德国多年来几乎没有出现能够与之匹敌的新企业。

(三) 日本"互联工业"战略

日本制造业注重提高产品质量和技术创新,牢牢占据产业链的高端位置。由于日本社会面临老龄化和少子化问题,发展智能制造主要以解决问题为导向,战略侧重引导产业智能化成果融入社会生活的方方面面,以此来支撑日本社会的结构化转型,打造"超智慧社会"。

对《日本制造业白皮书(2018)》和"第198届国会安倍内阁总理大臣施政方针演说"进行研究,可以对日本智能制造的发展战略构成有一定的了解。

其一,日本将"互联工业"作为日本制造的追求目标。日本认为,不仅要通过机器人、人工智能、物联网等技术的灵活运用和工作方式的变革来提高劳动生产率,而且要通过灵活运用数字技术,以及自动化与数字化融合的解决方案,获得新的更高的附加值,并且在制造业中突出工业的核心地位。

其二,日本实施了人工智能人才储备战略。为使所有人都跟上创新社会变化的步伐,2019年日本制定了针对教育体系改革的人工智能战略。2020年,日本将编程规定为日本全国小学的必修课,初高中的信息处理课程也将逐步扩充为必修课。日本意欲使每一个孩子都能掌握并运用人工智能等创新技术。为促进创新,日本计划对大学的运营财政补助进行大幅改革,为年轻的研究人员提供大展身手的场所,对与民间企业开展合作的大学进行积极支持。

其三,日本正在通过国际合作,推动中小微制造业企业发展。2018年,日本企业设备投资增加了14兆日元,是20年来的最高金额。企业对人才的投资持续加强,工资涨幅连续5年创下21世纪以来本国新高。《全面与进步跨太平洋伙伴关系协定》(CPTPP)和《日欧经济伙伴关系协定》

（EPA）的生效为日本拥有高新技术能力的中小微企业提供了走向海外的巨大机遇。综合性 TPP（跨太平洋伙伴关系协定）为企业在海外开展市场调研、开拓销路提供了支持和保障。

智能化转型对制造业的重要性是不言而喻的，其不仅在生产制造过程中发挥着越来越重要的作用，而且能为制造商吸引先进技术和优秀的人才，使企业获得更强大的竞争优势。

2019 年 1 月，经济合作与发展组织科学、技术和创新主管安德鲁·威科夫，经济合作与发展组织首席经济学家劳伦斯·布恩，以及经济合作与发展组织就业、劳工和社会事务主管斯特凡诺·斯卡佩塔教授发表《钻头和螺栓：数字化改造和制造》（OECD，2019），提到企业智能化转型主要涉及以下指标：①技术组成部分，利用信息与通信技术（information and communication technology，ICT）有形和无形投资的份额，以及 ICT 中间产品和服务的购买份额；②所需的人力资本，侧重于 ICT 专家在总就业中的比例；③改变市场运作方式，以在线销售为代表，包括线上营业额占总体销售的份额；④自动化发生的程度，每百名员工使用机器人的数量。

按照这四个方面的指标，世界各大制造业国家的制造业智能化层次正在发生持续变化。目前，大约一半的制造业部门还只具有低度或中低度智能化，另一半具有中高度或高度的智能化。大多数行业都属于中低度（包括纺织、服装、皮革及基本金属和金属制品等行业）或中高度智能化程度集团（包括电气设备、家具等行业）。

二、中国制造与中国智造：强势推进的制造业新力量

从改革开放至今几十年，中国制造业保持着高速发展的态势强势崛起，中国从一个农业国发展为世界第一制造业大国，目前是全世界唯一拥有联合国产业分类中全部工业门类的国家，有 220 种以上制造业产业产量位居世界第一，形成了一个有着超过 14 亿人的统一大市场。中国制造业具

有独特的规模优势、门类齐全优势、市场优势以及新型举国体制优势。

自进入21世纪以来，中国制造业总体规模持续扩张，制造业增加值跃居世界第一。联合国统计司数据显示，中国的制造业增加值在1994年、2001年、2007年、2010年分别超越了英国、德国、日本和美国，2010年达到了19243.24亿美元。自此之后，中国连续11年稳居全球第一制造业大国的位置。工业和信息化部2021年发布的数据显示，"2020年全国全部工业增加值达到313071亿元，增长2.4%"[①]，对世界制造业贡献的比重接近30%。中国制造业的高速发展，很大程度上得益于在科技创新方面的巨大投入和所取得的进步。中国制造业科技创新投入不断增加，创新能力不断增强。首先，研发（R&D）投入明显提升，年均涨幅19.81%，投入增速遥遥领先于英国、德国、日本等其他国家，与美国的差距也在快速缩小中。

中国在科技创新方面的人员投入全球第一。中国研究人员数量年均增速超过5%，远超过其他国家。2010年，中国超越美国，成为世界第一。2015年，中国比美国超出13.72%，成为名副其实的人力资源大国。

科技创新能力的增强直接体现在制造业发明专利数量的大幅增加上。我国制造业有效发明专利数从2001年起，年均涨幅接近50%，增长速度惊人。

我国制造业产业结构持续优化。近10年来，我国制造业发展质量和效益得到明显提升，高技术制造业和装备制造业的产业增加值都以超过10%的速度快速增长。带动中高端制成品的国际市场占有率超过15%，高技术产品的出口也增长快速，出口额年均涨幅接近20%，体现了我国制造业的国际竞争力不断增强的态势。

科技的创新和产业发展使我国制造业具备了较强的综合实力。作为世界第一制造业大国，我国除了在产值上具有优势之外，制造业本身的实力

---

① 《2021年31省市政府工作报告核心指标解读》，见 http://www.weixinso.com/article/4566172.html。

也达到了较高的水平。比如，我国的"太湖之光""天河三号"等超级计算机达到世界领先水平，为我国从中国制造向中国智造转变提供了有力的基础，我国具有完全自主知识产权的"复兴号"高铁也处于世界领先水平。2021年，神舟十二号载人飞船巡游太空3个月安全返回，神舟十三号载人飞船出发执行为期6个月的飞天计划，可见我国在航天领域取得的突破是不言而喻的。另外，还有国产大飞机、北斗导航系统等。同时，中国的制造业在世界的影响越来越大。比如，华为的5G技术目前全球领先，且其业务更是遍布全球170多个国家和地区。另外，还有美的、格力、联想、海尔等，均已成长为具有较大全球影响力的国际化创新型企业。

全球化浪潮的冲击和我国的改革开放政策，使我国制造业具有了与国际先进科技融合的基础，信息化、全球化、环保化是世界产业的发展趋势，也促使着中国传统产业必须进行转型升级，不然就会在全球竞争中落后。当前，我国在经济发展上提出了构建相互促进的"双循环"新发展格局的理念，要实现这一理念，需要制造业在智能化、高端化方向实现更高的发展。大力推动制造业智能化升级不仅是缩短我国与发达国家技术差距、促进传统产业转型的必经途径，同时也是依靠创新驱动实现制造业提质增效升级的必然选择。

智能制造是实现强国之路的关键要素。目前，我国在全方位推进传统制造业向智能制造转型升级。国家顶层设计、专门研发机构、企业、高校等都为迎接新兴信息技术和智能制造的发展进行了相应的改革，智能制造的各项技术都在创新和进步中，并开始向企业层面不断渗透。实现智能制造的各项基础建设更是以举国之力大力推进着。有学者指出，未来中国制造业转型升级的方向在于智能制造与"互联网+"。而近年来，在国家战略的推动下，工业互联网、人工智能等新兴科技的发展正在强势推进，为引领中国制造走向中国智造铺设坚实的技术基础。

《中国制造业重点领域技术创新绿皮书——技术路线图（2019）》显示："预计到2025年，我国通信设备、先进轨道交通装备、输变电装备、纺织技术与装备、家用电器五个优先发展方向将整体步入世界领先行列；航天装备、新能源汽车、发电装备、建材等大部分优先发展方向将整体步入世界先进行列。"①

近年来，中国智能制造的发展成效明显。表征智能制造进步的关键技术装备，如高档数控机床、工业机器人、智能仪器仪表等的研发和制造取得了较好的成果，并在我国工业制造领域得到较为广泛的应用。我国制造业的网络化、个性化、服务化、智能化特征愈加凸显。

制造业的智能化体现在产品全生命周期管理的过程中，将产品设计、产品开发、生产工艺、产品生产、产品销售等覆盖产品全生命周期的所有环节集成在一起，通过新一代信息技术实现工厂内各部门以及合作伙伴和用户的协同与联动。

产品的全生命周期管理是智能制造深入推进的必然趋势，需要把客户的需求、产品的设计、生产工艺的设计、原材料与零部件的供应、生产制造过程、物料和产品的运输以及运维服务等通过工业互联网、人工智能等新兴信息技术手段紧密关联，用以实现用户的个性化定制、缩短产品开发和生产周期（甚至实现产品零库存）、进行预见性运维服务等。企业提供给客户的将不再只是一种消费品，还包括与产品相关的整套服务。

当前，我国有部分制造业企业在智能制造领域已经取得了不错的成效。比如，我国最大的工程机械制造商三一重工股份有限公司，积极探索"互联网+制造"的智能制造模式，是国内最早实践工业物联网的企业。自2012年起，三一重工开始投产智能制造生产线，打造了全球领先的智能工厂"18号厂房"，并搭建了"根云"工业互联网平台，尝试由企业提出产品的初始方案，然后将客户意见纳入产品设计阶段，通过智能加工中心与生产线、智能化立体仓库和物流运输系统，对生产过程实行智能化控制，最终形成满足客户个性化需求的产品。

---

① 中国工程院：《2020中国制造强国发展指数报告》，载《网信军民融合》2021年第1期，第55页。

三一重工在企业之间形成了基于业务流程的端到端的横向集成，实现了整条供应链上包括制造商、供应商、零售商、客户等不同企业之间的协同和管理；对企业内部核心业务，从产品设计阶段到最终交付，进行横向集成，搭建了全球协同的研发平台，从数字化工厂规划到智能车间形成全流程集成；基于用户需求，企业通过控制中心平台，将从用户下订单、底层生产设备调用，到最后产出智能产品和智能服务的整个过程的管理系统终端进行纵向集成，以提升客户的价值为目的，通过数据的智能互联，实现传统业务流程的变革和制造业服务化模式的转型。

智能制造是未来不可逆转的发展趋势，大量企业都在尝试进行智能制造的转型升级，我国汽车制造企业普遍在尝试向智能制造转型。比如，广汽传祺就通过互联网升级逐步使车间工作智能化和数据化，积极打造智能工厂。广汽传祺以物联网为基础，以智能系统做后台支持，实现大量智能设备协调有序工作，用机器取代大部分人工工作，工人逐渐转向辅助岗位。同时，广汽传祺还对自身产生的数据进行采集，用于生产流程的管理和监控。广汽传祺通过依靠以互联网转型升级为核心的自主创新，实现了80%的平均年度增长率。

在新一代信息技术等技术进步的推动下，我国制造业将得以由传统的模式向3D打印等增材模式转型，对有效利用原材料、节约资源、避免浪费，实现绿色化生产具有重要意义，人工智能、工业机器人等在制造领域中的应用则能够极大地提升生产制造的效率，提高产品质量，节约劳动力并降低劳动力成本。

三、中国制造业的难题：产业由低端向高端转型任重道远

中国制造业成本的提升、美国等国家的再工业化、世界贸易新的形势和局面，以及制造业相应行业在世界上所面临的新的竞争，使中国制造业的发展在现在和未来都充满挑战。

近年来，在相关政策的支持下，我国制造业智能化升级发展取得了明显成效，但相比其他先进制造业国家，中国制造业仍然存在诸多方面的不足，尤其在制造业结构优化以及可持续发展方面，美国、德国、日本、韩国都不同程度地优于中国，中国制造业在许多领域还有着巨大的改善和发展空间。总的来说，智能制造整体水平有待提高，新兴制造业发展亟待突破，产业链协同发展面临巨大挑战，产业环境有待进一步优化。

首先，我国制造业整体水平有待提高。在全球制造业价值链中，中国制造业总体处于中低端水平。从全球制造业的发展来看，我国制造业起步晚、起点低，近几十年来虽然体量增长迅速，但总体"大而不强"。有学者通过研究发现，在中国的制造业门类中，几乎一半以上行业处于全球价值链的低端，仅有少数几个处于全球价值链中高端的行业，整体水平在国际分工中地位较低。

中国制造业质量效益与发达国家差距较大。中国工程院战略咨询中心、国家工业信息安全发展研究中心等单位联合发布的《2020中国制造强国发展指数报告》（见表2-1）显示，我国制造强国发展指数为110.84，仍处于世界主要制造业国家的第三阵列，与制造业强国仍然存在不小的差距，与美国更是具有多个方面的差距。尤其是质量和效益这两个指标，是我国制造业最大的弱项，而且这一状况在短时间内难以改变。

表2-1　2020年中国制造强国发展指数各国数据

项目	第一阵列	第二阵列		第三阵列				其他	
国家	美国	德国	日本	中国	韩国	法国	英国	印度	巴西
指数	168.71	125.65	117.16	110.84	73.95	70.07	63.03	43.50	28.69

（资料来源：《科技日报》2020年12月28日。）

我国制造业技术含量和附加值不高，创新产出比较低。改革开放后，我国开始引进和学习国外制造技术，并且依靠我国劳动力廉价的优势，在全球制造业价值链中从事加工、制造与组装等技术含量和附加值较低的工作。研发、设计、营销、售后等制造业中技术含量和附加价值较高的环节则主要由其他制造业水平较高的国家来承担。这种分工方式无须太多创造性和创新性，但随着我们与先进制造业水平的差距不断缩小，其积极作用也越来越小，长期延续只会使得我国原创性的关键核心技术成果更为缺乏，造成我国制造产品与服务市场的竞争力较低，创新产出也会比较低。

其次，我国制造业存在产业项目技术层次不高、自主创新能力不强等较为明显的问题。改革开放以来，我国注重对发达国家的技术引进和模仿，忽视了技术创新的重要性，这大大弱化了我国制造企业的自主创新意识，导致原创动力不足。"'2018福布斯全球最具创新力企业榜'中，我国入围企业仅有7家，而美国则有51家企业上榜。"① 原创动力不足的结果是许多关键核心技术缺乏自主研发能力，我国制造业的质量和效益长期偏低，产业关键设备和核心技术无法自主供给，许多基础材料、关键元器件都需要依赖国外供给。制造业智能化升级需要关键核心技术的突破与发展，以此为目的，我国许多先进基础工艺和产业技术基础都需要完善，产业的自主化体系建设需要进一步增强，产学研合作创新机制有待进一步完善，并要为科技成果转化和制造业企业技术创新提供更充分的动力和支持。

中国对科技创新的投入强度与发达国家相比差别较大，基础研究投入严重不足。《中华人民共和国2017年国民经济和社会发展统计公报》数据显示，2017年，我国研发经费投入总量为17500亿元，研究经费投入总量再创新高，已经位居世界第二，研发投入强度为2.12%，比英国高0.43个百分点，比德国和美国分别低0.82个、0.63个百分点，与日本的差距仍然较大，低1.02个百分点，研发投入比重与西方发达国家相比还有较大的差距。其中，基础研究投入更为不足。2017年，我国基础研究投入为920亿元，仅占R&D经费支出的5.26%；而美国、英国、法国等发达国家的

---

① 《中国制造企业研发投入不足，我国制造业高质量发展如何过技术关？》，见搜狐网（https://www.sohu.com/a/251319568_655347）。

投入占比达到15%～25%。虽然基础研究的成果不直接作用于产业的发展，但具有强大的原始创新能力，我国基础研究投入的严重不足必然影响在关键共性技术领域取得突破和创新。

研究人员数量年均增长不足。关于研究人员数量占全部就业人数的比重，中国虽然在绝对数量上已经成为世界第一，但年均只增加0.06个百分点。2015年，中国该项数据只有2.09%，美国、德国、日本、英国都在9%以上，与发达国家还有非常大的差距。但随着近年来国家对人才培养和支持越来越重视，相信差距会越来越小。

再次，中国制造"人口红利"逐步消失，面临低端制造供给替代与高端制造回流发达国家的双重压力。劳动力等生产要素丰富及成本低的优势使我国制造业获得了近40年突飞猛进的发展。但据统计，我国制造业单位就业人员数已经从2013年开始逐渐降低，中国技能型人才缺口正在持续扩大。目前，高技能人才仅有0.5亿人，占从业人员的6.2%，高级技工缺口高达上千万；技能劳动者的求人倍率在1.5∶1以上，高级技工的求人倍率在2∶1以上。

人口老龄化持续加重，劳动力人口比重持续降低，"人口红利"消失。根据我国第七次人口普查公报，2021年，我国劳动年龄人口为89437万人，比2017年减少762万人，连续10年净减少；60岁及以上人口为2.64亿人，比2017年增加了0.23亿人，占18.70%。①

就业年龄人口的减少导致劳动力供给短缺现象日益明显，同时，经济高速发展带来的环境和要素成本上升导致劳动力成本不断上涨，以致"人口红利"逐渐消失。"目前我国的劳动力成本较越南、缅甸等东南亚国家普遍高出3～5倍。以2019年为例，中国制造业人均工资为每月740美元，

---

① 《第七次全国人口普查公报（第五号）》，见国家统计局网（http：//www.stats.gov.cn/tjsj/tjgb/rkpcgb/qgrkpcgb/202106/t20210628_1818824.html）。

而印度尼西亚仅为每月 206 美元。"① 中国的能源使用成本、土地成本、融资成本都在不断上涨，波士顿咨询公司曾比较了 25 家出口经济体的制造业成本指数，数据显示，中国制造业综合成本已与美国基本相当。

我国制造业很大部分都还处于价值链的低端，属于劳动密集型制造业，在经济竞争中主要依靠劳动力成本低的优势。随着中国劳动力及其他成本的不断提高，大量制造业企业迫于成本压力，开始逐渐往东南亚劳动力成本较低的国家转移，造成我国在低端制造领域出现了供给替代的现象。

发达国家高端制造业回流给我国带来巨大压力。美国、德国等制造业强国为应对全球制造业的竞争新态势，纷纷实施"再工业化"战略，从政策、技术等方面做准备，迎接制造业回归，计划以自身的科技领先优势发展制造业，从而在全球竞争中保持领先地位。对我国来说，这些举措则意味着大量高端制造业的撤离。例如，2017 年，阿迪达斯在德国重新开设工厂生产运动鞋，时隔 24 年，其生产重新回归本土，采用领先的 3D 打印技术和工业机器人，不仅大大节约了原材料和能耗，而且解决了劳动力不足的问题。②

无论是低端制造业向东南亚国家迁移，还是制造业强国高端制造业回流，都给我国外贸出口、国内就业、利用外资、产业发展和经济增长等方面带来了明显的不利影响。

另外，发达制造业国家还采用各种方式打压、阻挠我国先进制造业发展。为扼制中国工业化与信息化融合的进程，2018 年 3 月，美国发动中美贸易战，美国将"中国制造 2025"重点发展产业所需进口的大量商品纳入实体清单，采取增加关税甚至禁止供应的方式，极力阻挠中国高端制造业

---

① 张璐：《"中国制造 2025"背景下制造业转型升级路径选择》，载《中国集体经济》2021 年第 4 期，第 9-10 页。

② 张璐：《"中国制造 2025"背景下制造业转型升级路径选择》，载《中国集体经济》2021 年第 4 期，第 9-10 页。

的发展，给我国带来巨大的挑战和压力。

还有传统制造产业遗留问题，以及新旧产业的均衡协调等诸多问题，都不利于制造业整体智能化升级。从我国产业全局来说，我国制造业企业智能化升级层次和覆盖率都还不高。除少部分企业在探索实践的路上走得比较深入之外，我国大部分制造企业或只在局部，比如在物流跟踪、仓储库存、生产线某一制作环节，采用部分信息化手段；或基于技术、成本或风险等种种原因，很多企业保持观望的态度。这种状况，同我们期望实现的产业协同发展，智能化技术贯穿设计、生产、销售、服务等产品全周期的各个环节，实现充分的智能化与柔性化制造，还有很大距离。此外，在制造业智能化升级中，企业与企业之间的数据平台尚未被很好地打通，制造、物流、商务、用户等各个环节的连接没有充分实现，很多企业的工业互联网的改造还没有得到落实。从整个制造业领域来说，我国制造业向智能化转型仍旧处于探索和实验阶段。

最后，全球生态环境恶化，中国制造业资源能源利用效率偏低。我国制造业发展较晚，起步层次较低，大量中低端水平的制造业企业对能源资源依赖度较高，粗放型生产模式对环境污染较为严重。我国能源消费总量处于持续增长的状态，中国制造业碳排放占比全球最高，对环境的破坏性较大。

自2005年起，我国温室气体排放总量一直位居世界首位且逐年增加，目前已占全球排放总量的28%。以2015年为例，中国碳排放占比分别是德、美、日、英四国的2.55、3.66、1.65、3.30倍。

虽然改革开放以来我国政府就将环境保护作为一项基本国策，开展了大规模的污染防治和生态环境保护工作，但总体上生态恶化的趋势还未得到遏制。据世界银行2017年数据统计，中国单位GDP能耗约为世界平均水平的1.53倍，其中，工业制造占全国碳排放总量70%以上，面临主动控制碳排放和2030年前碳达峰的新形势，制造业未来发展受能源环境要素的约束将越来越紧。因此，我们需要通过制造业转型升级来积极发展可再生能源、发展和应用低碳技术等,最终实现我国经济的深度脱碳。

中国制造业面临的种种困境,既是制造业发展过程中产生的问题,同时又只能通过制造业转型升级来获得更高质量的发展以得到解决。我国制造业要在全球竞争中占据优势,就必须顺应智能化转型的趋势,加强自主创新,加快供给侧结构性改革步伐,加大推进工业化和信息化融合的力度和速度,尽快实现我国制造业由大到强的高质量发展。

四、中国智造革命与国家政策：国家力量多方助力产业升级

新一轮科技革命的到来,为我国科技进步和制造业转型升级带来了机遇。为了把握机遇,促进我国科技进步,提升自主创新能力,实现传统制造业向智能制造转型升级,全面提升我国国际竞争力,实现弯道超车,近年来,我国从顶层规划到行动计划,不断发布各种利好政策、创设各种交流平台、提升全民科学水平,以推动新兴科学技术和智能制造的发展。

2015年发布的《中国制造2025》,是我国全面部署制造业转型升级的战略性文件。为应对新技术和工业革命的冲击以及制造业智能化的新发展趋势,改变我国制造业在竞争中"大而不强"的局面,《中国制造2025》为我国制造业智能化转型升级指明了方向。《中国制造2025》不仅明确提出了要加快制造业转型升级的目标,而且明确了实施的途径和手段,要通过对制造业实施工业互联网改造,来提高制造业核心竞争力,加快我国完成制造业产业升级;指明了产业升级要着重予以突破的十大重点领域,其中包括信息技术、高档数控机床和机器人、航空航天装备等;强调了创新、智能化、绿色发展,大幅提升制造业整体素质,建设制造强国。

党的十九大报告明确提出要"加快建设制造强国,推动互联网、大数据、人工智能和实体经济深度融合",进一步从顶层设计强化推动制造业智能化的升级进程。

工业互联网是实现新旧动能转换的关键抓手。为了全面落实《中国制

造 2025》战略规划，国家陆续出台了众多指导企业工业互联网转型的文件，包括《工业互联网 APP 培育工程实施方案（2018—2020 年）》《工业互联网发展行动计划（2018—2020 年）》《工业互联网网络建设及推广指南》《工业互联网平台评价方法》等。在此之后，国务院相继出台了关于深化"互联网+先进制造业"的系列指导性文件，为推动制造业与其他产业深度融合、加快智能化升级建设，提供了技术方面的便利。2020 年，"新型基础设施建设"（简称"新基建"）首次被写入政府工作报告，工业互联网作为"新基建"的重要环节，与智能制造的有机协调、相互促进，将进一步推进制造业向网络化、数字化、智能化加速发展的进程。此外，自 2017 年提出"深入实施工业互联网创新发展战略"后，习近平总书记连年对工业互联网创新发展作出重要指示。

近年来，工业和信息化部（简称"工信部"）对工业互联网的建设和发展关注度更是持续增强，作为当前的核心重点工作予以规划和部署。2020 年 5 月，工信部发布《关于推动工业互联网加快发展的通知》，旨在加快工业互联网相关配套基础设施建设，在一定程度上指明了政府和企业进一步发展工业互联网的方向；2020 年 12 月 22 日，工信部印发了《工业互联网创新发展行动计划（2021—2023 年）》，部署工业互联网建设三年的重点工作内容；2021 年 6 月，工信部发布《工业互联网专项工作组 2021 年工作计划》，对国家工业互联网大数据中心建设、工业互联网平台建设及制造业企业实现工业设备和业务系统云化迁移等提出了较为明确具体的目标任务和部署安排。

作为智能制造深度实施的另一项关键基础性技术，5G 的融合应用同样被予以重点关注。2021 年是中国 5G 技术正式商用的第二年，5G 对行业的赋能作用已经在制造业、交通领域效果初显。推动 5G 应用规模化发展，利用 5G 等新技术、新应用对传统产业进行全链条、多环节的改造，推动制造业加速向数字化、网络化、智能化发展，是加快产业结构优化升级，推动实体经济发展模式、生产方式变革的必然选择。

2021年7月,工信部等十部门印发《5G应用"扬帆"行动计划(2021—2023年)》,提出打造IT、CT、OT深度融合新生态,并明确提出2023年的5G网络覆盖水平、5G基站数、5G融合应用创新中心建设等方面的具体目标。

我国积极搭建国际协同创新交流合作平台,仅2021年8—9月,中国就组织召开了2021年世界5G大会、2021年世界机器人大会、2021年世界互联网大会乌镇峰会。频繁开展的高层次国际交流与合作活动,展现了在科技革命与产业变革的机遇期,我国为推动新一代信息技术的进一步快速发展,以开放姿态和务实举措谋求广泛的国际创新交流与合作,所秉持的开放合作、互利共赢的理念。

全民的科学素养是自主创新精神生发的土壤,决定着国家的创新氛围。提升国民科学素质就是增强国家的创新性,对于增强国家自主创新能力和文化软实力、建设社会主义现代化强国,具有十分重要的意义。为适应科技创新发展的要求,提高全民科学素质,2021年6月,国务院印发了《全民科学素质行动规划纲要(2021—2035年)》,提出到2025年,我国公民具备科学素质的比例要超过15%,到2035年达到25%;并倡导"十四五"时期,要注重弘扬科学精神,培育理性思维,养成文明、健康、绿色、环保的科学生活方式,提高劳动、生产、创新创造的技能。

当今时代,数字素养是国民科学素养的重要组成部分。中国互联网络信息中心发布的数据显示,不同网民群体的数字素养有所差异。"数字素养是指对数字信息和技术的使用和理解,包括辨别和运用信息、把信息与数字技术结合进行创造和再创造、将数字技术用于情感交流和价值评价等社会生活的能力。未来数字文化的发展取决于网民利用现有数字传播的能力,提升公民数字技能、普及数字素养对社会进步具有举足轻重的作用。"[1] 为此,2021年4月,中华人民共和国人力资源和社会保障部研究制

---

[1] 《人社部六大举措推动提升全民数字技能》,见中华人民共和国中央人民政府网(http://www.gov.cn/xinwen/2021-04/20/content_5600721.htm)。

定了《提升全民数字技能工作方案》，提出从 6 个方面加强全民数字技能教育和培训，普及提升公民的数字素养。

同时，为贯彻落实《中国制造 2025》，各地政府也纷纷出台帮扶利好政策，包括重庆市政府发布的《重庆市深化"互联网+先进制造业"发展工业互联网实施方案》、广东省政府发布的《关于加快推动 5G 网络建设的若干政策措施》、深圳市政府发布的《深圳市工业互联网发展行动计划（2018—2020 年）》、河南省政府发布的《河南省智能制造和工业互联网发展三年行动计划（2018—2020 年）》和兰州市政府发布的《兰州市 5G 产业发展行动方案（2019—2022 年）》等，均提到完善政策法规，加大财政资金和金融支持，加强人才支撑，对于符合条件的企业更是给予政策优惠与配套支持。其中，兰州市于 2020 年 10 月宣布建成 5G+工业互联网平台，实现了制造业企业之间以及与外部的大融合。

持续推进我国制造业的智能化升级涉及多层次、多方面的协同作用，我国在推进制造业智能化升级的过程中，虽然取得了一定的成效和经验，但仍然存在诸多困难和问题需要解决。除了核心关键技术和创新能力仍然较为欠缺以外，我国的产业政策也需要得到持续地健全和完善。我国当前的产业政策主要侧重于管制类以及规划类，应加强激励性政策的出台，鼓励企业加强自主创新，强化企业对新兴智能制造的实践探索动力，促进制造业企业更好、更快地向智能制造转型升级迈进。

第二部分

"智能+"与制造业转型之"术"

第四章

工业互联网与智能制造：万物互联赋能制造革命

工业互联网（industrial internet）作为智能制造的基础，为新兴数智技术和制造业的深度融合提供了场域。工业互联网正在把制造领域中各工业门类、工厂、企业以及产业链上的机器、物品、生产要素连接起来，并把机器、产品、生产者、使用者连接起来，与5G、大数据、云计算、区块链和人工智能等信息技术结合在一起，从而推动制造业向深度智能化发展。

工业互联网是互联网的延伸和创新，互联网是网络信息技术的灵魂，网络技术是智能制造的基础。在制造业的发展历程中，以蒸汽机的发明、电气化和数字化为标志的前三次工业革命极大地解放了人类的体力。当前，以工业互联网为重要标志的第四次工业革命正在到来。这场革命不仅将进一步解放人类的体力，而且将更进一步解放人类的智力。

一、工业互联网：承接消费互联网的下半场

互联网是信息技术革命的集大成者，是推动数字经济发展至关重要的通用技术，可谓20世纪当之无愧的最伟大发明。通过互联网，人们能够实现普遍的联系，最大限度地跨越时间与距离的鸿沟，实现信息、知识和数据的高效分享。

互联网的兴起源于电子计算机的连接需求。1948年，美国研制了第一台电子计算机，为了将多台计算机连接起来，人们开始考虑有关网络系统

的问题。

互联网始于 1969 年的美国，首先是美军在美国国防部研究计划署（ARPA）制定的协定下用于军事连接，后将美国西南部的加利福尼亚大学洛杉矶分校、斯坦福大学研究学院、加利福尼亚大学和犹他州大学的 4 台主要的计算机连接了起来，这标志着互联网的鼻祖——阿帕网（ARPANET）的诞生。虽然最初阿帕网只有 4 个节点，但节点数在一年后就增加到 15 个，越来越多的计算机连接到网络当中来。很快，阿帕网就利用卫星技术开始了世界范围内的连接进程，并于 1973 年首先跨越大西洋，实现了与英国、挪威的连接。

历时 10 年后，TCP/IP（传输控制协议/因特网互联协议）从众多经过创新改进的网络通信协议的竞争中胜出，其优越的便捷连接性能，能够让不同国家、不同领域，或同一国不同地区、不同型号的计算机进行连接，哪怕这些计算机的控制语言和文件组织方式各不相同，也能连接成统一的网络。TCP/IP 使互联网获得了全球共同语言，在 1983 年成为全球共同遵循的网络传输控制协议，沿用至今。①

但彼时，互联网还只能供少数人使用。这是因为，在互联网找到特定信息的所在位置并获取信息，需要以复杂的代码程序作为途径，由于专业知识和专业能力的限制，只有少数专业人士能够实现这一操作。

直到 1991 年，伯纳斯·李和他的同伴编写了网页程序，通过 http（超文本）传输协议跨越了专业鸿沟的限制，使普通人也能够轻松便捷地使用互联网。同时，他们将网络命名为 World Wide Web，即万维网。万维网的出现极大地推动了互联网的普及。

互联网在其诞生后大约 20 年之际传入中国，并得到了蓬勃发展。1987 年 9 月 20 日是中国互联网史上最激动人心的一天，通过北京与德国卡尔鲁厄理工学院的直接网络连接，中国互联网向全球科学网成功发出了第一封

---

① 张学军、王保平：《工业互联网浪潮》，中信出版集团 2019 年版。

电子邮件，这标志着中国开启了迈进互联网时代的新征程。不久之后，中国实现全功能接入互联网。

1998年是互联网在中国的破局之年。这一年，搜狐网站创办，联众游戏、京东、腾讯和3721等门户网站也相继诞生。之后20年，互联网在中国一路高歌猛进，全方位改变了人们的生活和消费方式，被称为中国消费互联网发展的黄金时代。这其中，1998—2007年这10年是以PC（个人计算机）作为互联网上网工具的时代；2008年后，移动互联网逐渐成为主导，开始以移动终端为主要上网工具，互联网随即全面融入人们的生活圈。

此后，互联网以不可阻挡之势在中国发展。2015年，中国超越美国成了全球第一电子商务大国。基于互联网的共享单车、网络购物、移动支付以及高铁，更是成了全球青年心目中的中国"新四大发明"。

互联网以其强大的连接能力，实现了计算机网络、移动终端（如手机、iPad、电话手表等）在全球范围的连接，给人们的生活和工作带来了颠覆性的影响。许多人每天在网络上花费大量时间，除了丰富的娱乐，人们还通过网络满足自己的日常生活所需和进行工作，比如，买菜、订餐、购物、联系、沟通和处理工作任务，等等。对很多上班族而言，如果离开网络，工作和生活将不可想象。

如果说互联网起先主要影响人们的学习、工作、生活和思想，以及社会的经济和管理等活动，那么，现在互联网正将它的翻天巨手伸向工业领域，将掀起一场全方面的数字化、网络化、智能化的制造革命浪潮。被誉为互联网下半场的"工业互联网"时代正在开启，制造业领域已迈向智能化变革的进程，人类历史上的第四次工业革命已然到来。

"工业互联网"这一互联网下半场的大幕正徐徐开启。2016年，美团创始人王兴最早提出了互联网上下半场的概念，并迅速获得广泛的认同。作为一种工具，互联网用在消费领域就是消费互联网，用在金融领域就是金融互联网，用在工业领域就是工业互联网。互联网的上半场是以消费互联网为主导的时代，随着人口红利的消退，而今这个时代已趋于尾声，正在迎来以制造业互联网为主导的"工业互联网"时代。

从本质上来说，消费互联网和工业互联网的区别主要在于连接对象有所不同。消费互联网的连接对象是人，如腾讯连接了人与人、百度连接了人与信息、阿里巴巴连接了人与商品。而工业互联网将连接对象延伸至机器，使机器在互联网世界通过数据呈现，具有交互、感知的能力。在工业互联网的连接作用下，机器与机器能够实现在生产制造过程中的交流与协同，在很多方面能够突破传统制造模式中人的认知和管理的局限性，实现优化资源配置、提高生产效率。

工业生产中运用了多种网络技术概念，工业互联网是其中重要的一种。各类网络技术在制造业的转型升级和高质量发展中都发挥了重要作用，但这些网络技术概念彼此之间是何关联、有何区别，在学术界和工业界目前仍有争议。

欧阳劲松等人经过归纳分析，提出工业中使用的网络技术和概念有传统的现场总线、工业以太网、工业无线网，乃至后来的工业物联网和工业互联网。现场总线、工业以太网和工业无线网可被统称为工业测控网，用来采集数据和控制系统，解决工厂底层各种工业自动化控制设备及系统间的互联互通。现场总线、工业以太网、工业无线网等多种网络架构在工业企业长期共同存在。[1]

当前应用最广泛的两个概念当属工业物联网与工业互联网。有学者认为两个概念存在差异和各有侧重，如有学者认为，工业物联网为"工业资源的网络互联、数据互通和系统互操作"而形成的新工业系统，工业互联网则更倾向于一种"基于互联网的工业产业和应用生态"建设，偏重于互联网平台建设、业务模式更新、标识解析、工业 App 等，但在很多文献和实际使用中，并没有做明显的区分。例如，中国电子技术标准化研究院组

---

[1] 欧阳劲松、刘丹、方毅芳等：《测控网、物联网、互联网，于工业"是什么"与"干什么"》，载《仪器仪表标准化与计量》2020 年第 3 期，第 1—2 页、第 15 页。

织编写的《工业物联网白皮书（2017版）》给出的工业物联网的定义是：工业物联网是通过工业资源的网络互连、数据互通和系统互操作，实现制造原料的灵活配置、制造过程的按需执行、制造工艺的合理优化和制造环境的快速适应，达到资源的高效利用，从而构建的服务驱动型的新工业生态体系。

在国际上，工业物联网与工业互联网两者也未有实质区分，两者含义相当。美国通用电气（GE）公司在2012年最先提出"工业互联网"的概念，将其定义为"全球工业系统与高级计算、分析、低成本传感和由互联网带来的全新连接能力的融合"，而且明确提出，"工业物联网（IIoT）"与工业互联网是同义词。2019年7月，工业互联网联盟（Industrial Internet Consortium，IIC）在2019年发布的《工业互联网术语技术报告》中给出的工业互联网与工业物联网的定义并无实质区别，都是立足于工业转型实际需求，聚焦工厂内部使用的网络和先进分析，通过机器到机器（M2M）连接和工业大数据分析等，实现工业设备预测性维护、基于生产数据优化设计，以提高效率、产能以及性能，改变工业企业的生产组织模式，推动数字化转型。

张晶、徐鼎和刘旭认为，"广义物联网等同于'未来的互联网'或者'泛在网络'，能够实现人在任何时间、地点，使用任何网络与任何人与物的信息交换"[①]。

可见，工业互联网是工业智能化发展必不可少的关键网络基础设施，工业互联网通过将分析传感技术与互联网相融合，具有强大的连接功能，能将制造业企业内部的产品、生产设备、车间控制系统及外部各类供应商和客户连接在一起，实现各连接主体之间信息与数据的流动、分析和处理，满足各主体的即时性需求。

工业互联网能够实现各设备之间、各系统之间、各生产制造区域之间

---

① 张晶、徐鼎、刘旭：《物联网与智能制造》，化学工业出版社2019年版。

甚至各地区之间广泛的互联互通，推动整个制造业体系与服务体系向智能化转型。与现有的消费互联网相比，工业互联网更强调数据、更强调充分的连接、更强调数据的流动和集成以及分析和建模。工业互联网为各经济主体高效共享各种要素资源提供了便利条件，因而有助于大幅提高生产效率，并促进制造业的服务化。

二、工业互联网的作用：智能制造的基石

工业互联网能够为制造业变革提供信息网络基础设施和智能化能力，深度契合了智能制造发展的内在需求。依托工业互联网，新兴信息技术和制造业才具有了深度融合的基础，为建设功能强大的数字化控制设备乃至建设全方位的数字化智能工厂提供了可能，从而推动制造业向数字化、网络化、智能化转型发展。

首先，工业互联网能够实现互联网、大数据、人工智能同制造业的生产与控制系统深度融合，使新兴信息技术以各自的方式赋能智能制造业。要想实现工业生产中的智能控制，达成新兴信息技术同工业生产与控制的深度融合，必须通过网络将制造业企业生产现场的相关设备连接起来，使生产中的各种设备与新兴信息技术融合，为生产装备赋予能动性，并增强生产单元、生产线乃至整个生产制造系统的自主性。[1]

5G、大数据、人工智能、云计算等新一代信息技术，在工业互联网的带动作用下，为适应生产制造中管理与控制的需要，不断加速演进升级，形成了诸如工业数据建模分析、软件定义网络、时间敏感网络、边缘计算等新兴技术及产业，这些新兴技术和产业为企业提供了纵向集成的能力，使生产制造与经营管理系统达成自动协调运转。比如，敏锐捕捉外部市场需求的变化并将其传递到生产体系中，而企业基于需求进行生产对接，由

---

[1] 张学军、王保平：《工业互联网浪潮》，中信出版集团2019年版，第13页。

智能制造系统进行资源配置、生产排产和产品交付，不仅能够实现生产资源的最有效利用，而且能够选择最优化的生产制造流程，实现生产的高效和产品的高质量，使生产制造和服务体系都能实现智能化。

其次，工业互联网可以实现对制造过程全流程的"泛在感知"。新兴信息技术与制造技术的融合，推进研发和创建了各种具有环境感知能力的智能终端、适应制造流程需求的分布式移动计算模式以及泛在的移动网络通信方式等产品和技术，工业互联网能够将各类智能产品和技术应用到生产制造各个环节，以网络互联为基础，获取包括机器、原材料、人员、控制系统、信息系统、产品等在生产制造流程中乃至产品销售及使用过程中的信息数据，以实现对产品全生命周期中信息数据的深度全面感知。对获取的信息和数据在各个环节进行实时传输和交换，并通过强大的算力快速处理所得的信息和数据，生成数据分析模型，达到对生产系统的感知更加精准、生产运行过程更加优化、生产产品更加智能的目的。

最后，工业互联网可以实现对生产过程参数的自动、准确、及时收集。大数据技术与机器学习技术相结合能够实现对数据价值的深度挖掘。通过工业互联网，各生产设备与产品、数字世界与物理世界彼此之间能够保持互联，形成便捷、高效的工业信息通道，无缝、不间断地获取并准确、可靠地发送实时信息流。通过网络，实现人、机器、生产部件及控制系统的信息交流，使资源与环境及各工业资源之间保持信息交互，不但能够使数据的集成达到前所未有的深度和广度，还可以在最恰当的时机形成指令，使数据的价值得到有效的挖掘利用。

当前，制造业通过普遍采用制造信息系统，如 MES（制造执行系统）、ERP（管理信息系统）、PCS（过程控制系统）等，已在较高程度上实现了制造系统的综合自动化，并在此基础上进一步实现了与工业互联网的结合，较好地克服了各个系统之间缺乏有效配合的情况，在制造各层面建立起更为强大的信息连接，使数据信息的传送更及时、准确，对制造资源和自动化生产线的管理更加智能化，可更有效地对生产过程进行监控、分析、预测以及优化，从而提高生产效率和资源利用率，实现更高质量的生产。

21世纪的消费者对产品的个性化有了更高的要求，这给制造业需提供的产品和服务带来了极大的不确定性，使得制造业在成本、质量、供应链效率等方面均面临复杂的挑战，传统的以批量生产为主的制造业向个性化、柔性化的智能制造转化成为必需。工业互联网的发展为制造业的服务化、数字化、智能化变革提供了技术基础和动力，使制造企业由原来的产品短期交易形式向制造服务转变，制造与服务由原来的分离状态越来越趋于融合为一体，企业与用户也由原来的只涉及商品买卖转变为长期合作关系。

工业互联网通过泛在网络技术实现人、机器和系统的全面互联，使得企业与上游供应商和下游客户的联系更为紧密，不仅能够实时敏锐感知市场的变化，还能将这种感知通过智能分析，对生产过程进行科学决策，重新调度生产资源，从而大幅提高生产效率和产品质量，同时实现工业资源的高效利用，实现传统制造业向智能制造转型。

工业互联网改变了生产制造模式和产业生态，推动了制造业高质量发展。在制造业中，工业互联网能够跨越时空连接工业设备，在产品设计环节做准确、全面的数据采集，为制造业的数字化、网络化、智能化提供网络连接和计算分析功能，为产品设计、生产营销和市场预测提供计算、分析和在此基础上的最优决策。

借助工业互联网，企业可实时根据产品使用情况，对客户需求做出预测，并进行量化分解，精确、快速反馈至设计环节。研发设计环节向智能化与可预测方向演进，企业将可以在设计环节综合考虑生产与管理能力，保证产品以最短的时间、最低的成本、最优的质量制造出来。同时，生产制造环节将根据需求，设计能够快速调整变化以及能够自我调优的设备与生产系统，大幅提升企业生产能力。

另外，企业基于工业互联网的泛在连接，能够精确掌握上下游生产能力，灵活调配产业链资源，以最快的速度组织生产。智能化产品与服务将全面渗透并影响生产端与消费端各环节，极大地提升产品的增加值与客户体验，更好地满足市场需求。

构建以工业互联网为核心的产业互联生态。产业互联网生态的主体主要包括政府、高校、科研机构、企业、用户，随着平台的发展，中间商会逐渐减少，将会产生一批新的服务商，比如，智慧医疗、智慧城市。产业互联生态未来将进一步改变人们的社会生产和生活方式，颠覆一部分传统产业，造就一部分新兴产业，人们将生活在更加服务化、品质化、高效化的生态环境中。通过工业互联网，打通各产业间与产业内外部连接，依托人工智能、量子计算等先进技术处理巨量的数据，能够实现产业生态的高效率、高质量、高价值发展。

工业互联网推进经济社会智能化、数字化，推动经济社会的高质量发展。市场运行主要包含供给、需求两个方面，基于智能基础设施和智能化融合，工业互联网可以更好地推动供给、需求的智能对接，产量、产品价格的智能确定等，从而对劳动力、生产资料、资本等要素资源进行智能配置，推动整个市场智能化运行。

工业互联网还将通过产业侧的需求应用带动供给侧的ICT产业加速发展，比如，推进新一代高速光纤网络、高速无线宽带加速普及，以及深入推进5G和超宽带技术研究。工业互联网还可以推动实体企业与ICT企业融合，促进实体企业数字化转型，释放实体企业主体作用，催生更多新业态、新产业、新模式。另外，工业互联网平台汇集的大规模、多品种、强实时的一线数据将为数字经济治理的开展提供有效支撑。通用电气在《工业互联网：打破智慧与机器的边界》一书中预计，2025年工业互联网的应用领域将创造高达82万亿美元的巨大经济价值，可能占全球经济总量的一半。

总之，通过工业互联网，供应商、客户、工厂、产品、设备和生产线能够实现无缝连接和高效沟通。在产品层面上，可以实现"设计—生产—

销售—运输—售后"等产品全生命周期快速响应与完成交付；用户需求能够得到快速响应，工厂能高效完成设计、生产、销售、运输等环节；商家可以跟踪产品状态并与用户有效互动，得到用户的使用反馈。产业链层面上，上下游企业可以无缝衔接，大大缩短研发生产周期。社会化层面上，政府、高校、科研机构、联盟、企业、用户等各方主体可以进行良性沟通，形成优化的生态闭环，实现价值最大化。

三、工业互联网的应用：构建智能制造新模式

工业互联网具有非常广泛的应用场景，在产品溯源、决策管理、制造工艺、生产流程、设备维护及协同制造等方面都有广阔的用武之地。工业互联网的应用场景甚至涵盖整个制造业领域的所有环节和要素。

工业互联网助力制造业生产流程的智能化改造。工业互联网能够实现资产、生产线、产品、供应商及企业间的全面深度连接，甚至由此催生出新的制造模式。比如，以工业互联网强大的连接功能为基础，区块链、大数据、人工智能、云计算等新兴技术与工业企业相结合，能够使各制造主体建立广泛联系；协调配合的新网络、新平台，深度优化制造业的生产流程和服务流程，特别是实现对生产流程的智能化改造，最终建成基于工业大数据和"互联网"的智能工厂。

简单地说，工业互联网为制造企业提供互联互通的基础和平台，帮助企业实现诸多生产制造领域的新模式，比如，用户的个性化定制、企业的智能化生产、产品的服务化延伸和企业之间的网络化协同等，为制造业高质量发展、未来制造模式变革、新型产业生态的打造以及智能社会的全面到来提供基础。

智能制造的深度发展只有通过工业互联网才能实现。通过工业互联网，能够实现将所有的生产设备连接在网络中并使之成为一个整体，使生产数据和信息实时在各制造主体之间交流和传递，随时监测和了解生产过

程，甚至在生产中大量使用工业机器人代替人力等，也即实现各类技术和各生产设备和主体的全方位集成。这种信息技术与制造业深度融合的业态和模式，能够促进智能工厂的建立，赋予生产中的设备以感知性能，为数据在各制造系统和层级间的顺畅流动、实时采集、计算分析及优化提供技术，使生产过程通过智能化的方式自主优化，并按最优的方式自主安排生产，实现智能化生产。

智能工厂是通过生产智能化布局，应用智能传感、标准化接口、模块化集成、数字化处理的融合构建而成的。其中，传感器和计算模块能够随时通过对数据的读取和分析监测设备和机器的健康状态，确定是否需要维修或更换零部件；同时，通过标准化接口连接生产设备进行机器通信，可呈现其所处状态。为此，智能工厂必须设置一个中央数据处理中心，统一管理各类生产设备的软件，实现与各类机器设备实时状态的连接和管理，实现智能工厂的构建。

智能工厂的构建，需要通过工业互联网和设备监控技术的紧密融合来加强数据信息的管理和服务，全息掌握生产制造、销售以及运维等流程，实现各种选择和决策的优化，提高生产效率和产品质量。比如，在智能工厂的生产制造过程中，运用图像识别等人工智能技术来进行检测，不仅能在生产和装配时及时发现不合格产品，而且能够提前预测机器、设备或者应用程序的可能故障，并进行预警，避免或大大减少因故障带来的损失。数字孪生技术能够使产品和生产制造系统处于全面的智能管控状态，在此基础上，通过VR（虚拟现实）和AR（增强现实）等技术，甚至可以实现远程操控生产。

智能工厂通过工业互联网将千万台机器设施相互连接，使各制造系统彼此关联、自主运行、按需授权。智能工厂的中央数据处理中心，即工业大数据引擎，是智慧工厂的主脑，对传输到云端的生产制造数据信息做集中处理，并将数据处理的结果反馈给制造系统的各个机器。智能工厂的主脑由新兴信息技术汇聚集成，具备超强智能，所有的生产制造数据信息在这里汇聚处理，对工厂的制造运营进行决策，不仅使单个工厂的运营更加高效，而且能够最大限度地持续优化整个工业生态系统。

比如，西门子安贝格电子制造工厂拥有约1万平方米的面积，其中央数据处理中心能够自主协调生产制造流程中的一切要素，包括生产线的排程和产品配送等，实现了全流程的智能自动化。该工厂自从实现智能化以来，在工厂面积没有扩大、员工数量没有增加的情况下，产能提高了8倍，产品质量提升了40倍，且还在持续增长中。

还有新疆五家渠现代石油化工有限公司，通过DCS（分散控制系统）、MES等信息物理系统的建设和集成应用，建立了全面覆盖采购、生产、销售等全过程的互联网应用系统，采用工业互联网、大数据分析等新一代信息技术，实现工厂底层自动化控制系统、中层生产执行系统及上层管理信息系统的深度集成，把产品、机器、资源、人有机联系在一起，为各环节数据共享提供了可能和条件，在整个生产制造流程中实现了数字化和智能化，彻底改变了石化企业的生产运营模式，使流程中的经营、执行和管理实现一体化，显著提高了管理效率和经济效益，有望将企业自身打造成国内生产装置最大规模、智能化水平一流、设备最先进的石油化工企业。

在用户的个性化定制方面，工业互联网能够提供企业与用户深度交互的平台，使企业实现和海量用户的泛在连接，打通供给侧与消费侧之间的信息断层，建立起全链路与全要素数字化通路，打破数据孤岛，深度服务用户。

通过工业互联网，企业可实时广泛获取用户需求信息，通过大数据分析处理，精准研判市场，对用户实行精准营销，并将用户需求直接对接生产线以进行排单生产，使生产制造按照用户的个性化定制需求来完成，使制造业模式实现了从传统的企业主导生产向以用户需求为中心进行生产的转换。这样不仅能够按需生产，满足市场多样化的需求，而且能够使库存和产能保持一致，有效解决传统制造中的难题，还能够极大地节约资源，提升效益。

在互联网的支持下，个性化定制成了智能制造中的热点，个性化制造打破了传统的单向流动的制造企业与用户关系，改变了以往需求地位粗略、市场反馈滞后等问题。

比如，海尔实行的生活场景众创定制，通过在众创汇上发布需求，邀请用户参与提出设计需求理念，并运用一流资源进行虚拟设计，对碎片化需求进行整合，形成新产品并在网上预售，全过程在网络实现透明和可视，产品到用户家里后还可以通过网络和大数据实现持续的迭代。从2017年4月开始，海尔邀请用户参与定制智能家居场景设计方案，致力于通过众创模式实现用户对智能家电、家居的一体化定制需求。

工业互联网助力制造业服务化延伸，推动我国制造业的服务化转型。制造业服务化延伸指在移动互联网等新一代信息技术的支持下，制造业开始向用户提供"制造+服务"的一体化解决方案，使企业实现由卖产品向卖服务拓展：一种是企业不出售产品，只是通过在线平台提供产品服务；比如，沈阳机床集团在线租赁机器设备、极飞科技提供农业无人机服务等；另一种是产品销售后，提供面向服务过程的产品智能化服务，通过互联网等信息技术保持对产品的智能化在线服务，及时了解产品的运行状况，提前预判故障风险，提供维修服务，能够有效节约运维成本，减少用户损失；比如，美国通用电气公司（GE）的能源监测和诊断中心，能够通过互联网和大数据、云计算等其他信息技术，对全球50多个国家上千台燃气轮机的故障诊断和预警提供支撑。制造业服务化延伸能有效延伸价值链条，扩展利润空间。目前，服务化水平低已经成为制约我国产业结构转型升级的障碍。

互联网与制造业的深度融合，促进了多种技术、多种业态融合的生态服务系统的创新生成。在以工业互联网为核心的新一代信息技术与制造业的深度融合中，大数据及云计算平台是实现产业应用的重要基础，基于大数据及云计算平台可以对海量制造业数据价值进行挖掘，为优化资源配置、创新业务模式、生产智能决策和产业生态培育提供技术基础。2012年以来,在 GE、西门子等国际制造业巨头的推动下,制造业、IT 软硬件企业和互联网公司积极加入,使各类互联网制造平台在全球快速发展。其中有一些是由工业巨头合力打造的工业互联网平台,主要代表有我国海尔的 COSMO、西门子的 MindSphere 以及 GE 的 Predix 等平台;另外还有各国制造企业根据本地域的市场特点、业务类型和行业特点,推进打造了按需定制(C2B)平台、协同制造平台、供应链协同商务平台、软硬件资源分享平台等,在全球构建了互联网与制造业深度融合的平台体系。

实际上,有多家优秀企业在工业互联网应用上已走在前列。比如,早在 2012 年,身为家电制造业龙头企业的美的集团就已经在为工业互联网转型做准备。经过 7 年的数字化统筹与建设,美的建成了洗衣机智能工厂。"在 2019 年,无锡小天鹅通过了评估范围包括设计、生产、销售、服务全流程的四级成熟度认证,成为我国首家获得四级成熟度认证的企业,标志我国智能制造先进水平迈入一个新的台阶","工业互联网应用走在前列的还有华为电子制造基地的主动防御系统、海尔的海链加速衣联网生态、华润电力的集中监测与分析专家系统以及江钢集团的铜冶炼行业智能工厂等"。

"在专门为工业互联网应用设计的 IIoT 平台领域,我国也涌现了一批优秀的企业和平台,如中国航天科工集团的航天云网、海尔家电产业集团的树根互联、华为技术有限公司的华为云、阿里巴巴网络技术有限公司的阿里云以及三一重工股份有限公司的树根互联等等"①,填补了我国在至关重要的 IIoT 平台领域的空白,为以后的进一步自主独立发展和工业互联网的普遍应用打下了坚实基础。

工业互联网的大规模普及,使工业智能系统在生产领域中得以深度广泛应用。它除了将知识、信息进行数字化转化,还可以将智能赋予设计、生产、管理、服务等领域各个环节,使工业制造系统能够自主地进行分

---

① 王鑫、陈昌金、邓博文:《工业互联网利好政策下我国制造业升级问题的研究》,载《物联网技术》2021 年第 6 期,第 102-105 页。

析、判断与决策，具备自行感知、自行学习、自行执行、自行决策、自行适应等相当于甚至在某些方面超越人脑的智能，提高生产效率、优化资源配置，充分发挥工业装备、工艺和材料的潜能，实现产品的个性化生产和服务增值。

四、工业互联网的创新发展：科技竞争的新赛道

工业互联网使网络空间与物理世界的连接得以实现，使信息要素与工业设施及技术相融合，为科技竞争提供了新赛道。我国和其他制造大国一样，把抢占工业互联网高地作为取得未来制造业竞争优势的重要战略方向。习近平总书记自2017年开始，连年对工业互联网创新发展作出重要指示。

近年来，工信部频繁发布推进工业互联网发展的重要文件。2020年，工信部公布了2019年工业互联网试点示范项目名单；发布了《关于推动工业互联网加快发展的通知》，明确了工业互联网建设重点和发展方向；印发了《工业互联网创新发展行动计划（2021—2023年）》，并对三年工业互联网的重点工作内容作出了部署，推动工业互联网向各领域延伸拓展。2021年6月，工信部发布了《工业互联网专项工作组2021年工作计划》，对工业互联网大数据中心建设、综合型工业互联网平台及工业设备和系统云化迁移作出了具体部署。

自国家将工业互联网发展作为战略规划以来，我国工业互联网事业快速发展，成效显著。网络支撑能力、平台带动效应不断增强，安全保障体系稳步构建。我国的5G等新型网络技术，已经覆盖300个城市，连接18万家工业企业；具有一定行业、区域影响力的工业互联网平台已经超过70个，连接工业设备数量达4000万台套，连接企业35万家以上，并初步实现工业互联网安全态势可感可知。工业互联网已被逐步应用到能源、物流、交通、钢铁等30多个国民经济重点行业。5G应用、边缘计算、工业

智能、数字孪生等领域的技术研究、标准研制和产业化进程基本与国际同步。

（1）工业互联网产业经济快速增长。2018—2020年，我国工业互联网产业经济持续提升（见图4-1）。2020年，即便受到新冠肺炎疫情的影响，我国工业互联网产业经济规模也达3.1万亿元，占GDP比重提升至2.9%，对数字经济增长的贡献超过16%，带动就业人数131.29万人。①

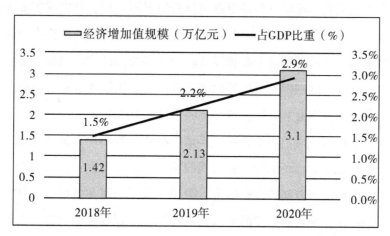

图4-1 2018—2020年中国工业互联网产业经济增加值及占GDP比重统计及预测

（数据来源：中国信息通信研究院、中商产业研究院整理。）

（2）高新技术企业数量持续增长。企业是创新的主体，2020年，我国高新技术企业达27.5万户，是2015年的3.5倍。② 根据《工业互联网化指数》的数据，我国当前工业生产设备数字化率为45.1%，数字化生产设备联网率为39.0%，工业电子商务应用普及率为49.6%，企业网上采购率为25.4%，网上销售率为30.1%。③

---

① 《2020年我国工业互联网产业经济规模将达3.1万亿元 占GDP比重2.9%》，见中商情报网（https://www.askci.com/news/chanye/20200324/1558481158392.shtml）。

② 《2020中国制造业数据，值得我们骄傲》，见慧聪网（http://info.cm.hc360.com/2021/03/051058750601.shtml）。

③ 王鑫、陈昌金、邓博文：《工业互联网利好政策下我国制造业升级问题的研究》，载《物联网技术》2021年第6期，第102-105页。

当前正值新一代信息技术与制造业融合发展变革的历史机遇期，我们必须抓住发展机遇，增强对工业互联网发展的认知，妥善应对工业互联网发展中的困难，采取和选择正确的策略和路径，实现工业互联网的创新发展。

从目前来看，工业互联网的发展主要存在认知、知识技能及核心技术方面的困扰和难点。

在工业互联网场景下，各企业因自身情况不一样，其内网需要连接的设备通常各不相同。因此，工业互联网通常必须有针对性地为企业量身定制，打造符合需求的网络，必然涉及多种多样类型的生产设备，业务链条也非常长，需要的网络方案和后续的升级以及维护服务也各有不同，服务模型复杂，这为工业互联网的推广增加了技术上的难度。

在企业认知方面，不少企业尤其是中小企业数字化转型意识还有待增强，一些国有企业也还缺乏大胆实践的勇气。另外，企业实施工业互联网的目的主要是期待较高的投资回报，需要工业互联网在使用中能够实现快速响应的需求，并具有高度的可靠性和安全性。部分企业负责人因难以在任期内见到成效而缺乏数字化转型的内在动力，甚至发达省份也反映普遍存在"数字化服务商热、用户企业冷"的现象。

从目前企业的整体发展水平和能力来说，是可以找到自身实施工业互联网的困难所在的，并能通过采取措施和办法解决相关问题，提升生产效率和产品质量。但事实上，大部分企业还做不到，甚至还不知道自身存在的问题。

因此，需要工业互联网企业充分发挥主导作用，深入了解企业的生产布局和生产过程，推动工业互联网与企业结合。针对各个行业不同的痛点和难题，推动运用数字化手段解决问题。

工业互联网作为新兴科技的重要技术，与我国当前科技创新的整体水平相应，其最为突出的问题还是核心技术"受制于人"。我国还不具备建立工业互联网平台的基础产业体系，建设工业互联网平台所必需的智能装备、通信协议、自动控制、高端工业软件等产业链命门我们还必须依赖国外。

要在工业互联网的发展中取胜，需要我国业界统一对工业互联网的内涵和架构的认识，统筹安排发展重点任务，集中力量予以突破。当前，我们还做得很不够，各企业注重自身的发展重点，各自发力，以致对工业操作系统等具有普遍性和重要基础作用的技术，缺乏研发力度。此外，各企业采用的通信协议也各不相同，没有对接口标准进行统一，也阻碍了企业之间的普遍联结。因此，要想实现关键核心技术的创新突破，我们还需要加强对工业互联网发展的规划引导。

工业互联网的实现是一个长期的过程。目前，工业互联网的建设才刚刚在路上，作为工业数字化转型升级的主战场，工业互联网的创新发展，在技术方面需要强化基础技术研究、理论研究创新、新型技术产品等以提升短板，还必须加快完善知识产权保障机制。因此，需要政府、企业、科研机构等产业链携手，从数据、网络、平台、安全四个方面发力，共同开启工业互联网大门。

首先，夯实网络基础。网络是工业互联网的基础。工业互联网网络体系包含了企业内网和企业外网两大部分，前者连接企业内的机器、产线、信息系统等，后者连接企业外的产品、用户、供应链、协作企业等。工业互联网网络体系是在现有互联网的基础上，不断升级技术能力、叠加新型的专网，从而达到低延时、高可靠、广覆盖的要求，实现人、机器、车间、企业等各主体，设计、研发、生产、管理、服务等各环节，以及各类相关系统之间的全面泛在互联，是实时感知、协同交互、智能反馈等得以实现的必要条件。

推进工业互联网的发展，不断改造升级网络，满足企业对网络的需求。因此，必须优化网络环境，集中力量对基础理论和核心关键技术进行创新，明确各层面的技术架构和发展重点，加强核心技术的攻关，实现在工业操作系统、高端工业软件、工业控制等核心技术上自主可控。

其次，打造工业互联网平台体系。工业互联网平台下连设备、上连应用，是跨制造产业、信息通信产业等的信息交汇与聚合枢纽，是智能制造的核心环节。建设工业互联网平台，必须抓紧技术标准规范的制订、修订，促进通信协议兼容转换和设备互联互通。

从发展进程看，全球工业互联网平台尚处于发展初期，我国需要把握机遇，及早布局，发展强大的平台产品及平台生态。这对于我国抢占产业竞争制高点、构建和完善产业体系、巩固在制造业领域的优势地位具有尤为突出的意义。

再次，抓住数据核心。平台是工业互联网的核心，数据是核心中的核心。海量的工业互联网大数据通过工业互联网网络，从设备、产线、车间、企业、用户、产品等方方面面汇聚于工业互联网平台之上，我们必须完善并利用好统计分析、人工智能、建模仿真等手段，对数据进行计算分析，做好数据处理，只有这样，才能形成有价值的信息、规律，指导生产、辅助决策、优化调度、沉淀知识，驱动企业业务创新和转型升级。

又次，筑牢安全屏障。安全是工业互联网的保障。工业互联网的安全比通常意义上的互联网安全范畴更大，涉及设备安全、控制安全、网络安全、应用安全和数据安全等多个方面。在建设工业互联网的过程中，必须无比重视网络安全问题。通过建立和进一步完善工业互联网安全保障体系，实现对工厂内外网络设施、工业互联网平台及其应用的全方位保护。

最后，要加强产学研用的合作，促进信息技术与工业技术融合集成。引导和支持制造业企业、软件企业、互联网企业、科研院校等加强合作，明确企业、行业、区域和跨行业、跨领域不同层次的发展重点和路径，引导各方协同推进，逐步建立起全国工业互联网的合理架构。数字化、网络化和智能化是工业发展的未来方向。每一家企业都应该顺应发展的大趋势发展工业互联网，进行升级改造，向智能化转型，才能在未来的市场上立于不败之地。

全球工业互联网的发展当前还处于加速创新突破和应用推广阶段，国际技术和产业竞争格局尚未成型,中国与发达国家站在同一起跑线上。我们应该有效聚合各领域以形成合力,以创新为抓手,以工业互联网为重要支撑和关键路径,打造新型产业互联生态,引领经济社会走向数字化、共享化、智能化,推进我国制造强国目标的实现。

第五章

大数据与智能制造：预测型制造的实现

大数据意味着大信息，进而实现大知识的凝练，以更广泛的范畴、更宽阔的视角和更高层的水平促使决策能力、洞察力以及创造力等方面的不断提升，进而创造更大的价值。作为新一轮产业革命中实现智能制造的核心驱动力，大数据的应用可以实现对客户需求的系统化、个性化与精细化掌握，提升制造系统智能化、柔性化与精细化水平，推动预测型制造的实现。

生产制造系统会产生大量数据，对其进行挖掘和利用，能够对需求与制造进行有效预测，有利于实现产业链与价值链的整合，使制造知识更加高效地产生、利用和传承。海量数据借助大数据技术管理实现科学性的提升，进而使制造系统智能化水平得到提高，对智能制造发展起到重要作用。在大数据时代，制造业与大数据技术的有效结合尤为重要。在制造业中应用大数据，能够实现机制、模式及业态的转型与创新，不断提升智能制造的竞争力。

一、大数据：人类认识复杂世界的新思维和新手段

今天，大数据已经融入人们生产和生活的方方面面。人类发展经历了从最初的农业时代到工业时代，再到如今以大数据技术、云计算和互联网技术等为代表的大数据时代（DT时代）。

大数据的概念在20世纪80年代开始提出。2010年，大数据开始进入

快速发展期，学术界和世界各国政府都对此非常重视。美国政府在2012年正式开启对大数据研究与发展的计划。同一时期，我国发布的大数据方面的政策也不断增加。国务院在2012年7月发布《"十二五"国家战略性新兴产业发展规划》，该规划对数据处理和储存技术实现产业化发展和更进一步的研发表示高度支持和鼓励。

无论是否愿意，我们已经置身在大数据时代之中。例如，金融行业实行"秒贷"服务；信用卡公司通过大数据追踪客户的信息，发送信用卡业务广告；企业通过大数据，实现潜在用户和会员信息的连通，确定目标群体，使营销的针对性更强；企业还可针对竞争对手，利用品牌危机监测，完成大数据分析，进而对其传播的实际情况进行掌控，调整竞争策略；等等。从最初的农业和工业时代逐渐发展到如今大数据时代，数据的重要地位已经日益凸显出来。

依据维基百科，数据的定义为利用科学合理的方法对知识或者信息进行编码或者标识，能够对其进行收集、分析或者测量，显示方式可以是图像、图形等。根据该定义可知，数据具有非常广泛和丰富的内容，包括所有的语言文字，互联网上的文字、图片和视频，医学影像资料，工业中的各种设计图纸，甚至我们人类的活动本身等，都可以是数据。

在当今时代，数据和信息两个概念的含义十分相近，人们在对数据或者信息进行处理的过程中，表达的想法大体上保持统一。但它们还是有所区别，并不完全相同。对过程或者事物进行描述的内容即为信息，相较于数据来说，它的抽象性更强，可以是客观事实，也可以是人们主观创造的，有时可能并不直观，比如，物理学定律中的参数、宇宙中星体的运行周期等。物理学家会通过自己的工作找到这些信息，并用数据把它们描述清楚。承载信息是数据众多的作用中非常重要的一个，不过不能保证数据承载的信息全部都具有价值，数据由于是客观存在或者人为创造出来的，因此会存在伪造的情况。可以说，我们重视数据，是希望通过数据，掌握数据背后有价值、有意义的信息。

20世纪90年代之后，互联网特别是移动互联网的出现和应用，使数据呈爆炸式增长，而且数据之间的关联性得到极大增强，于是出现了大数据的概念。大数据指的是借助当前工具、技术、方式和理论很难在规定期限内对计算和分析等任务顺利完成、整体呈现高价值的海量复杂数据集合。①

大数据表现出来的较为突出的特征是比较多的。最明显的特征是数据量大。目前，全世界整体的数据量比历史任何时期的数据量都要多，同时以不断增大的加速度持续增多。其次是多维度，具有很多种类型的数据，并呈现出多种维度的复杂性，同时，数据储存方式、使用特点以及编码方式也具有多样化和多层次等特点。最后是全面性特征。互联网和感应装置能够轻松实现某一方面数据在某个时间段的完备获取，使得数据的获取，不再是传统的通过取样获得部分数据，而是能够得到全部数据。数据规模在不断扩大的过程中，隐含于数据中的知识价值也会随之增长。

大数据最重要的是带来了人类思维方式的改变，使人们的思维从过去强调注重逻辑推理的因果关系转变到注重通过大数据分析呈现的强相关关系。大数据技术主要是通过挖掘数据中蕴含的相关性来解决问题。比如，人们很容易理解，在一个谈论服饰搭配的网站或网页中放上服装或配饰的广告，效果常常特别好，这就是运用了相关性的特点。但是有些相关性却并不会那么明显，只有针对大数据分析和统计结果进行挖掘才能够发现。关于这一点，非常经典和著名的案例就是沃尔玛通过大数据分析，把啤酒和婴儿尿片放在一起售卖取得了超好效果；还有，将零食广告投放到视频和电影租赁网站中，将快餐广告投放到工具评论网站中，将房贷和信用卡申请等的广告投放到销售和咖啡评论等网站中，网站信息与广告的配合使效果更加理想。通过大数据分析我们能挖掘到它们之间隐含的相关性，但大数据通常告诉我们会发生什么，而不告诉我们为什么会发生。

"用不确定的眼光看待世界，再用信息来消除这种不确定性"，吴军认

---

① 杨正洪、郭良越、刘玮：《人工智能与大数据技术导论》，清华大学出版社2019年版，第59页。

为这是大数据解决智能问题的本质。然后针对不确定性，通过信息进行清除。不确定性在数据相互关联的情况下能够很大限度地降低，进而找到新的解决问题的办法，这是大数据的核心理念。比如，Google 等互联网企业都在搜索引擎设置了"点击模型"，用来对用户点击数据进行处理，为了对与搜索质量有关的结果进行排序，以便将与用户搜索关键词相关度最高的网页排在最前面，通过这种方法极大地提高了用户的搜索质量。Google 和许多其他互联网公司就是运用了大数据时代的方法论，采用了大数据思维，而取得了巨大的成功。

随着大数据概念体系的逐渐成形，与之相关的规定标准、产品、技术等也随之完善，其应用也愈来愈广泛。如今，大数据技术在资源开发、工程项目管理、智慧交通、健康管理、物流管理、企业管理、学校教学管理、网络安全防范等方面得到了广泛的应用，进而实现大数据生态系统的构建，其具体内容有数据应用、数据分析、开源工具、API 以及数据资源开发等。

大数据必须通过科学的分析和处理才能实现其价值。大数据应用就好似淘金。首先，必须拥有数据。在制造领域中，物物互联使得来自操作工作人员、生产设备、计算机设备的数据通过传感器、网络等实现通信和交换，从而实现数据的收集；其他一些领域也可以通过采集、爬取、购买数据来实现大数据的采集和存储，实现对数据的拥有。

其次，必须实现数据的互联互通。比如，在一个企业内部，各个流程系统和环节的数据必须能够实现关联和汇集。因此，企业往往需要建立一个统一的大数据平台，并建立整体一致的数据标准，以便所有的数据能够上传到统一的平台，实现数据的关联互通。同样，无线数据和 PC 数据以及企业之间的数据也可以通过同样的方式进行关联互通。

再次，对数据进行分析和处理非常关键。由于得到的数据通常有很多种类型和复杂的结构，并且价值密度通常偏低、分布不规律、隐藏程度深，有大量无关和冗余的数据在其中，因此必须对数据进行处理，抽取异构分散数据源内的数据传递到临时中间层，再对其进行转化、清洗以及整合，提取出高质量数据和可用性数据，并将其加载到大数据平台中。提高数据质量和可用性是对大数据进行处理的重要步骤，对保证分析结果的真实和有价值非常重要。

最后，通过算法对数据进行挖掘，形成有效的数据产品或者服务，从而产生商业价值。利用机器学习、人工智能和统计学等技术方法在海量数据中将有价值和有意义的知识与信息挖掘出来的过程即数据挖掘，侧重解决分类、预测、关联和聚类四大问题，以实现寻找未知的模式与规律的目的。[①]

当数据内容足够丰富、数据量足够大时，隐含在大数据中的规律和特征就会比较容易被识别出来。借助创新型大数据分析技术处理与分析大数据，能够实现数据及时性、高效性和快捷性的提升，获取数据中蕴含的内在逻辑关系与规律，找到背后真实原因，更准确地预测未来发展方向，得到最大化价值。数据管理、语义引擎、预测性分析、数据挖掘以及可视化分析等都是大数据分析应用最广泛的方法。

大数据分析以数据挖掘算法为中心。数据挖掘算法有很多种，对数据特征通过各种数据格式和类型进行显示，利用科学合理的统计方式快速、高效地挖掘其隐含的价值，主要利用数据改善预测模型，产生学术上、生产上、商业上的价值。可以说，相关性是使用数据的钥匙；而数据挖掘则是令数据实现点石成金的魔棒。

大数据分析领域中又一个很重要的部分就是预测性分析，其指的是挖掘数据特征，完成科学建模，借助构建的模型与新数据进行比较，进而预测未来的数据。语义引擎也是大数据分析的一个方面。语义引擎指的是分析用户检索时输入的语义和关键词，进而对用户需求进行预测，更加有针对性地匹配广告，使用户体验得以提升。大数据的特征还可以借助可视化

[①] 杨正洪、郭良越、刘玮：《人工智能与大数据技术导论》，清华大学出版社 2019 年版，第 388 页。

分析，清晰简单并且形象直观地展现出来，能够很容易为人们所接受。

通常来说，数据挖掘方法分为语言和描述两大类，语言是指利用历史数据对未来进行预测，描述是指对数据的潜在规律性进行掌握。从根本上说，数据是不会自动显示其价值的，如果拥有大量数据而不知道怎么使用，等于是"坐在金山上要饭"，数据就会毫无价值。

大数据资源能够转化为解决方案、实现产品化，通常是基于以下几种功能。

追踪：互联网与物联网记录持续进行，大数据能够对所有记录进行追踪，形成消费者浏览记录、搜索记录、支付方式、购买喜好、购买行为以及位置等记录，大数据应用基本上都是以追踪为出发点的。

识别：以系统化追踪各因素为前提，定位、筛选并比较以确保识别更加精准，特别是识别视频、图像和音频，丰富和扩充可分析数据，获取精准性更高的结果。

画像：追踪相同主体各数据源并对其进行匹配与识别，从而实现更系统化和全方位的认知。从消费者画像来说，能够更有针对性地将产品和广告进行推送；从企业画像来分析，能够对面临的风险与信用进行精准评估。

预测：以追踪、识别与画像为前提，预测日后重复出现的概率和趋势，在指标改变的情况下会及时自动预警，有利于完成风险控制模型的构建。

匹配：对于大量数据，通过准确识别与追踪，以特定的要求为基础，对数据进行选择和比较，能够促使产品搭配销售量的增加，如国外将纸尿裤和啤酒放在一起销售能有效带动彼此的销量；以及在供需方面实现更高效和均衡的匹配，如金融、租房和网约车等共享经济商业模式的发展都是以大数据匹配为前提实现的。

优化：以最小成本和最短距离为依据，选择相应的算法完成资源与路径配置的改进。从企业角度来分析，效率与服务质量不断提升；从公共部门角度来看,资源得到节约,服务能力增强。

当然,大数据还有其他更多更好的功能。在旅游、医疗保健、政务、金融、电信、环保、工业、零售业、农业等领域,大数据技术都能实现非常深入和宽广的应用。大数据能够让一切做得更精准、更快、更好。

一些学者对大数据的价值进行总结,认为从根本上来看,大数据是通过为人们提供新的方法和思维来对复杂性更高的系统进行认知。这是因为,从理论上来说,人们可以通过大数据对现实世界数字化,可以构造一个现实世界的数字虚拟映像,这个映像承载了现实世界的运行规律。针对该映像,利用高效数据分析法和更高的计算水平进行深入的探究,更易于对复杂系统的运转规律、情况和行为进行发现并理解。所以,大数据可以实现自然与社会优化方式、客观规律探索方法以及思维模式等方面的创新。同样,经济社会在大数据的影响下也发生了翻天覆地的变化。①

二、大数据在智能制造中的作用:建立生产要素模型,提质增效

数据是人类文明的基石。人类文明的整个进程都伴随着对数据的使用,人类通过观察获得数据,建立起数学模型,完成从数据到知识的过程,从而进行预测(见图5-1)。比如,美索不达米亚平原的苏美尔人对月亮运行轨迹与时间进行仔细观察,同时记录,发现了月亮的运行周期,由此,太阴历被成功发明。通过肉眼对五大行星(金星、木星、水星、火星、土星)的运行轨迹进行观察和记录,完成数学模型的构建,以模型为基础,将五大行星和月球运行周期进行计算,还可以对月食与日食进行预测。著名天文学家托勒密同样是以形体运行数据为基础完成天体运动模型的构建,实现对今后某个时候某个星球的所在位置的预测。②

---

① 梅宏:《大数据:发展现状与未来趋势》,载《中国信息化周报》2020年第9期。
② 吴军:《智能时代:大数据与智能革命重新定义未来》,中信出版社2016年版,第9—15页。

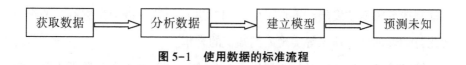

图 5-1 使用数据的标准流程

在智能制造领域，通过大数据技术可以对生产系统中的机器设备和材料、产品等进行及时监控和分析，建立模型。对比生产系统中产生的即时数据，对可能出现的问题进行提前预知，可以避免不必要的经济损失，并有利于生产过程的提质增效。

制造系统以材料、工艺、准备、维护与测量为重心。制造系统在三次工业革命的过程中获取的成就都是以人的经验为基础，其过程均从问题的发现开始，并结合人的经验对问题展开研究和调整五大生产要素（劳动力、土地、资本、技术、数据）；接下来，问题得到解决；最后，实现经验的累积。

建模是传统与智能制造系统最本质的差异，智能制造系统借助建模促使五大生产要素完成驱动，进而对各种问题进行有效规避和高效处理。其过程也同样是以问题的发现开始，接下来对问题的分析是利用模型完成的，五大生产要素的调整同样是利用模型来实现，接下来问题得到解决，模型经验得以累积，问题的本质原因被找到，对五大要素完成调整，最后有效规避问题的发生，这也将智能制造系统最显著的特点表现出来。

（1）可以对人类经验进行学习，并取代人类对问题进行分析和做出决策。

（2）能从新的问题中积累经验，从而避免问题的再次发生。

因此，对制造系统中的 5 个生产要素进行建模，并通过模型来驱动 5 个生产要素的问题，这是制造系统实现智能化最重要的目标。

在制造业从传统向智能化转变的漫长历程中，现代制造业的价值逻辑主要经历了 4 个阶段。

第一阶段：从 20 世纪 70 年代至 90 年代，以降低成本、提高质量为核心，提高工作技能、提升团队精神和改善工作环境，通过管理与制度革新推动制造系统不断发展。重点对生产问题进行处理，借助先进科学的组织文化与管理理念、体系等实现人们知识的升华。

第二阶段：从20世纪90年代至2000年，以流程改善来降低次品、浪费和事故的发生率为核心，更多地使用分析与管理工具实现控制库存、流程再造、管理生产计划、培养人才、管控成本、协同改进供应链、市场研发与资源等，使生产系统所有流程的进一步改进。在这一阶段，生产系统中的大量数据被采集和分析，各种各样的问题能够以数据的形式被分析和保留。在各种分析工具的帮助下，人获取知识的能力也得以提升，开始从以往的经验导向转变为数据和事实导向，并且以嵌入式或软件等方式实现知识的传承、应用与共享。

第三阶段：2000年之后，以产品全生命周期的数据管理和为用户提供所需要的能力和服务为核心，使制造价值链拓展到应用端，借助预测分析法对更深层次的问题进行探索。在这一阶段，制造业对以用户需求为基础的产品和服务的研发更加重视，产品全生命周期管理和服务（PLM）成为企业核心竞争点，是企业实现信息化水平提升的过程。PLM技术能够管理全生命周期中全部产品及其相关数据。也就是说，产品数据是管理的重心。此外，通过远程监控系统对产品使用过程进行监控并采集数据，进行预测分析，可以更好地掌控与管理产品应用过程中的不确定性改变和衰退，对产品故障进行有效规避以帮助用户实现价值最大化的创造。

第四阶段：对用户个性化需求通过更低成本高效实现的阶段。在这一阶段，实现智能制造的关键在于通过建模对生产系统全过程中的5个要素进行透明化、深入和对称性的管理，实现从问题中产生数据，从数据中获取知识，再利用知识避免问题的闭环过程。整个过程中将智能制造与大数据的联系充分展现，可借助图5-2中的三个要素来展示。

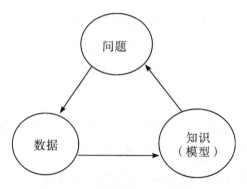

图 5-2　大数据与智能制造的关系

在图 5-2 中，制造系统的内显性问题和隐性问题被统称为问题，包括效率偏低、成本过高、性能降低、仪器故障、精度降低以及质量问题等。数据是通过制造系统五大元素中获取的，可以将问题发生的流程与原因展现出来的数据，简单理解就是以问题为引导获得数据，主要是为了对问题进行掌握、处理和预防。制造系统以知识为核心，就是常说的知道怎么做，如诊断、设计和制作等。制造系统在问题处理过程中，可以通过数据呈现关联、体现规律，从而产生知识，所以可以认为大数据分析实际上是知识快速获得与累积的方式。

结合以上关系能够发现，智能制造在大数据技术的影响下，发展方向主要表现在以下三个方面。

（1）把问题变成数据，利用数据对问题的产生过程进行分析、建模和管理，从解决可见的问题到避免可见的问题，把经验变成可持续的价值。在解决已出现的"可见问题"的过程中积累经验和知识，从而避免这些问题再次发生。在这方面，最成功的应用案例应该是美国在 20 世纪 90 年代开展的"2 mm 计划"。迫于德国和日本在汽车制造中带来的市场冲击和压力，美国推动了"2 mm 工程"以实现更优质量和更好的舒适度。该工程对汽车设计生产中的海量测试数据进行汇总、整理并运用，研究累积质量误差的过程，同时完成数学模型的构建，进而对误差源头进行确定并有效管控，保证全部重要尺寸质量都能够符合理论精度上限 2 mm 的标准。这样做一方面能实现产品设计成本的降低，周期缩短；另一方面使产品质量更加稳定，精密度更高。该方法因实施成本低廉且成效显著，在能源装备、制造发动机以及飞机等领域得到广泛应用，很大限度地促使了美国制造精度的改进。

（2）数据向知识的转变，问题从可见到不可见的拓展，对此，在理解的同时，还要寻求原因。这必然要借助数据对问题进行探究以发现原因、关系以及潜在的线索等。对于不可见问题，通过预测分析使其转变为可见问题，进而更有效地解决，确保全部不可见问题并未向可见问题转化，也并未造成负面影响和严重后果之前都可以得到有效解决。对此最具有代表性的就是数据预测性分析在制造系统中的运用，比如衰退预测、健康管理等。

（3）将知识转变为生产指令、决策以及参数等数据，从本质上对问题进行处理和预防。更深层次地挖掘知识，将知识与问题的关联性进行构建，通过旧知识探索并形成新知识，科学运用新知识完成数学建模，从设计和制造流程的设计端避免可见及不可见问题的发生。反向工程最具有代表性，它是以问题带来的后果为出发点，借助知识以反向推测的方式对问题产生的过程与原因进行确定；或者以产品结果为出发点，反向推断以实现设计与制造流程的确定，进而找到其原因。在这个过程中，知识是必要的，更重要的是对知识间逻辑关联和相关性进行掌握。

因此，可以认为智能制造和大数据的联系是这样的：制造系统中产生问题以及解决问题的整个流程中必然会出现很多数据，利用大数据分析以及数据挖掘等技术能够对产生问题的原因、过程、如何解决以及带来的后果进行掌握；抽象化信息并完成数学模型建立，实现信息向知识的转化，通过知识对问题进行分析、处理以及有效预防。若此过程可以自行循环运转下去，智能制造就由此实现。当然，促使智能制造更快更好地发展，最便捷和有效的方法就是引入大数据技术。

三、大数据在智能制造中的应用：建立预防式的制造系统运转管理模式

大数据在智能制造中的应用模式大致可划分为智能化生产、网络化协同、服务化产品以及个性化定制。在智能化生产方面，对于生产制造过程中零部件精确度、成本、质量以及产量等因子可通过大数据展开分析并全面掌握，提前预测潜在性风险并进行有效管理与控制，促使所有设备安全可靠性的加强，对设备故障及时识别、不断改进设备运行，等等，可以优化产品设计、提高产品质量和生产效率、降低成本；利用大数据了解客户的个性化需求以及预先了解客户可能会遇到的困难或问题，及时提供个性化产品或有针对性的服务；能够对一个工程在各个区域的资源进行更高效的整合，促使跨区合作的实现，推进企业内协同、行业内协同、产业内协同及供应链优化。

（一）大数据有助于实现生产系统的设备管理和预测性维护

在智能化生产过程中，可以通过建立一套算法跟踪机器状态的变化。首先，通过快照等技术监测机器运行值的偶然变化以及维护行为或者工作制度的改变等数据，收集、存储相关数据。

其次，从网络角度分析，获取各种运行方式与状态下设备对应的历史数据，并完成数学模型的建立，然后借助模型对比在目前状态下形成的数据，由此实现设备状态的自行识别，更好地对设备故障与风险进行预测和评估。与此同时，可以一个设备与所有设备中类型相同的进行对比，对于与自身工况模式类型接近的设备自行识别同时完成聚类，并与其性能进行对比。通过对当前运行的模式匹配以及状态模式随时间的变化轨迹进行把握，就能够更加准确地预测设备未来状态的变化，提升设备自预测性的能力。

最后，具有预测性的能力之后就能够对设备当下的性能以及未来的性

能进行更好的预测。智能设备能够结合当前自身的性能与任务要求，对设备性能完成自测的同时将当下与未来的任务要求进行匹配，实现策略的制定并改进，保证符合任务要求、使用资源最少、对自身的健康损害最小，并且在维护的最佳时机实现状态的恢复，对生产系统设备有效管理，并实现预测性设备维护。

韩国三星集团旗下公司 SAMSUNG Electro Mechanics 将电脑光驱底盘的生产技术转为使用多工位冲压技术后，为了有效地解决缺乏实时的设备健康监测系统问题，美国密歇根大学智能维护系统（IMS）中心提出运用小波变化分解聚合信号，检测各个工位的健康状态，并且通过一个有效的质控图策略来帮助定位发生故障的工位，以此来降低次品率，提高设备的生产效率。SAMSUNG Electro Mechanics 在多工位压力机使用"小波变化特征提取+质控图策略"的故障诊断的方法后，大大提高了设备的自我故障诊断能力，避免了故障修复延迟的问题，缩短了设备维修时间。

丰田公司曾经为了规避离心空气压缩机的"喘振现象"，引进 IMS 中心数据驱动建模，在激流状态与非激流状态对各种监控参数与控制参数进行收集，分别完成数据主体的分类模型构建，并指出最佳激流曲线边界是该分类模型边界，并将这一预测分析工具集成到压缩机的控制系统中，达到智能压缩机设备升级的目的，由此带来的效率提升的直接受益为 50 万美元/年，且设备再也没有因为"喘振现象"造成故障和停机。

（二）大数据推动全生产系统层面的智能化，全面优化工业企业供应链

大数据技术运用到智能制造系统后可实现自测，使用户能够对设备状态、精度情况、剩余可用时长、质量与成本影响因子等进行更加全面的掌握。此外，大数据能够对机器内部零件情况与类型相同的设备进行比较并预测机器的整体状态，这有利于提高工厂维护措施的及时性和有效性，进而使管理效率得以提升，使设备正常状态下运行时长得到提升。最后，可

以向设计部门提交设备历史运行情况相关数据，进一步对机器设备进行更新设计，使其得到创新发展。

大数据通过拆解与量化制造系统中的不确定性，对制造实力的评估更加客观，实现预测性生产。在物联网帮助预测制造业提供智能传感网络和智能机器的前提下，工厂生成数据在大数据技术的应用下能够高效地转变为有价值的信息，这样可以有效预测设备的性能，并对其展开分析，精准估算故障时间，对不确定性解释提供帮助，提前为用户指出即将出现的故障和提供不确定性问题的解决方案，尽量减轻不确定性导致的后果，从而使管理与监督人员的决策能够在系统完整和精准的数据信息下制定，避免生产效率的降低以及成本的增加。

大数据的自我预测分析方法可以将产品和制造系统数据都转化为自我维护的智能信息。产品预测服务系统可以使得产品在退化过程中产生主动触发的服务请求，并进一步预测和预防潜在的故障。

NISSAN（日产）公司的生产线使用了大量工业机器人，为了规避机器人故障造成的停机停产损失，NISSAN公司通过大数据技术，获取机器人所有动作的反复进行的固定信号，汇总其特点，然后在动作相同的情况下与类似设备信号的特点进行对比，获取将离群点，以此为根据，对初期故障进行判定。引入大数据技术后通常可以提前两至三周的时间发现初期故障，也能够预测机械臂故障发生的时间，使机器人的维护工作得以更好地展开。针对分析结果，NISSAN公司采取网络管理模式，完成虚拟工厂线上监控系统的构建，监控系统每天都会产生当日健康报表，汇总、排序并分析全部设备的健康状态，设备维护从预防向预测发展。

对于制造系统来说，大数据对其所有过程和层面的认知与管控力度逐渐增强，完整精准的数据信息是工厂管理的依据，其可以提升工厂范围内整体设备的效率，使停机和意外都不再发生，管理维护效率得以提高，管理成本得以有效控制。"预测+制造"融合了来自生产制造系统的信息和来自供应链系统的信息，大数据方法能够利用物流、同步化供给与需求以及全球化性能测试来实现优化成本的目标，最终实现工业企业供应链的全面优化。

（三）大数据推动制造业的服务化

产品与服务之间的关系是，产品除实体自身以外，还有很多以这个产品为载体的增值服务。比如，普通电视机的功能大致是相同的，但是打开电视，不同品牌的服务却有很大的差别。在差别不是很大的时候，决定竞争力的核心就是配套服务的区别。《中国制造2025》强调，转型的关键就在于制造和服务协同并进的发展。在最近10年，制造业对服务更加重视，这是全球制造业发展的主流方向。其具体体现在以下三个方面：第一，消费行为。客户对于产品能够满足心理需求和个性化体验更为重视，因此，产品制造过程中需要对服务价值尤为注重。第二，企业之间合作与服务的发展方向。互联网和大数据使企业之间的联系与合作更加便捷，能够实现资源配置与重组的最佳状态。第三，企业模式的变革。全球范围内具有代表性的大规模制造企业都开始从最初的生产传统产品逐渐发展为以产品为基础提供产品服务方案的解决商（如GE、IBM等）。从德勤的调查研究可知，从2005年起，全球诸多大规模制造企业服务转型就已经开始，并且很多企业已经完成转型，企业服务类型收入占据总收入不低于50%。

在这个转型过程中，大数据至少可以起到两个方面的作用：第一，通过数据对用户需求欠缺部分进行挖掘，以此实现对问题与服务的重新定位；第二，通过数据实现连接用户与服务用户的对接，实现潜在性知识的挖掘，并对知识进行充分应用，将客制化服务提供给用户。

（四）大数据有助于维护资源的优化使用，更加环保与安全

大数据能够将生产运行情况和能源的使用情况进行分析和了解，制订出更好的能源供应计划，以节约能源，实现环保，并使生产过程更安全。比如，基于目前对不可再生能源的节约利用，混合动力电动汽车和电动汽

车应运而生。对于混合动力电动车来说，其维护需要高昂的成本。早前就有媒体报道混合动力电动车无效的维修管理，每年都造成约 600 亿美元的极大浪费。[①] 利用大数据进行预防性的优化维修策略，能够极大地改善这种情况。通过收集混合动力车车队的行动数据、路况、天气等环境数据（如果可以）、车身状态数据、电池组数据等，然后采用基于退化的电池替换解决方案，该方案依靠监测个体的健康状况衰退情况，采用替换策略来提高系统的利用率，使车队的总维护费用下降近 70%。麦肯锡研究发现，大数据技术被引入制造业后，生产成本缩减比例达到 10%～15%。

在制造业中，信息化和自动化是大数据的基本前提，制造业智能化发展，能够极大地起到提质增效、降低成本的作用。

四、智能制造在大数据时代面临的挑战及应对：方兴未艾的大变革

大数据对智能制造的重要性是不言而喻的。美国《大数据研究和发展规划》将大数据比作未来新型石油；日本《2018 年制造业白皮书》指出制造业在引入大数据后产品附加值大幅提高；法国在战略"工业新法国 2.0"中明确指出，在制造业激烈的竞争中，大数据更能够促使企业具有主动权。我国也在党的十八届五中全会中将大数据定位为国家战略。

中国是一个在数据采集上有着极大优势的国家。我国人口总数巨大，制造业在国际上也数一数二，数据产生能力极强，大数据资源极为丰富。国内互联网大数据发展稳定，市场化水平不断提升，很多互联网企业实现了世界先进的大数据处理和储存平台的构建，同时在电商、网络征信以及移动支付等领域中在世界范围内领先发展，可谓名副其实的数据资源大国。但是拥有了大数据，并不代表拥有了其中蕴含的价值。

如何实现对大数据更深层次的挖掘和使用，是大数据技术当前要解决

[①] Schrader J. "More Cities Get on Board with Hybrid Buses". *USA Today*, 2008.

的关键问题。

若不能有效利用,再多的数据也只是苍白的数字。从麦肯锡编制的有关报告可知,就大数据的数量而言,与其他行业产生的数据相比,制造业可谓遥遥领先,与移动互联网相比,能够连接的设备总量也更多。但是,与商务、医疗、社交网络等领域相比,工业大数据却并未得到深入和系统的运用,还需要专业人士更深层次地探索和挖掘其重要价值,所以未来发展前景非常广阔。从总体来看,国内实体经济与大数据结合的力度不足,行业大数据运用的深度需要挖掘,也要进一步扩大运用范围,大数据对智能制造的驱动作用还处在起步阶段。

智能制造的实现过程需要将传统的依靠人的经验,通过大数据进行智能分析的模式,转变成为依靠 Evidence 的管理模式,最终实现预测型制造系统的运用。

对设备生产过程中产生的数据进行分解分割、分析和分享,对决策具有重大意义。但是当下工业大数据分析还需要提升,中间分析环节最为关键,特别是以模型为基础的预测分析。制造系统的智能化和大数据化,除了数据从设备到办公室的纵向传输、集成和可视化运用得比较好之外,应用和挖掘数据价值较为欠缺,还需要更深入全面地挖掘与探究以发现并运用更多的价值。

推动大数据与智能制造的融合,不仅要实现更好地收集和存储制造系统中的数据,而且更重要的是怎么利用好这些数据。无疑,开发先进的算法工具,加强数据的深度挖掘和分析,让它们产生价值,促进制造业更深度的智能化,是首先要解决的问题。

从大数据技术本身来说,我国加大了科研投入。"十三五"期间,我国对"云计算与大数据"项目更为重视。如今,科技创新 2030 大数据项目也正在规划中,同时也取得了一系列的成果,在分析、协处理芯片以及大数据储存计算等技术上获得重大突破。尤其是互联网大数据运用技术以及打破"信息孤岛"的数据互操作技术在国际领域上水平也是领先的;实现了大数据储存与处理方面的产品的研发，为大数据应用奠定基础；我国互联网企业实现的大数据服务与平台的构建的水平在世界范围内也处于领先地位。可以说，我国大数据发展正呈现蓬勃之势，已经具备加快技术创新的良好基础。

但是，我国关于大数据技术仍旧有很多地方需要不断探究和优化，这一点是需要客观认识到的。

第一，核心技术水平较低。核心技术较为滞后，理论基础薄弱。近期，我国大数据领域发展速度飞快，也确实获取了很多成果，不过在软件、算法、核心技术与理论基础等方面与发达国家相比依旧处于滞后状态。对于大数据工具、处理和管理系统等方面，我国依旧以国外研发的开源性系统为主。但是对于国家开源社区来说，我国影响力并不大，因此，自主控制水平相对较低，这是我国大数据领域发展最大的制约因素，也是大数据运营国际化发展过程中最大的难题。

第二，应用融合力度不足。实体经济与大数据尚未深度融合是我国大数据发展过程中显著的问题，具体表现在：设施尚未全面配置，收集数据较难；支撑与引导欠缺，实体经济的数字化发展速度过慢；自主可控数据共享平台急需建立等。工业互联网普遍存在企业冷、政府热的极端情况，政府加大力度推进其发展，但从企业角度并未看到直观的利益，很难令人接受；设备联网率与数字化水平急需提高；大企业基本排斥开放共享性系统，而中小企业在数字化发展过程中能力有限；国内设备依旧呈现出国外厂商垄断局面，虽然国外厂商也积极推进工业互联网平台的构建，抢占工业大数据基础服务市场，但在国内工业大数据服务市场中，国外厂商实际上占据着主导地位。

第三，相关法律法规不完善。我国暂时并未专门针对大数据管理制定相关法律法规，仅有少量的其他法律中有关于数据安全与管理的规定，不过与数据管理和安全需求迅猛增长的情况对比来看显然不足。因此，数据共享性与开放性较低，在共享资源上存在不会、不敢以及不愿等问题。数据安全的隐患越来越多。近期发生的数据泄露和数据安全事件也持续增加，说明大数据发展正在面临诸多挑战。

推动大数据技术的发展，需要从国家、行业和组织三个层面来完善管理体系。从国家角度分析，数据资产并未从法律法规的层面进行确立，数据交易、保护、流通与确权无法得到保障，需要制定数据共享相关法规制度，促使政务与行业数据的深度和系统化的结合，专门制定数据隐私与安全方面的法律法规，为个体、集体和国家数据提供安全保证。从行业角度分析，需要以国家制定的法律规定为基本前提，对行业内部企业持续发展和共同效益进行全面分析，完成行业数据管理与控制的制度与机构的构建，完成行业中数据开放与共享的标准与原则的制定，加大行业数据结合与共享的力度。从组织角度分析，企业要不断加强数据全生命周期管理水平，推进企业内外数据互通，促使其变现能力的提升，为企业和用户的数据隐私和安全提供强有力的保证。

在大数技术发展方面，首先，对于国际开源社区，国内企业应当积极主动地参与，促使话语权的提升；其次，以中文为基础的开源社区研发与投资力度必须增加，要聚集国内人才协同共进的自主研发开源性社区，推动我国开源社区的发展。

同时，在大数据发展过程中也要提升新型风险防范意识。比如，在预防数据垄断方面，部分企业借助行业优势获取了行业数据，但并不共享，难以打破垄断。这一方面对行业持续健康发展不利，另一方面，国家安全也可能面临威胁。伦理问题也需要高度重视，如人们对于算法与数据依赖过度等方面。

此外，先进算法与工具是分析与挖掘大数据的先决条件。与此同时，更为关键的是与制造和应用原理相关知识的融合，这就要求数据分析人员对算法掌握的同时，也要充分学习生产制造系统。这种状况一方面加强了制造业大数据分析人才的培养；另一方面"数据分析工具+领域知识"这样的模式决定了制造业大数据的分析模型必定是应用定制化的，很难有一个通用的平台能够解决所有问题,这给数据平台带来了极大的挑战。

当然,对运用大数据技术的公司来说,不一定都要成立大数据部门或者转型成为IT公司,但在人员安排上必定要有大数据专家的加入。大部分企业并不需要自己从事新技术本身的开发和产品研制,不一定要聘请该领域专家,而是可通过付费方式对第三方服务进行应用。专门的公司,如GE、英特尔公司等,可以提供大数据和机器智能工具资源给其他公司使用。

从数据本身来看,数据既不会自己说话,更无法主动创造价值,其价值是通过挖掘与分析来实现的。只有全面正确认识大数据,并且具有大数据思想意识,能够掌握解决问题的方法,方能对大数据发展引入的新型风险进行有效预防和治理;只有在培养人才上不断加大力度,培养出符合未来发展需求的优秀人才,方能在当下的数字经济时代中加快推进智能制造,实现我国竞争力的不断增强。

第六章

云计算与智能制造：资源即服务

企业上云是制造业向高端发展的集中体现。信息借助云计算转变为面向用户的云资源，以用户需求为基础，对网络资源进行合理组织，将制造服务有针对性地提供给用户，实现对应用分散性的资源的集中并提供服务，服务模式从"多对一"向"多对多"转变，促使信息化和工业化的有效结合，有力推进生产型制造业转型升级为服务型制造业。

云计算（cloud computing）为人工智能、大数据和互联网等多个领域的发展奠定技术基础，支撑制造业转型升级和数字化改造，推进传统企业转型，有利于企业核心业务的发展、经济活力的提高，有利于新旧动能的转换，促使供给侧结构性改革的推进，在资源配置率提升、优化生产模式以及企业竞争力提高等方面发挥关键作用。

一、云计算：互联网即计算机

云计算是以互联网为基础的一种计算方法，计算过程实现由用户终端到云端的转移，是数据分析处理、并行计算、分布式计算、网格计算以及虚拟化等技术与网络和通信技术发展融合的产物。2006年8月，搜索引擎会议第一次提出云计算。美国国家标准技术研究院（National Institute of Standards and Technology，NIST，属于美国商业部的技术管理部门，前身是1901年建立的联邦政府的第一个物理科学实验室）给出的定义为：云计算是通过互联网对应用程序、储存设备和计算设施等共享资源池进行便捷性和按需的访问的计算模式，并且这种访问不会受到时间和空间的约束。这个定义在业界的认可度非常高，几乎可认为这是目前最权威的关于云计算的定义。

"云"实质上就是一个网络。狭义上讲，云计算就是一种提供资源的网络，使用者可以随时获取"云"上的资源，来自各个厂家、相互独立和割裂的网络设备、储存、计算在云计算的云调度和虚拟化技术下实现逻辑层面上"超大规模云计算机"的整合，同时，在互联网的作用下，不同用户间可实现各个应用的共享，由此，储存设备与处理器应用效率实现很大程度的提升。

应该说，云计算实际上是新兴的网络应用概念，而不是新兴技术，其核心就是围绕互联网提供安全性更高、更加快速的数据储存和云计算服务，保证所有应用互联网的人员均能够对庞大的数据中心和计算资源进行运用。计算机网络发展不断推进，云计算技术和商业模式也正在逐渐走向成熟。

云计算平台（cloud computing platform）简称为云平台，云计算提供商通过云平台将以"云"为基础的服务提供给用户。云平台组件有云存储、云缓存、云关系数据库、云网站以及云服务器等。其服务模式主要有基础架构即服务（IaaS）、平台即服务（PaaS）和软件即服务（SaaS）三种。服务模式从顶端到底端依次为软件 SaaS、平台 PaaS 和基础架构 IaaS。

SaaS 服务由云服务提供商提供，在云基础设施运行，用户在需要对应用程序进行访问时可借助各种客户端设备得到实现。

PaaS 服务属于一站式应用交付平台，具体涵盖研发测试功能组件、基础架构功能组件以及平台管理。PaaS 服务的重要作用在日后产业互联网发展过程中会凸显出来，并为企业定制化服务奠定基础。

IaaS 指的是对网络、存储和计算等资源进行租用，部署并运行在云计算平台中的应用程序和操作系统等软件，最具有代表性的 IaaS 提供商有

IBM 的 SmarI Cloud Enterprise、谷歌的 Google Compute Engine、微软的 Azure 以及亚马逊的 AWS 等，通常是在 SaaS 服务和 PaaS 服务和有关应用程序上进行部署，主要作用为保证软硬件基础。云计算供应商提供的软硬件资源如网络、接口、存储设施以及计算单元等在 IaaS 服务作用下实现大规模资源池的整合，并将该资源池作为服务提供给用户。用户借助此服务能够获取所需资源，包括储存和虚拟机资源等，可以完成部署并运行应用程序以及操作系统等多种软件，虚拟数据中心可在"云"中完成操作，得到相应的计算能力。目前，云计算企业的技术正从 IaaS 向 PaaS 和 SaaS 延伸和发展。

以云计算平台服务模式的差异性为基础，研发人员可在云平台中建立应用程序并运行，或者通过云平台实现应用服务的提供。以其运营模式为基础，用户对功能更为重视，因为不必掌握实现方法，用户就可以根据自身需求对应用进行定制。

云计算模式属于信息产业的重要创新，相关领域对此高度重视。例如，Amazon 等多个企业建立的云平台都能实现虚拟服务器快捷高效的部署，使基础设施分配得以按需进行。海量数据处理模型在 Google 研发的 Map Reduce 等新型并行编程框架应用后得到很大程度的简化。同时，Google 推出的 App Engine 云计算开发平台提供了应用服务提供商研发与部署云服务所需要的接口。Salesforce 公司的客户关系管理服务等云服务实现从桌面应用程序向互联网的转移，泛在访问应用程序得以实现。

NIST 对云计算服务模型特点进行了汇总，主要包括服务可度量、服务弹性化、资源池化、宽带网络访问以及按需服务等。

用户可结合自身需求对云计算资源进行应用及按需自助服务，如应用程序、数据存储、基础设施等资源，在此过程中无须和云服务提供商进行交互。云平台通常都设计了面向用户的服务界面，用户可结合自身需求实现资源自动化配置。以按需自助服务机制为前提，提供商与用户在云服务部署、规划与管理等方面更加高效和便捷，用户使用的资源同业务的需求相一致，有利于有效控制提供商的服务成本，同时提升用户的工作效率。

宽带网络访问是云服务主要特征之一，用户借助智能手机、笔记本和 PC 电脑等设备，通过互联网对云平台进行访问，且不受时间和空间的限制对云服务进行使用，所以，要想保证大量用户的接入需求，云服务必须具有高带宽的通信链路。

云服务还具有资源池化特征。云计算服务提供商将服务同时提供给很多用户，因此，需要借助共享资源池模式统一管理资源，并且保证资源配置、管理以及放置面向用户都是公开透明的。资源池涵盖海量的虚拟资源与物理资源，在程序运行过程中，以用户需求为基础，各种虚拟资源和物理资源可实现动态灵活的分配、再分配，使系统性能不断改进。资源池分享有利于资源复用率的提升，进而有效降低运行成本。

云计算是弹性的，云计算需求若要得到更好的满足，云计算平台必须具备根据工作负载大小，自动地高效增减分配资源的功能。在云平台中部署的应用必须能够以资源为基础对服务规模进行自动化的高速伸缩，以确保业务负载动态化改变下的适应性。从用户角度分析，云平台弹性服务主要体现在云平台可以随时提供动态化、大规模的资源池，使用户需求得到更好的满足，实现用户体验的不断提升。

云平台提供带宽、存储和计算等资源并对服务类型进行计量，监控并上报应用资源的具体情况，确保提供者与应用者对服务应用实际情况进行掌握，进而对资源应用进行自动化的管控和改进。另外，应用方式是可度量的，有利于结合应用资源的实际情况进行计费。

也就是说，云计算在一般情况下通过计算机集群完成数据中心构建，再通过服务方式向用户交付，用户可以根据其业务负载快速申请或释放资源。因此，只要在联网状态下，用户就能够对计算机资源充分利用，互联网即计算机的设想由此成为现实。同时，用户以按需支付的方式对所使用的资源付费，如同消费水、电一样按需购买云计算资源，用户不需要考虑部署应用程序、处理海量数据以及管理数据中心等问题，运营与维护成本得到有效控制，而且服务水平也得到大幅提升。

从本质上看，云计算这种数据密集型超级计算方法的核心是数据，其在编程、数据存储与管理技术等多个方面都具备其特有的技术优势。以数据存储技术为例，数据储存的方式为分布式存储，并以冗余存储的方法使数据可靠性得到保证，也就是对相同数据以多种剧本进行储存，在经济性、可靠性和可用性上优势更为显著。与此同时，云计算要保证用户的各种需求都得到满足，并行提供给用户各种相应的服务，其数据存储技术就要保证传输率和吞吐率处于高水平状态。也就是说，未来针对云计算数据存储技术的改进应当以 I/O 速率提升、数据安全性提高、数据加密以及超大规模数据的储存等为重心。

基于云计算的本质特征，正在飞速发展的 5G 技术将给云计算技术插上翅膀，带来巨大的推动。5G 的主要特征在于可靠性强、时延更低、大规模连接以及大宽带等，若 5G 与云计算实现有效融合，这种情况就会使传统硬件如电池和储存介质等发展，相比较而言显得较为落后。此外，与一般电子终端对比，云计算存储池的优势显而易见，这说明 5G 时代下云端会替代终端电子设备大部分的业务。显然，5G 与云计算的有效融合能促使产业革命有效推进，助推智能时代正式到来。与此同时，"人工智能+"是现在非常火热的领域，云计算与智能化的结合，促使云计算自动服务的实现，人力和物力也得到很大程度的节约，企业云的可用性得以提升，企业级云服务市场得到更好的发展。

云计算服务的部署方法有很多种，最具有代表性的是私有云、公有云以及混合云部署方式。公有云的运营者、管理者与拥有者为政府组织、学术机构和企业等提供商，同时，提供商负责部署其基础设施，并面向公众开放应用，具有代表性的有腾讯云、华为企业云、微软、阿里云等，一般提供通用性服务。

私有云的拥有者为特定的企业、第三方或者组织机构，同时也负责其运营管理，授权供用户使用。对比公有云和混合云，私有云在服务质量和数据安全方面更有保障，能够对提供商已有的软硬件资源进行科学合理并且充分的运用，同时对于 IT 管理并不会造成影响。大型企业和组织机构一般会完成私有云的构建，具有代表性的有 H3C 建立的 H3Cloud OS 云以及华为建立的 Fusion Sphere 云等。

混合云是由两个以上（包括两个）的公有云或者私有云构成的，不同云服务单独设置，应用程序以及数据能够实现顺畅的移植，借助相应的标准机制或者技术手段实现有效结合并提供用户所需要的服务。一般而言，企业对于混合云的应用更为偏爱，应用混合云不仅能够享有私有云的数据安全性，还能对公有云资源储存和计算优势实现充分应用。从传统云到混合云，云应用的情景与领域不断扩大，效能也持续提升，存储即服务。此外，企业级云计算也开始向边缘云和混合云方向发展。云计算的新发展使企业云能够在公有云平台和私有云平台进行建立，在当前产业互联网快速发展的形势下，行业云发展无疑具有更加广阔的空间和更多的机遇。如今，行业云是互联网企业发展云计算的突破口，企业客户的强大需求注定行业云未来能够实现更好的发展。

关于以上三种模式，私有云虽然应用占比很高，但近年来也在不断降低。企业通常会在云计算需求和企业内部资源管理这二者之间进行权衡取舍，要为数据安全性提供保证，因此，相对来说，混合云对市场需求的满足程度会更高。企业选择混合云模式一方面风险和代价更小，对于企业业务发展更加有利，另一方面能够对公有云的优势实现充分应用，实现云服务成本的有效控制，扩展性也随之增强。近年来，混合云的发展状况也确实更好。

云计算对于我们的合作方式和交流沟通方式都产生了重要影响。云计算在自产生至今的十余年中，实现了快速发展，云娱乐、云工作和云生活等实现云和万物的互通互联，使社会智能化发展方式更加高效和便捷。

二、云计算在智能制造中的作用:制造资源和制造能力虚拟化

云计算能够实现对海量数据的高效存储与庞大计算,为制造业智能化提供重要基础。"接入云"会促使制造业在"插上电"之后产生新的大变革。可以说,云是智能制造的重要基础设施,云化程度正在成为智能制造的核心特征。

如今,云计算被广泛运用到工业领域中,工业传感器和智能终端采集的数据全部经由网络向云计算中心传输,借助云服务的强大算力实现更为集中的计算和处理,资源整合度大幅提升。[①]

以信息系统部署效率的提升为目的,许多企业逐步向云端迁移。云计算服务能够加强不同生产活动之间的相互衔接,促进生产率的提高并降低成本。企业通过云服务可以实现运行成本与信息化建设成本的有效控制,促使业务协同发展和资源共享性的提高,有力推进模式和业态的改革与创新,对信息化发展过程中的各种挑战和问题进行更好的应对和处理。以中国石油天然气集团公司为例,其在围绕企业资源计划(ERP)展开信息系统的云化建设完成之后,打通了 3023 个业务流程,硬件成本下降 48 个百分点,仅视频会议系统每年节省 1 亿多元。航天云网大型工程软件云化成本降低 70 个百分点,复杂模具云端 3D 打印成本降低超过 60%,复杂新产品样件 3D 打印周期缩减一半。

云计算与当前高性能计算、语义 Web、物联网以及信息化制造等技术充分结合,实现云制造的构建,这是以知识为基础的网络智能制造模式,其优势在于低耗、高效以及面向服务。云制造以当前网络制造和服务技术为基础作进一步拓展和改革,服务化和虚拟化各种制造能力与资源,促使智能经营与管理的集中性和统一性进一步提升,形成多方共赢、智能化、

---

① 李辉、李秀华、熊庆宇等:《边缘计算助力工业互联网:架构、应用与挑战》,载《计算机科学》2021 年第 1 期,第 1—10 页。

高效化和普适化的协同发展与共享，借助网络在制造全生命周期过程中提供可靠性与安全性更强、价格更低、质量更高、按需应用和随时获取的服务。制造全生命周期由制造前、制造中和制造后三个阶段构成，制造前包括设计、加工以及销售等环节，制造中包括维护管理与应用等环节，制造后包括报废与回收等环节。

云计算可以促使资源虚拟化。云计算对计算、网络和存储等各种资源进行配置并管理，属于以互联网为基础的一种计算方式，按需输出资源并传输给计算机等设备，各种信息和软硬件资源因此实现更大化的共享。[①]

智能制造过程中，通过云计算可以将全生命周期制造服务、产业链协同、企业和用户之间的交互、网络提交任务等服务提供给用户应用。云计算分布在设计、加工、仿真、实验和管理等各个过程中。当需要计算设备之类的基础设施时，IaaS 类服务如大规模存储和高性能计算集群等服务可满足需求；当需求特定计算平台的支持时，PaaS 类服务如中间件平台和特定操作系统等可满足需求；当制造过程需要相应的专业软件时，SaaS 类服务可满足需求。

云计算的综合能力能够对智能制造实现整体支撑。内部网络扁平化是智能制造发展的基本前提，这要求工厂操作技术（OT）系统对现场和车间分层组网进行突破，横向连接智能设施，实现扁平化管控系统，信息技术（IT）和操作技术进行融合，形成网络。在云计算等信息技术不断发展、改革与转型的过程中，原本在工厂中部署的制造过程不断向外部拓展，云计算服务为实现产业协同创造了条件，企业的 IT 系统甚至 OT 系统将部署在云上，利用 SaaS 供应商来实现 IT 及 OT 深度融合。

人工智能是驱动工业革命新腾飞的核心技术，作为人工智能重要载体之一的云计算，与人工智能和大数据三者之间协同发展，无法独立存在。马化腾也强调：未来的大数据处理是通过人工智能在云端实现的。人工智

---

① 王广璞：《云计算与大数据概论》，载《科学与信息化》2019 年第 33 期，第 54-55 页。

能发展是在云计算的基础上展开的，云计算是其发展最重要的载体。科技公司利用云端共享数据信息以及软、硬件资源，提供大数据分析、储存和计算工具，有助于降低市场准入门槛和运营管理成本，提升市场竞争力。云服务一方面有助于深度学习和研究，促进人工智能得以实现；另一方面也通过人工智能与云的互联互通，对人工智能的发展起到更大的推进作用。因而，微软将人工智能与云都视作重要战略，谷歌也在谷歌云设立机器学习部门，亚马逊则在 AWS 云服务中引入人工智能。

云计算助力工业大数据。制造环节产生大量数据，包括生产经营相关业务数据，工业企业生产活动相关、设备物联和产品相关的外部数据。工业大数据主要涵盖面向生产、新模式、新业态、服务、产品以及管理智能化等领域数据信息的收集、处理、分析和控制，以实现产品全生命周期、工业所有环节和流程的数据链的建立。

云计算助力打通企业内外数据与资源，推动工业大数据的应用。大数据具有数据挖掘、海量数据收集、数据储存以及分布式并行计算等方面的优势，已经是智能制造技术中的核心技术。工业大数据能力中最基本的前提就是云计算。以离散制造为例，汽车制造、工业制造等领域，在工业设备智能化改造升级后将有多个传感器，对于传感器收集到的机器数据，需要放在云计算上存储和分析，没有云计算，就无法支持大规模的数据存储和计算。传感器的数据通过采集获取和汇总被放在云上，然后进行分析，进入数据库，就变成数据资产，通过上层应用发挥大数据的价值。这一切需要大数据和云计算作为基础能力。

云计算和工业大数据有效融合，使虚拟网络与物理设备融合，进而实现数据收集、协同处理以及传输等的集成，以相关领域知识为基础，通过数据分析技术，建成涵盖产品质量管理、物品跟踪、设备健康管理以及个性推荐等功能的工业大数据应用系统。

云计算实现大数据价值变现。云计算可有效解决数据孤岛问题，使数据实现更大程度的挖掘、更新、集中与交换，数据价值得到充分挖掘和应用。

企业应用云计算提供的服务可实现信息技术软硬件投资的减少，成本降低，以及对信息资源的按需应用，使制造企业在服务化转型、智能生产、网络协同和个性定制等方面的可靠性、安全性、高效率与低成本的基础更加坚实，对企业数字化转型过程中投入资金和技术门槛的降低非常有利，满足了制造过程中的智能化决策、自动化生产和产业链协同的综合需求，是推进智能制造必不可少的强大支撑。

三、云计算在智能制造中的运用：制造即服务

工业和云计算的有效结合，覆盖工业生产、运营、研发、物流、销售、管理以及服务等制造的全生命周期流程，为智能制造奠定技术基础，是工业制造所需基础设施中必不可少的部分。

阿里巴巴在 2020 年 9 月 16 日完成犀牛制造，这是世界上第一个新制造平台。阿里巴巴还于当日在杭州对"一号工程"犀牛智造工厂正式投产。该平台通过人工智能技术、IoT 和云计算等技术的运用，拥有了工厂"智慧大脑"，中央仓实现智能仓、裁、配，并采用智能导航"棋盘式吊挂"等多种新兴技术。在需求端通过平台实现淘宝天猫联通，精准预测品牌商的销售情况，第一次大规模展开按需生产；供给端则实行柔性制造系统，100 件起就可下订单，交货时间则缩短至 7 天，"新制造使'Made in Internet'预想成真"[1]。

在云计算技术出现之前，国内传统企业都建有大规模的业务信息系统，并且系统基本上通过独立招标采购的方式进行建设，独占企业内部软件和硬件资源，运营模式也是独立进行的，成本很高。高成本、低效率和资源利用率偏低等诸多问题在企业发展过程中产生了很大的制约性。而云

---

[1] 林洁：《工厂制造能力像云计算一样被调用 阿里巴巴打造全球首个新制造平台》，载《今日科技》2020 年第 10 期，第 25 页。

计算技术的运用有望使以上问题得到解决。同时，以企业已有的 IT 设施为基础，与云计算需求有效融合，在保证企业业务发展需求得到满足的同时，还能够在一定程度上加快企业的数字化转型。

云计算服务与制造过程全生命周期的融合发展形成的体系可被称为云制造体系。

云制造体系主要由三个部分构成，即制造资源和制造能力、制造云、制造全生命周期应用。云制造体系运行是以制造资源上云为前提，资源连接云端以后，利用智能化嵌入与虚拟化封装得到云服务。云服务借助各种制造需求完成制造云构建。制造云基于制造全生命周期应用将多样化的服务提供给用户使用，这是云服务的主要载体，整个流程就是云服务的输出（见图 6-1）。同时，通过服务界面，云服务用户与运营商能够应用和管理制造云，例如，智能搜索云服务等。事实上，云制造体系在制造全生命周期集成的实现基础上，提供了网络化、低耗高效和面向服务的智能化制造新型模式。

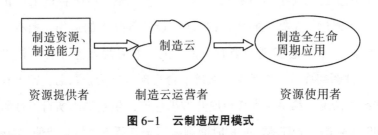

图 6-1　云制造应用模式

云制造平台的主要任务包括制造云管理、运行、维护以及云服务的接入、接出等。从行业用户角度来看，借助该平台提出相应的应用请求即可。平台会分析和分解用户提出的请求，自行在制造云中搜索与之匹配度最高的云服务，经过调度、组合和改进等操作后，将解决方案反馈给用户。用户不需要与所有服务节点直接交互，也不需要对节点详细信息进行掌握。用户应用云制造平台就如同应用水、电等资源一样，可以直接对制造资源和能力进行应用。

以云计算为基础，智能制造能够实现制造全生命周期服务。智能制造除应用云计算提供的 IaaS、PaaS、SaaS 服务以外，对制造全生命周期过程所需要的其他服务也非常注重。在企业论证业务方面，如营销策略以及产品规划等，可封装决策分析软件等软制造资源成云服务，论证分析不同方案是否可行，并且对其效果进行预测。针对产品设计，对计算机辅助设计工具如 CAD 软件功能等进行封装，以云服务形式提供给用户应用；对产品设计的整个过程中需要应用到的跨领域和跨学科知识提供智能辅助；对软件和计算设备平台实现动态性构建，并提供高性能计算能力。

对于产品的生产加工过程，智能制造服务云提供的主要云服务包括收集和管控设备状态、调度任务作业、追踪生产物流等，帮助用户在监管生产加工的效率上不断获得提升。

对于产品的试制和实验过程，智能制造云以实验需要的软件和硬件资源完成虚拟性实验的构建，同时可以提供评估实验的分析软件云服务。

产品仿真是以大量仿真资源为基础实现的，智能制造云以仿真任务为基础，对虚拟化协同仿真环境进行动态化的建立，并提供技术支撑，监控仿真设备。

企业制造全生命周期中，针对生产计划、产品信息、供应链、用户关系以及销售等管理业务，云制造服务平台可以将云端 ERP、PDM（产品数据管理）、SCM（供应链管理）和 CRM（客户关系管理）等服务提供给用户，用户基于管理实际需求有针对性地进行业务流程的定制，在线租用服务即能完成业务流程所有流程和节点的管控。对于异构系统间、系统与平台间数据、过程和功能集成服务来说，智能制造云可使异构系统通过即插即用的形式实现智能化接入。

云计算推进数字化产业链与供应链的建立。工业领域中的供应链贯通整个制造流程，供应链领域的自动化和智能化对制造业变革具有重大影响。供应链通过云计算实现了巨大的改变。供应链管理人员借助云计算服务能够访问、利用 SaaS 模型交付并大规模部署创新的供应链解决方案。随着解决方案日益发挥其积极作用,同时,基于 SaaS 的方案成本更小,对中小企业更为适用,发展中国家如中国和印度等也为基于 SaaS 解决方案的供应链创造了更广阔的发展空间。全世界基于 SaaS 的 SCM 市场在 2014—2019 年的年复合增长率高达 15.13%。①

数字供应链的发展是基于云计算服务展开的。将云服务引入供应链中的企业与组织不断增多,并且他们总是考虑将尽可能多的环节接入云平台。供应链在引入云服务之后呈现出三个方面的显著优势:一是能对变化予以即时反馈:如基于 SaaS 的供应链控制塔等云系统被引入企业后,企业对于其供应链影响因子、定价以及库存的监管会更加便捷和高效。二是对降低总拥有成本有利:通过云中数字化供应链管理,软硬件资源维护是由云应用程序提供商完成的,所以管理人员能够在直接产生价值的资源方面投入更多原本预计使用在 IT 的资金。三是有利于创新:用户可借助产品全生命周期管理、支持移动应用程序和数字化采购等云中数字化供应链管理软件进一步创新。供应链管理过程中有很多数据是不能浏览并且非常模糊的,借助"物联网+云+分析"更有利于完成精简化和智能化的供应链的构建。

云计算技术不断发展和成熟,在数据处理过程中能够容纳的信息量也在持续增多,并且该技术也被更加广泛地运用在有关领域中。企业借助工业互联网平台、制造业"双创"、核心业务上云以及数字化改造等多种方法有力推进数字化转型的快速实现。通过有关统计数据分析可知,国内重要行业中具有代表性的企业上云占比大概为 60%,制造业重要行业中的龙头企业双创平台构建的普及率已经高于 75%。②

---

① 《SaaS 为基础的供应链管理(SCM)的全球市场(2001—2019 年)》,见日商环球讯息有限公司官网(https://www.giichinese.com.cn/report/infi232721-global-saas-based-supply-chain-management-software.html)。

② 《2019 中国信息化发展形势展望》,见原创力文档网(https://max.book118.com/html/2019/0831/6230214121002101.shtm)。

四、云计算在智能制造中的机遇与挑战：迎接云制造时代

自从云计算被提出以来，其在全球范围内对产业转型升级发挥的重要作用已经为更多的国家所认识到。很多国家将云计算的地位提升到国家战略层次，对其投资的力度也相应增大。美国联邦政府网站的构建就运用了云计算技术，政府信息化运转成本实现了大幅下降。英国政府已经完成国家级云计算平台（G-Cloud）的构建，英国应用云计算服务的企业占比已高于 2/3。我国也已经在北京、无锡、杭州、深圳和上海等地实现云计算服务创新发展试点示范工作的建设；交通运输、石油、石化以及电信等多个行业的云计算规划与布局也都开始进行。这些为产业信息化发展提供了巨大动力。

基于工业的云平台产业生态蓬勃兴起。在如今全世界范围内工业云市场发展速度普遍加快的背景下，ICT 企业如运营商、芯片制造企业、互联网和通信设备等对工业云的布局也都在展开。

世界范围内的工业软件巨头核心产品云化战略发展已经获得重大的阶段性研究成果，基于云架构的 CAX、PDM、MES、ERP 的产品体系已初步建成。PTC（美国参数技术公司）在 Thing Worx 云平台部署核心软件包括 Windchill 和 Creo 等，提供不同产品高效研发与全生命周期管理解决措施；达索公司对旗下核心产品如 Solid works 和 CATIA 等完成云端部署工作；Auto Desk 将 Auto CAD、3ds Max 等核心软件与 A360 云平台成功连接，实现很多功能，如结构云分析、设计云优化以及模型云渲染等。全球 ICT 企业在工业云领域战略布局方面持续推进，国际龙头企业如 ARM、亚马逊、思科、微软以及 IBM 等也以工业领域云计算业务为核心，完成了一系列的系统化解决措施的制定。

实现产业竞争向生态链竞争的转变。目前，以"智能机器+平台软件+工业 App+开放社区"为基础的产业生态链竞争不断加剧。针对当下全世

界范围内制造业竞争的实际情况,跨国企业在整合产业链资源方面正不断加大力度,以建立工业云为核心的物联网操作系统的构建为基础,推进产业联盟,完成参考架构的构建,进行测试验证,进一步加强技术合作深度,试图以此取得在产业生态竞争中的更大优势。

GE 在 2014 年与思科、IBM 和英特尔等联合实现 IT 业互联网联盟的建立,并在日本、欧洲、美国东部和美国西部完成 4 个云计算中心的构建。2016 年 GE 开放了以工业云为基础的 Predix 平台,工业 App、PaaS 平台、Predix 连接、Predix 机器等开放性的生态组件已完成了在航空、能源和石油化工等领域的部署,平台运行微服务数量将近 60 个,对 Predix 产品与服务应用的客户数量超过 100 个,以 Predix 为基础的产业生态培育发展到全新阶段。

西门子于 2016 年发布以工业云为基础的物联网操作系统 Mind Sphere,深化与 SAPHANA、IBM Waston 的合作,推动欧洲和北美等地区的 100 多家企业进行工业 App、Mind Sphere 平台、Mind 连接配置软件以及 Nano Box 数据采集器的部署与应用,以 Mind Sphere 为基础的产业生态的建设已正式开启。

云平台的建设和发展为云制造提供了基础和条件。云制造属于制造业信息化新兴模式与理念,其发展前景非常广阔。近期在产业与政府的共同推进下,云制造产业得到更快速的发展,在产业发展与布局等方面起到重要作用。从 Einpress wire 发布的有关数据可知,全球云制造市场规模在 2018 年共计 387.2 亿美元,在北美市场和欧洲市场中占据 40.01% 和 27.9% 的比例,2022 年 8 月,全球管理咨询公司麦肯锡在其发布的研究报告《云端中国,展望 2025》中指出,当前全球云计算规模已超过 1 万亿美元。

根据国家智能制造系统创新研究院提供的数据可知,我国云制造产业市场规模在 2018 年末共计 933.8 亿元,与 2017 年度相比提高超过 30 个百分点。到了 2019 年,该数据已经提高到 1334 亿元,与 2018 年相比提高 40 个百分点,在技术水平不断提升、技术愈加成熟的情况下,应用产业的拓展能力增强，市场规模也进一步扩大，智研咨询发布的《2021—2027年中国云制造行业市场运行格局及投资前景分析报告》显示：2020年中国云制造产业市场规模约1496.5亿元，同比增长26.5%。

我国政府与企业在管理改革、流程重构以及业务创新等方面持续加大力度，并且在网络化、数字化和智能化转型方面的需求不断增加，云信任度持续提高的情况下，政府与企业上云趋势得以加快，有望进入常规化发展时期。

根据阿里云和IEEE协同发布的《中国云信任报告》可知，信任云的企业占比为74%，将近50%的企业认为云上安全性更高。完成上云的企业来与没有上云的企业相比，对云计算的信任度高了52%（见图6-2）。

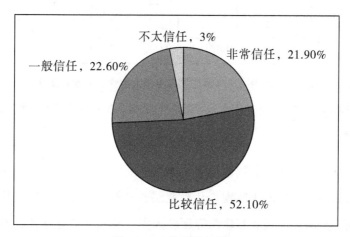

图6-2　企业云信任情况

（图片来源：《中国云信任报告》，阿里云和IEEE协同发布。）

根据中国信息通信研究院提供的数据可知，我国当前云制造平台应用率大概为35.9%。云计算市场渗透率在2019年第一次超过10%，其后每年增长比例都未低于20%，这一数据在2021年已升至14.67%。在渗透率不断增长的情况下，市场集中度也显著提升。

国务院发展研究中心国际技术经济研究所在2019年10月12日发布了《中国云计算产业发展白皮书》。根据其中的数据可知，与美国云计算产业规模相比，我国仅是美国的8%，对比国内互联网产业在国际上的占比，这个规模是远远不够的。但我国企业上云的速度增长迅速，预估我国政府和企业在2023年上云率会突破60%，同时深度也会随之增加（见图6-3）。

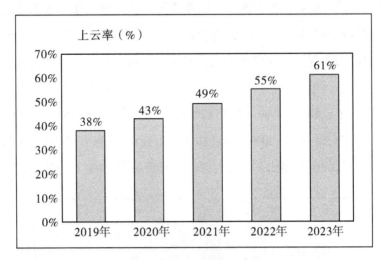

图6-3　2019—2023年中国政府和大型企业上云率预测

（数据来源：《中国云计算产业发展白皮书》，国务院发展研究中心国际技术经济研究所发布。）

最近几年，很多行业数据量增长速度不断加快，各行业对数据价值的挖掘也开始运用云技术来实现。从行业层面分析，目前，云制造用户以政府、电信、金融、交通和互联网等领域为主。与其他行业相比，装备制造业占比遥遥领先，企业上云效率增长的关键原因就是数字化。装备制造业智能化发展是以产品生命周期管理的大数据为前提的。在工业4.0时代背景下，高端装备制造业在数字化推进下加速上云，促使制造业加快实现智能化服务转型升级，进一步获得强有力的动能。

互联网领域巨头积极地制订并发布云制造战略，对云计算技术高度重视，也是云制造竞争的核心力量。

当前，云制造上市公司营收规模相对较小，在公司业务收入中占比通常低于30%，还处在发展初期，净利润和营业收入主要来源为基于产品制造全生命周期提供的解决措施和云服务。

从客户结构角度分析，云制造产业的客户主要特征为具有较强的集中性。对海得控制、赛易信息、东方国信和能科股份等上市公司的年报进行全面深入的研究，在该行业前10位客户销售收入占据比例不断增长，在2019年大概平均为65.54%。

在经济和信息技术快速发展的背景下，云制造推动信息技术进入由以本地环境为基础转变为以网络为基础的云时代，很多大型企业对云制造模式的引入力度不断增大。

2020年7月29日，由中国信息通信研究院、中国通信标准化协会主办的"2020可信云大会"在线上开幕，并发布了《云计算发展白皮书（2020年）》，其中明确提到云计算在未来10年会快速发展，普惠发展阶段将正式开启。

云制造未来发展方向为智能化和集成化。云制造为智能制造业带来的改变主要表现在5个方面：技术跟随战略转变为自主开发战略，再向技术超越战略转变；资源能耗和环境污染型制造发展为绿色环保制造；生产型转变为生产+服务型；粗放型转变为质量效益型；传统型转变为智能化、网络化。

随着云制造的快速发展，各种核心技术挑战和问题也会随之增多。若要彻底实现云制造，必须与嵌入式系统、高性能计算、语义Web、物联网以及云计算等各种技术充分融合，以此保证在云制造可视化和用户页面、云制造应用协同、云管理引擎以及资源云端化等方面的挑战能够得到更好的处理。

云计算规模逐渐增大，云安全问题更加凸显。从腾讯安全提供的情报信息可知，国内攻击源中有45.55%为源资源，DDoS攻击事件的目标也都是云平台IP，对企业来说，安全问题无疑具有致命性。

与此同时，云制造需要应对的问题还包括：对企业来说，优质客户创造的收入与利润稳定性更强，不过企业若对大客户过度依赖，经营风险必然提高。此外，企业在上云安全方面存在质疑，自主上云意识还有待增强；数字化基础不够坚实，对上云路径没有充分认识。云上SaaS供给仍存在缺口，影响了上云的广度和深度。云制造对制造企业的基本要求是信息化水平较高，同时，内部信息与过程具有更好的集成。所以，大部分制造企业云制造实现的难度依旧较大。

云制造国际竞争较为激烈，企业之间的技术壁垒难以避免，其发展前景很好，未来需要从"政、产、学、研"等方面协同展开云制造探究与实践。

云制造的推进是一项系统工程。基于云制造的发展现状，上云可通过分批实现，并加大推广力度。从持续改进迭代升级层面的角度出发，配置具有扩展性的IT工具门户入口，以需求为基础，对相关的应用予以接入，推动集团上云业务数据集成度的提高，对信息化服务领域予以拓展，能够使业务系统水平得以提升，企业运营效率大幅提高；可先进行试点上云，成熟后再进一步推广；获得显著成果并积累诸多成功经验以后，推进全行业上云，为制造企业提供更优质的服务。

从技术角度分析，对于云制造相关技术，要进行大力发展和深化，尤其是有利于产品用户服务高质量发展的技术，要进行技术标准、评估系统和安全管理制度等机制的建立与完善。

从产业化角度分析，要对云制造集群生态构建力度进行强化，提升云制造工具集中平台的产业化与工程化水平。在这个过程中，要对自主研发与管控的智慧云制造系统构建高度关注，实现多层创新系统的建立；从创新体系角度分析，需要对产业、技术和知识等创新体系进行建设并不断推进，对云制造优秀人才和综合型人才的培养予以高度重视；从具体实施角度分析，需要对整个生产制造流程中的服务流、知识流、资金流、物流、信息流、经营管理等的集成不断改进。

在推进制造业上云的过程中，不仅要关注智能制造在云服务应用下可以实现的管理技术优化和商业模式创新，还要对信息和生产面临的安全挑战予以高度重视。在解决问题的过程中不断探索和优化，促使我国制造业的"云制造"时代正式开启。

第七章

人工智能与智能制造：潜能无限

人工智能赋能制造领域，孕育着新的制造未来，能够释放出无限可能。在制造领域引入人工智能，无论是在制造前端还是后端，都将形成一股变革力量，不断地变革与颠覆传统制造业。在未来，无人工智能，不制造！

在智能制造领域，人工智能（artificial intelligence，AI）的作用尤为关键。人们通过使用人工智能技术，可以对制造业中包括人员培训和产品生产在内的各个流程实行智能监控和作业，可以尽可能地实现效率的提升、成本与劳动力的降低以及竞争力的增强。

一、释放潜能：人工智能语境中的智能制造

何为人工智能？从科学层面分析，人工智能是研究、开发用于模拟、延伸和扩展人的智能的理论、方法、技术及应用系统的一门新的技术科学，具有多学科综合性、高度复杂性、全面渗透性等特征，主要针对机器人、专家系统、图像和语音识别等领域进行探究。

1950 年，阿兰·麦席森·图灵（Alan Mathison Turing）在《心灵》杂志上发表了一篇具有划时代意义的论文：《计算机器和智能》（*Computing Machinery and Intelligence*）。在这篇论文中，他提出了人工智能领域中的著名实验——"图灵测试（Turing Test）"。1955 年 8 月 31 日，由约翰·麦

卡锡（John Mc Carthy）、马文·明斯基（Marvin Minsky）、纳撒尼尔·罗彻斯特（Nathaniel Rochester）和克劳德·香农（Claude Shannon）联合递交的一份关于召开国际人工智能会议的提案中，首次提出"人工智能"（AI）一词。次年夏天，在美国的达特茅斯学院举行的会议首次将人工智能作为讨论对象进行探讨。也正是在这次会议上，人工智能的概念被明确提出——人工智能正式诞生了。

1956年达特茅斯会议中正式提出的人工智能概念，包含着用机器人承载人类思维的设想。当时人工智能努力的方向，是机器对人的智能进行模仿，通过逻辑推理与启发式搜索等简单规则来处理问题，比如著名的图灵测试。20世纪80年代，人工智能开始通过知识的输入来解决问题，比如，我们想要人工智能为人看病，那么给人工智能输入大量的病理知识就可以了。此时，人工智能的研究开始转向概率统计的方法。概率统计的基础是数据。这一研究方法的进步使人工智能的综合性能得到了很大的提升，但是由于自然语言的多义性问题，人工智能缺乏快速获取知识的途径，且亚洲金融危机造成的经济形势衰退影响到人工智能领域的所需要的资金投入，人工智能的发展遭遇瓶颈，进入沉寂时期。

20世纪90年代，互联网的出现及蓬勃发展解决了人工智能快速获取知识的途径问题，人工智能发展逐渐向好。互联网加快了统计自然语言处理的发展速度，且互联网存储的海量数据为人工智能发展提供了更大的推动力。最近几年，人工智能在算法、云计算以及大数据技术的推动下得到更快的发展。大数据为人工智能提供数据资源；人工智能在处理与分析数据过程中充分应用云计算的计算能力，总结出复杂事件背后的数字规律。大数据与云计算为人工智能奠定了发展的基础，再加上算法的构建，就能使人工智能实现自主学习，获得真正的"智能"。人工智能可以实现多方面的实际应用，为人类的生产生活带来诸多便利。与互联网一样，人工智能将逐渐渗透到现有的各行各业之中，影响与数据息息相关的所有领域，深度参与人类生产和生活的方方面面。

在已知的人工智能技术领域，学者们普遍认可基于与人类交互的能力以及自主学习能力的由低到高，人工智能可以划分成不同的等级。

通常我们使用的"智能家电"就是属于比较初级的人工智能，因为它们的控制系统都是预先安装的，既不能自动升级，也无法主动学习新的技能，工作方式也是依靠人们的按键行为来启动对应的功能，不具备自主启动功能的能力。智能手机和计算机等属于更高级别的人工智能，它们虽然不具备自主功能，但可借助外接设备实现功能的优化。就目前来说，比较先进的人工智能无疑是备受关注的机器人，还有我们经常用到的搜索引擎，它们的信息共享可借助云端来实现，用户只需要下载一个浏览器就能完成对信息的搜索、处理。更先进的是能够自主学习、自主创新的人工智能，这类人工智能与人类自身最为接近，但目前还处于初步摸索的阶段，短时间内难以实现。

你能想象未来人类的工作伙伴是一个个形态各异的机器人吗？机器人是人工智能的重要领域。近年来，企业引进人工智能成为常态，人类生产生活的各个方面都开始有机器人参与的身影。在生活中，机器人与人聊天，机器人提供餐厅服务，机器人护理病人，等等；在生产中，机器人参与智慧农业，机器人参与公司企业的生产流程及管理，等等。如今，人工智能发展的速度不断加快，计算机和自动化任务不断增加，人工智能设备的适用性更强、应用更广泛。与人工智能有关的技术如知识图谱、自然语言处理、视觉分析和机器学习等，为人工智能开展工作提供强大的技术支撑。

人工智能在智能制造领域拥有大展身手的广阔空间，其应用涉及生产和管理的各个环节和多个层面。

其一，通过 AR（增强现实技术）对人员进行培训。AR 以虚拟数字画面为前提，与裸眼现实相融合。通过 AR 可以为学员提供清晰可见的引导，包括产品组装等，图纸经过 AR 设备转变为可视化三维模型，操作人员根据引导步骤完成相关操作。波音公司通过采用 AR 技术进行波音 737 引擎装配及故障检修，大大提高了装配效率和装配正确率。①

其二，对生产设备进行预测性维护。具体是指对设备在运转状态下的数据进行实时性的收集，通过机器学习对故障信号进行识别，进而预测并维护故障设备，能够使设备故障导致的损失尽可能降低。②

其三，实现生产流程的动态化和智能化排产。智能排产系统不仅能够大大缩短排产计划制定的时间，而且可以通过算法帮助企业进行资源和系统的整合、集成与优化，实现动态最优化的排程。智能排产系统对关键的装配线进行了优化，改善了自动化流程，提高了运行效率，缩短了产品周期，提升了企业的产能。③

其四，智能在线进行产品质量检测。智能在线检测技术以传感器获取产品照片为依据，利用视觉算法将其边缘缺损、内部隐裂和表面缺损等问题检测出来。与传统人眼检测方式相比，其主要优势在于检测速率和准确率更高，能够实现对次品率的有效控制，并且对次品形成的原因进行探究，进而实现报废率的下降，有利于改进和优化生产工艺与产品设计。④另外，人工智能还可以对制造业中的能耗与环境进行分析等。

人工智能作为一种技术，从企业生产层面分析，是以自动化智能设备取代原本的人力作业，实现次品率的降低、生产效率的提高；同时，人工成本得到有效控制，生产安全系数得到优化。⑤ 从这一点来看，对生产资料起直接作用的人工智能设备，比如机器人，是最关键、最基础的要素。另外，人工智能是建立在大数据、云计算和算法基础上的，所以，人工智

---

① 尹旭悦、范秀敏、王磊等：《航天产品装配作业增强现实引导训练系统及应用》，载《航空制造技术》2018 年第 1 期，第 48-53 页。

② 涂忆柳、李晓东：《维修工程管理研究与发展综述》，载《工业工程与管理》2004 年第 4 期，第 7-12 页。

③ 谭辉、张洪伟、朱丽：《APS 系统中基于改进的遗传算法的分布式排产研究》，载《计算机应用研究》2005 年第 6 期，第 76-79 页。

④ 郑金驹、李文龙、王瑜辉等：《QFP 芯片外观视觉检测系统及检测方法》，载《中国机械工程》2013 年第 3 期，第 290-294 页，第 301 页。

⑤ 赵烁、陆瑶、王含颖等：《人工智能对企业价值影响的研究——来自中国智能制造试点示范项目公告的证据》，载《投资研究》2019 年第 9 期，第 84-107 页。

能水平提高的关键点就是软件技术，软件的开发和使用对人工智能进步至关重要。也就是说，人工智能软实力增强是"类人"实现的根本。

在制造业中应用人工智能，赋智于生产设备，可以释放生产潜能，可以创造巨大的市场价值，能够带来巨大的社会经济效益，是社会进化的重要体现。

二、五大优势：制造领域的新机遇

机器人可谓人工智能的核心领域，是人工智能各个方面技术发展成效的集中体现。由于传感器的进步，机器人能够完成多类型的工作，在各领域广泛运用。与人相比，机器人的环境适应能力更强，能够应对大量工作。人机合作可实现物流与供应链的精简与优化，从而实现员工工作量减少，休息时间增多，不再因为承担大量工作而难以抽身，还可以替代海外代工，有利于制造业转型升级。归纳起来，人工智能在制造领域具有五个方面的显著优势。

其一，人工智能使制造业得以精简人员，释放劳动力。由于人工智能的发展，越来越多的企业开始使用机器人从事生产制造。在汽车行业中更是如此。"二战"后的美国汽车行业中装配工人的数量高达上百万人，但如今只有几万人。以特斯拉等新汽车公司为例，特斯拉已经将机器人引入来完成汽车的所有装配工作，一方面使工人总数得以降低，释放出大量劳动力从事其他工作。另一方面，汽车质量得以提升，其性能更加稳定。特斯拉每年招聘的 IT 人员数量比较多，却几乎不会招聘装备工人和生产线工人。

机器人的使用使"无人工厂"开始出现。国内越来越多的企业和公司逐步采用机器人进行生产，用机器人传送生产物资和原料，甚至成为典型的"无人工厂"。富士康是全世界最大规模的原始设备制造商（OEM），曾经为了保证电子产品制造，雇佣了130万名工人，因为招聘的工人总数过多，富士康难以成为高福利企业。由于这些问题，富士康对工业机器人研发和应用更为重视，希望能够以此对工人进行替代。其生产岗位对于机器人的需求已经超过上百万台，对工人每天重复大量的工作进行替代，因此，富士康对工人的招聘数量大幅减少。

同样，在物流仓储领域也可以运用机器人来进行工作。比如，亚马逊总计有1.5万台Kiva机器人在全美仓储中心运转，并且该中心通过智能化运营系统的研发与应用，利用算法和数据分析对机器人进行控制，使其有秩序地运行并完成工作。机器人以无线指令订单为依据将货架中货物运送到员工操作区域，接下来分拣人员以客户订单为依据进一步选择并完成分发。这不仅使整个物流过程更加流畅，提高了效率，而且减轻了仓储人员的负担，也大大减少了仓储中心雇用的人员数量。①

其二，人工智能推动批量生产向个性化定制转变。在传统制造业中，产品一旦被设计出来，就会按照已有的设计进行批量制造。机器、设备都按照统一的设计进行配备和调试。若用户需要个性化定制产品，成本就会很高。在生产制造过程引入人工智能以后，只需对产品参数按规范进行设置，机器人就能够实现产品的制造，并且与大规模生产相比，这种制造方式的成本在可接受范围内。

个性化定制已成为目前市场发展的主要趋势。我国实行改革开放之后，制造业企业对西方发达国家进行借鉴和学习，在市场以卖方为主导的情况下，批量生产是企业生产力提升的关键。不过，在生产规划能力提升和物质生活更加丰富的情况下，从客户角度来看，差异化生产能够实现对其个性化和多样化的产品需求更好的满足，由此，以商品服务为附加值的生产模式成为主流。目前，采取批量生产的模式的确能够实现对生产成本的有效控制，但竞争优势却难以提升，通过对青岛红领和维意定制等制造厂商的发展情况的分析就能够发现，实现数字化智能工厂的构建，对于产

---

① 《我是未来》节目组：《遇见未来——21种正在改变世界的神器科技》，江苏凤凰文艺出版社2018年版，第17—18页。

品迭代速度的加快以及推向市场更为有利，由此，批量生产向个性化定制方向发展成为必然趋势。

其三，人工智能将推动制造业重新洗牌、重新定义。企业竞争力会受到资源配置效率的决定性影响。对于制造业来说，有一些关键数据作为决策的依据十分重要，如市场销售、服务质量、采购原料、产品设计、市场需求以及制造和配送等的数据。如果能够利用正确的数据，以正确的方法适时向正确的机器和人进行传递，就有助于保证决策的高效性与精准性，对制造流程中的复杂问题和不确定性进行有效的处理，提高资源配置的效率。

无疑，对重要数据运用大数据技术予以挖掘和分析，可使隐性数据被充分发现，制造业以此为依据进行决策，有利于配置效率的提高，进而促进企业竞争力增强。以戴尔公司为例，该公司从成立到2004年成功的关键就是将人力需求最大的生产环节进行出让，以智能化管理实现所有环节成本的有效控制。不过，当联想等公司也试图采取这种方式以后，戴尔凭借低成本获取竞争力的这个优势也就被泯灭了。而紧跟时代潮流的特斯拉不仅在汽车功能研发方面大量招聘人才，还将设计、生产制造过程乃至售后服务等各个环节，尽量以计算机代替人来完成作业，使汽车这个老行业在引入大数据和人工智能之后，脱胎换骨，获得了全新的定义。

其四，人工智能能够促进制造业生产效率提高、产品质量提升。德国的国宝级企业库卡为全球工业机器人四大家族之一，在工业机器人领域处于世界领先水平。库卡机器人与库卡系统正在世界各地、各行各业处理各种复杂的任务：焊接汽车零件；拧紧洗碗机螺丝；测试电子产品元件；处理医院X光片或放置射线治疗患者；进行危险环境中的作业，如核废料分拣等。

库卡机器人的主要业务是工业机器人。库卡在1973年成功研制出了全球首台具备6个机电驱动轴的FAMULUS工业机器人，从此，库卡开始了它引领机器人技术的新时代。2007年，KR泰坦系列机器人成功上市，可荷载1000公斤①，工作范围达到3.2米。2013年，库卡宣布推出新一代机器人——协作机器人：KUKA LBR iiwa，可谓开创了库卡机器人的新时代；研制出的实现工作速度最快的紧凑六臂机器人AGILUS，则具有灵活性高、工作范围广、安装位置多样等特点，可以在不同的环境下进行精准和快速的工作。

拥有多条机械臂的工业机器人完美体现了人工智能在制造中的优点。第一，效率高。一台特斯拉汽车可能需要十几个人花费1个月的时间组装，而使用机械臂只需要5天，而且它们是"不知疲惫"的，因此，效率非常高。第二，超精准。机械臂的精准度比人类高得多，能够极大地减少在制造过程中出现的失误。第三，减少人员伤害。在制造领域中，人类容易因体力的局限性而有受伤的可能，而机械臂就像影视中的超级英雄——钢铁侠，在工厂中帮助人类完成体力劳动，保护人类。

除了力量，机器人的灵敏性也很高。库卡推出的灵敏型协作机器人LBR iiwa就具有良好的感知能力。内置传感器能够帮助机器人在装配过程中提高灵敏性，比如，宝马工厂差速齿轮组装。各种齿轮组装作业在偏差方面的要求非常高。而且齿轮相对来说更为笨重，因此，组装齿轮的工作对人类的挑战性非常高。但是，在将LBR iiwa集成到生产流程后，工作难度就变得非常小了。LBR iiwa能够将各种齿轮轻松拎起，便捷简单地进行组装。LBR iiwa一共有7个轴，将敏感关节扭矩传感器集成到每个轴上之后，人就可以和机器人实现协同工作，并且具有极好的安全性，不再需要传统的安全防护措施。

最后，人工智能能够助力产品设计。比如，在汽车制造领域非常适用的AR增强现实技术——Meta眼镜。在现实中，一辆汽车从概念设计变为现实需要很长一段时间，而人们的设计理念又是不断变化的，设计师很容易对好不容易才制造出来的产品不满意。Meta眼镜能够很好地解决这个问

---

① 1公斤=1千克。

题。Meta 眼镜能够帮助佩戴人员在实际看到的范围内实现全息影像的叠加，并且可以手动控制，在真实环境中行走，还能看见虚拟物体内部。设计师佩戴 Meta 眼镜后就能够对汽车构建进行动态性和全过程的观察，并且全程参与，在现实空间场景中，随时调整虚拟设计制造的过程，在无须付出大量设计成本的情况下，就可以设计出符合心意的产品。

可见，人工智能是实现制造业绿色、高效、安全和智能化的加速器，在我国智能制造系统发展和创新过程中具有不可或缺的重要性。在不久的将来，人工智能技术必然会在制造业所有流程中得到广泛和深入的运用，为制造业的发展和转型升级奠定更为坚实的技术基础。

三、未来趋势：人工智能与智能制造的无限可能

李克强总理在 2019 年 3 月的政府工作报告中明确指出，要重视工业互联网平台的构建，对"智能+"要进一步发展，赋能制造业的转型与升级。这意味着在我国经济发展以及制造业供给侧结构改革的过程中，人工智能技术会提供巨大的动力。

人工智具有强大的辐射力和产业溢出效应，在企业转型升级过程中发挥至关重要的作用。在信息技术水平和人类创新能力提升的情况下，未来，人工智能在智能制造中将拥有不可限量的前景。

（1）人工智能推动企业转型。人工智能在制造业中的使用可以极大地提升产品整个生命周期的设计、生产、管理和整合能力，能够使生产效率、服务与产品质量都得到很大程度的提升。现今，除了必须安排少量的工人负责机器的运行和维修之外，原本依靠人工进行的作业越来越大程度地被智能化设备所替代。比如，开采煤矿、物流装载、工厂车间的生产制造等，简单、重复、环境恶劣、相对繁重等的作业基本上都由机器人负责。较有代表性的案例是很多汽车企业在生产线中更加广泛地应用机器人，焊接、喷漆以及组装工人的工作大部分都已经被自动喷漆和组装设备

以及自动焊接机器人代替，工作自动化水平显著提升，工人总数大幅缩减。人工智能的快速发展为产业发展提供巨大推动力，也给传统行业发展带来新的挑战和机遇，推动许多传统企业进行转型升级。人工智能与传统行业的结合，能够使传统行业实现跨越式发展。例如，传统汽车制造产业引入人工智能技术，为无人驾驶研发提供了动力。

(2) 人工智能将推动新一轮创新热潮。人工智能是第四次科技革命的核心，其发展程度决定着一个国家未来的综合国力。美、德、日等国都将人工智能的发展放在了极其重要的战略地位，美国已经将优先发展人工智能上升到国策。我国在 2017 年到 2019 年之间先后 3 次将人工智能写进政府工作报告，将人工智能推进实体经济发展、推动科创能力增强等提升到国家战略层面。

(3) 人工智能技术具有战略性特征，对产业和科技发展具有重要意义。我国传统制造业与人工智能的融合才刚刚起步，与西方先进国家相比，在关键零部件和核心技术方面的水平都相对较低。与国际水平相比，对产业机器人制造影响最大的三个因素即减速器、伺服电机和控制器技术水平还偏低。有学者经过研究指出，目前，我国人工智能产业方面仍然存在研发投入不足、核心技术和高端设备等对国外依赖性较强等问题。[①]

我国无论是技术发展还是产业应用都是刚刚发展起来，特别是应用方面，与国外的差距更为显著。根据国家统计局发布的有关数据可知，2019 年，我国工业机器人应用密度大概为每万人 113 台，相比 2017 年 97 台/万人增加了 16.5%，而韩国、日本和德国 2017 年依次为每万人 396 台、339 台和 267 台。对比来看，国内工业机器人应用密度水平偏低，也说明市场发展空间更为广阔。因此，我国人工智能产业有必要扩大发展规模，与实体经济深度融合，提高研发创新能力。为促使人工智能更好地发展，我国采取的是全面推进人工智能基础研究与产业发展并行规划与发展的策略，

---

① 杨云飞、高婉莹、张译方等：《我国人工智能产业上市公司经营效率研究》，载《会计之友》2020 年第 14 期，第 115-121 页。

这与美国一味重视科技产业对人工智能的推动是有所不同的。

我国在人工智能中最具优势的就是大数据领域。数据是人工智能的自然资源，吴恩达将人工智能看作发射飞船，认为两个条件是必要的：其一是火箭（计算机引擎），其二是燃料（数据）。我国具有庞大的人口优势和工业化优势，能够提供其他任何国家都不具备的庞大数据资源。根据相关数据可知，我国网民数量到2020年4月已突破9亿人，这个数字是非常巨大的，自然能够为人工智能提供海量数据。

怀进鹏认为，中国人工智能的发展空间和前景是无限的，主要原因是我国对于产业和科研发展的投资力度不断增大，我国大数据基数在国际上遥遥领先，而且在人工智能方面，产业部署和初步应用也取得了较好的成绩。阿里巴巴、百度、腾讯等许多公司都是在大数据发展的推进下完成了自身人工智能研究系统的构建的。另外，工业互联网、物联网、5G等前沿技术的应用，以及国内"新基建"逐步落地，带动智能汽车、新能源汽车等领域发展速度的加快，都将促进我国人工智能领域更加快速地发展。

我国在人才储备方面的优势也尤为显著，这对于我国人工智能发展也有重要意义。我国正在兴起人工智能研究热潮，新生代对人工智能产生了强烈的兴趣和浓厚的志趣。人工智能以其强大的魅力吸引了几乎所有人的关注。除了国家、企业、学校等在人工智能研究、开发、设计及制造上，持续加大资金投入、培育聚集人才之外，学校、企业和社区等各种机构也经常会举办各种有关人工智能和机器人的展示和活动。即便是幼儿的家长，也很愿意带自己的孩子去参观和体验，甚至很多家长支持自己的孩子去人工智能或者机器人兴趣班学习，以便孩子可以更好地接触和了解前沿科技。关于在校的工科学生和大学生数量，我国是世界各国中数量最高的。自2019年开始，我国共有35所高校获得首批建设人工智能本科专业资格，保证智能研究与智能制造具有充足的人才储备。[①] 学校的专业设置

---

① 《35所高校将设人工智能本科专业》，载《年轻人》2019年第4期，第1页。

中有关信息技术和人工智能更是重点热门专业，提供良好的师资，配备完善的软、硬件设施和系统的学习计划，为学生学习、实践和研究信息技术和人工智能提供了良好的条件和环境，为人工智能新生代人才的培养打造坚实的基础。

世界范围内，人工智能在制造业领域的应用已迎来发展浪潮。各制造大国纷纷加强政策扶持、加大资金投入，在制造业领域引入人工智能等数字技术进行转型升级。有机构预测，全球人工智能市场规模在2025年将突破6万亿美元，年复合提高比例将在30%左右。紧随人工智能的发展热潮，中国的制造领域也正在加快转型升级，智能制造快速崛起。

有学者认为，人工智能的诞生是新文艺复兴，第一次文艺复兴是"人超越了神"的文化革命，而人工智能则是机器超越人类的哲学与科技革命。

四、应对之策：国家、企业与制造转型

人工智能时代，智能制造已成为大势所趋。从2008年全球金融危机开始，各国对实体经济的重视程度都进一步提升，更加重视制造业的发展规模和地位。各发达国家纷纷加大科技投入，制造业向智能制造转型升级，智能制造系统在自适应能力以及人机交互功能方面逐渐取得进展，机器人等智能制造装备获得越来越广泛的应用。

日本是较早注重通过人工智能推进智能制造的国家。日本在1989年就已经推出并制定智能制造系统策略。为应对全国制造业的转型升级，日本在智能制造方面采取了一系列措施，比如，通过机器人革命加快工业型企业的不断转型升级，探索新的产业布局和产业协作方式；利用物联网加快创新制造业与其他领域合作的新型业务。日本尤其关注机器人领域，于2017年在医学方面研制出一个名叫Mikoto的3D打印仿真机器人，主要用于对医学学习者进行日常训练；研制了轻型四脚机器人以协助人类搬运重

物；研制的蛇形机器人能够通过喷射空气装置来越过面前的障碍物；研制出 CarriRo Delivery 快递机器人帮助处理物流事务。日本的及早重视使其在智能制造领域具有明显的特色和优势。①

德国作为一个老牌制造业强国，其"工业 4.0"战略可谓发展智能制造的典范。"工业 4.0"战略主要包括两个方面：其一是在生产系统和信息化生产过程中加强智能化，智能工厂设施实现网络化；其二是在产品生产过程的各个环节、操作设备及科技应用等方面实现与提升智能化水平。德国"工业 4.0"通过物联网、互联网等信息技术手段，完备的智能装备业，以及网络化信息数据、智能工厂产生的数据信息，形成"智能工厂—智能产品—智能数据"闭环，不仅能够实现对相同的客户挖掘出可持续的获利潜力，而且可以从多个角度分析用户需求，实现生产方式全新组合，满足定制化需求。实施"工业 4.0"计划，有助于德国长期在智能制造领域保持制造业巨头的地位。②

为从制造业大国发展为制造业强国，我国高度重视智能制造。2017 年，国务院印发《新一代人工智能发展规划》，人工智能产业开始获得国家政策支持。2017 年 12 月，工信部发布的《促进新一代人工智能产业发展三年行动计划（2018—2020 年）》明确规定，高度支持并激励工业领域所有环节对于人工智能技术的充分运用，必须进一步增强智能制造核心技术装备的创新力，加大对智能制造创新模式的推广力度。国家政策的支持加快推动了智能制造的深化发展，我国人工智能企业总数在 2019 年已位居世界第二，共计 4000 多家，为中国制造业的智能化发展提供了强劲的技术和设备支持。

科技部 2019 年印发的《国家新一代人工智能创新发展试验区建设工

---

① 李廉水、刘军、程中华等：《中国制造业发展研究报告 2019：中国制造 40 年与智能制造》，科学出版社 2019 年版，第 375-376 页。

② 李廉水、刘军、程中华等：《中国制造业发展研究报告 2019：中国制造 40 年与智能制造》，科学出版社 2019 年版，第 376 页。

作指引》提出，到 2023 年要布局建设 20 个左右的试验区，打造出一批具有重大创新引领带动作用的人工智能创新高地。北京入选首个新一代人工智能创新发展试验区，之后上海、天津、深圳、杭州等 16 个城市也先后入选。

2021 年 7 月，世界人工智能大会在上海开幕，开展了百余场论坛活动，参加展会的企业达到 300 多家，充分展示了人工智能技术创新与产业落地的前沿进展。事实上，上海已经连续 4 年举办世界人工智能大会。截至 2020 年年底，我国人工智能产业规模同比增长 13.75%，世界人工智能产业规模同比增长 12.3%，我国的增速明显超过全球平均水平。《2020 全球人工智能创新指数报告》显示，我国人工智能指数当前位居全球第二，仅次于美国，在全球竞争格局中已跻身于第一梯队。

我国制造业的转型升级，必须以人工智能为导向。人工智能有助于制造业实现结构重组、新旧动能之间的转变以及技术升级。企业要在人工智能快速发展的过程中更好地生存和发展，必须牢牢抓紧与机器合作的契机，在研发、生产、管理、服务等方面勇于创新，建立先进的生产体系，提高智能化生产水平。

目前，中国智能制造中成效显著的企业主要是以海尔、美的、格力为代表的白色家电企业，这些企业不再局限于传统制造"低成本、大规模"的优势，而是瞄准智能制造这个"第二赛道"，不断探索创新，成为行业中的佼佼者。

海尔在智能制造领域中勇于探索，创新平台模式。海尔以"创造用户终身价值"的理念为原动力，驱动企业不断创新、制订产品和服务升级措施。海尔推出的 COSMOPlat 工业互联网平台具备我国自主性知识产权，能够有效衔接用户需求和智能制造系统，使产品设计、研发、制造、配送和升级等过程，用户都能参与进来，是全世界第一个实现用户参与并体验整个制造流程的工业互联网平台。① 海尔因其卓越表现，在 2015 年成为国家首批智能制造综合示范企业，2018 年再次获评"国家智能制造示范企业"。

COSMOPlat 工业平台通过构建互联工厂，可以实现企业大规模产品定制，达成降本增效。从 2012 年起，海尔在 COSMOPlat 的支撑下推出互联工厂，通过线上进行产品生产，产品不入库率高达 69%，订单交付周期实现 50%的大幅度缩减，不仅能够有效减少运营资金周转天数，极大地节约了成本，而且大大提升了生产制造效率。目前，该平台已经为 4 万多家企业提供服务，成为世界上最大的大规模定制解决方案平台。②

2019 年 11 月，世界上最先进的市场探究和咨询机构弗雷斯特（Forrester）发布研究报告，提到市场领导者中海尔 COSMOPlat 的位于前列，"与 4.3 万家企业和 3.3 亿客户有效衔接，并据此创造了一个大规模定制的生态体系"。海尔卡奥斯物联生态科技有限公司（海尔智家控股子公司）在 2020 年 3 月 A 轮融资总额就已经有 9.5 亿元，并且卡奥斯 COSMOPlat 创下工业互联网平台 A 轮融资总额最高记录。③ 行业称其发展对我国工业互联网平台升级转型和发展具有引领作用，是行业引导者和未来发展的探路者。

美的极为重视创新战略，其将创新列为驱动自身发展的长效机制。美的通过在 2016 年推出"智能空调数字化工厂"项目，成功进入我国智能制造试点名单范畴。美的通过充分利用移动互联网、云计算、大数据、物联网以及智能制造等先进技术，将制造端供应链系统、营销体系、人力资源管理以及大数据移动化等云服务提供给企业，有效推进企业的智能化、移动化和互联网化发展。

---

① 张金隆：《从"人单合一"模式到"海尔制"——访谈海尔集团张瑞敏先生内容观点摘编》，载《管理学报》2018 年第 10 期，第 949-952 页。
② 张金隆、吴珊、龚业明：《中国智能机械制造评价及发展研究》，载《中国机械工程》2020 年第 4 期，第 451-458 页。
③ 《高达 9.5 亿元！海尔 COSMOPlat 创工业互联网平台 A 轮融资之最》，见快资讯网（https://www.360kuai.com/pc/9881531957cc3851b? cota = 3&kuai _ so = 1&sign = 360 _ 57c3bbd1&refer_ scene=so_ 1）。

2016年11月，美的空调武汉智能工厂完成世界上第一条连接管自动化生产线以及世界上智能化率最大的空调外机柔性生产线，注塑车间、钣金车间以及管线加工等生产区域已经成功实现无人化。美的空调在我国家电行业中生产线的自动化与智能化水平最高，已经实现在质量与物料管理、工艺监控和计划排产等方面的智能化制造，同时，数据化决策、移动化管理、智能化物流、透明化生产和自动化设备在市场上也具有极大优势。美的空调武汉智能工厂的"智能空调数字化工厂试点示范"项目，通过工信部2016年智能制造试点示范公示，成为空调制造行业中的第一个"范本"。① 2017年3月，美的更是完成了对德国机器人巨头库卡集团近95%的股份收购，进行智能制造、工业物联网战略布局。

格力在智能制造领域也取得了较好的成绩。格力始终高度重视自主创新，致力于在研发和制造核心部件方面获取更理想的成果。通过以人工智能技术为核心，格力实现了智能装备自主研发与制造，在装备制造中起到带头作用。经过5年的努力，格力成功实现内部生产线自动化，而且智能装备的自主研发与制造使其生产效率提高了10.5个百分点，同时将定制的自动化解决方案、智能装备产品与服务、工业机器人等提供给用户，在我国智能制造领域中成为龙头企业。②

在新工业时代背景下，智能制造发展是必然的。高端装备制造业以高新技术为基础，是产业链中的重要环节，也是价值链最高端的存在，为工业升级和转型提供动力。智能装备业务对该企业的利润提升产生重要作用，格力智能装备业务在2017年实现21.3亿元的总收入，并且其这一年的项目"商用空调智能工厂"成功进入我国智能制造试点示范名单。③

---

① 《中国制造2025调研行：美的空调武汉智能工厂为"新武汉造"代言》，见新浪博客网（http：//blog. sina. com. cn/s/blog_ c0bf0f3f0102wl0a. html）。

② 《坚持自主创新 掌握核心技术 格力电器向中国智造转型》，见股吧网（http：//guba. eastmoney. com/news，000651，756190054. html）。

③ 刘朔、蓝海林、柯南楠：《转型期后发企业核心能力构建研究——格力电器朱江洪的管理之道》，载《管理学报》2019年第9期，第1265-1278页。

比亚迪始终重视技术创新，以创新和先进的技术获得更多用户，实现更好的发展，是国内唯一一家具备绝缘栅双极型晶体管（IGBT）完整产业链的汽车企业，其技术水平在国际上都非常先进。以比亚迪等企业为核心的电动汽车产业集群，拉动汽车产业向智能、环保、高效的方向不断升级，在国内新车产销量中排名首位。我国国民经济发展中汽车产业是主体。如今，比亚迪的自主创新水平不断提升，通过智能制造促使企业更快更稳地发展，以产品的创新与优质在国际市场占据有利地位。

毋庸置疑的是，加入智能制造的行业必然会不断增多，优秀的智能制造企业也会不断增多。智能制造发展有助于产业生态和谐发展，有利于增强制造业动力，促进制造业升级转型，对我国从制造大国发展为制造强国具有至关重要的作用。

第八章

3D 打印与智能制造:"化零为整"的技术突破

3D 打印与物联网、大数据、云计算、人工智能等技术紧密结合,既能突出本身的独特魅力,又能发挥其他技术的优势功能。可以说,3D 打印技术是制造领域"化零为整"的技术突破,通过直接"革"传统生产流水线的"命"达到了提质增效的神奇效果。

近年来,3D 打印已经从实验室逐渐走进人们的生产和生活之中,从其概念的构建和功能的界定,再到直接应用于智能制造,它都在帮助设计师和制造商释放创意、改善设计、降低成本、提质增效,已成为制造行业推动创新发展、提升竞争能力的新路径和重要工具。尤其是在 3D 打印技术不断发展完善之后,智能制造领域对于 3D 打印的制造属性及其优势的需求最为突出,两者正在走向融合发展之路。

一、与生俱来:3D 打印的制造属性与制造优势

3D 打印,是"3D"与"打印"的复合词,3D 一词来源于英语 three dimensions,意为三个维度,包括长、宽、高;打印是指通过打印机将电脑中的文字、表格、图片与图表等信息记录到二维的纸张上的过程。因此,通俗来讲,3D 打印就是将电脑中的模型数据打印成三维产品的过程,它是在原有二维打印的基础上发展起来的新兴技术。3D 打印又名增材制造、快速制造、快速成型,是一种不断添加材料直至工件完成的成型技

术，即快速成型技术的一种，它是一种以数字模型文件为基础，运用粉末状金属或塑料等可黏合材料，通过逐层打印的方式来构造物体的技术。[1]在克服传统制造业难加工或无法加工的难点的同时，大幅减少了加工过程中原料的浪费。[2]

在制造领域的3D打印技术，主要包括3D打印设备、3D打印软件、3D打印材料、3D打印服务与3D打印配件等构成，如表8-1所示。可见，3D打印技术是一个复杂的系统工程，涉及很多技术的综合。虽然相较于传统的"减材制造"而言，3D打印技术有很大的优势和价值，但要想顺利使用该技术，还需要技术的不断完善和综合应用。

表8-1　3D打印技术构成

3D打印设备	包括3D打印机、3D打印制造设备、快速成型机、快速制造设备、激光内雕机、三维激光扫描、三维激光雕刻机、激光制版、激光设备、三维测量仪、三坐标测量机、三维相机等
3D打印软件	包括照片建模软件、雕刻软件、三维CAD系统、运动捕捉系统、三维摄影测量系统、3DMAX、检测与逆向工程软件、UG、三维检测软件、普及应用3D设计软件等
3D打印材料	包括光敏树脂、塑料粉末材料、尼龙、尼龙玻钎、尼龙碳纤维、尼龙铝粉、Peek材料，金属粉末材料模具钢、钛合金、铝合金以及CoCrMo合金、铁镍合金、ABS、PLA原料等
3D打印服务	包括建模和打印服务、测量和扫描服务、设计和产品定制服务等
3D打印配件	包括耗材拉丝机、挤出机、步进电机、皮带、滚轮、相关配件等

3D打印是一种技术升维发展的结果，它是在传统的长与宽的二维基础上，增加了"高"这项指标，从而出现集"长、宽、高"于一体的打印方

---

[1] 《3D打印》，见360百科网（https://baike.so.com/doc/5337810-5573249.html）。
[2] 王康、黄筱调、袁鸿：《3D打印技术最新进展》，载《机械设计与制作工程》2015年第10期，第1—6页。

案。相较于二维的打印，3D 打印能够直观地分辨打印的对象原型。传统的打印，特别是纸张打印，容易对理解造成困难，譬如，打印等高线地形图，人们只有学会看等高线的专门知识，才能有效辨别。3D 打印则不然。从 3D 打印的整体发展来看，其表现出如下三个方面的特征。

第一，节约材料，降低生产成本。3D 打印最为突出的特征就是节约材料，这也是它叫"增材制造"的原因。3D 打印与传统的"减材制造"在制造的顺序上有所不同，它表现为一种自下而上的生产流程，需要什么材料，直接通过对金属与非金属的原材料进行挤压、烧结、熔融、固化、喷射等制造方式，进行零部件的加工与产品生成，特别适合结构复杂的产品和工艺品。传统的制造方式显示为一种"减材制造"方式，是自上而下的生产秩序，需要对已经加工好的零部件，根据生产图纸进行零部件再加工，这导致材料损失严重，且产出的成品不完全符合标准。在制造材料的节约上，3D 打印可以通过优化生产模型数据结构、减少二次打印、减少生产工艺等方式解决节约材料的浪费问题。在生产流程过长，且工序复杂的传统流水线生产中，零部件的加工造成大量的材料浪费，虽然可对废料进行二次使用，但整体来说，在可以一次性完成标准化生产的 3D 打印模式下，废料的二次使用成本太高。根据 TechWeb 媒体报道，3D 打印巨头 Stratasys 引入 3D 打印技术后，新的解决方案可为每个成品平均节省高达 50% 的成本，其中很大一部分降低成本的源泉就在材料的节约方面。

第二，生产效率高。3D 打印的别名"快速制造"直接反映出该项制造技术的高生产效率的特征。3D 打印运用于制造领域，通过将各种精密生产的软件系统集于一台生产机器中，并以"分层制造，层层叠加"的生产次序取代传统制造领域的多环节生产流程，且在制造过程中，不需要进行零部件的再加工。3D 打印将多个生产环节缩减为一个生产的综合智能化生产系统，使传统的生产线中机器与机器、物与机器的交互时间差造成的时间浪费问题得以解决。"分层制造，层层叠加"的生产次序，零部件的一次成形，产品的一次装配成形，且符合模型数据标准，大大减少了生产环节的时间损耗。所以，就 3D 打印技术而言，流水线的由线到点的"点化"过程与零部件的加工与装配一次成形且符合标准的过程，节约了大量劳动时间，提高了整个制造过程的生产效率。

第三，立体感强。3D 打印技术，其生产的方式与传统制造存在的差异是，它不需要纠结于从产品到零部件的装配过程，因为零部件的生产过程就是产品装配与合成的过程，也即是直接生产单件产品的过程。两个生产过程的综合，减少了零部件之间的结合带来的别扭和不自然。譬如，3D 打印中空结构、多曲面、镂空、复杂活动物件时，产品的产出作为一个整体直接呈现，减少了不必要的人工装配的痕迹，仿佛自然天成，因此，其生产制造的产品具有很强的立体感和美感。

二、前世今生：3D 打印制造能力的演化

3D 打印，单看字面意思，没人能将之与制造业相联系，但它的出现，确实就是制造领域的传奇故事。它在某种程度上颠覆了人们对传统制造业的认知，一兴起就引发人们的高度关注。如果说童话故事中"马良的神笔"有神奇魔力的话，3D 打印技术就是这种神奇魔力的现实版本，它的传奇故事要从 19 世纪末的美国说起。

在 19 世纪末期，美国印刷业发展迅速，印刷中的照相制版技术逐渐发展成熟。这项技术能够将存在于纸板平面的文字或图像凸现出来，呈现出直观的观感和触感，并在此基础上逐渐发展出一种完善的照相雕刻技术，相片的效果更为逼真与写实。与这项技术同时发展的，还有地貌成形技术。这项技术主要是通过一定的手段，将原本存在于平面的地形图进行三维塑造的过程。换言之，就是以地形图为理论依托，在此基础上进行模型重塑，直接制造出一个缩小版的现实地形。这两种技术正是 3D 打印技术的核心理念，为 3D 打印技术的后继发展奠定了理论基础。

进入 20 世纪四五十年代，在美国空军的支持下，最早的数字机床

（数字铣床）在美国问世。这种机器因具有适应性强、加工精度高、加工质量稳定和生产效率高等功能优势而赢得市场信任，经常被用于加工三维空间中较为复杂的物品，如复杂曲线零件和三维曲线零件等。所以，它本身就是一个非常好的三维成品加工机器，只需要将之与加工功能和其他制造环节进行结合，就能实现 3D 打印。也就是说，只需将上述理念与技术相结合，3D 打印技术就发展成型。因此，数控机床成为 3D 打印机的前身。

人类的智慧是无穷的，经过数十年的发展，在 20 世纪 80 年代初，由美国科学家 Housholder 发明的一种叫"快速成型"的技术开始受到关注，这也意味着 3D 打印技术已经发展成熟。但是在这个时期，技术的社会接受程度以及技术市场的响应度不足，所以并未得到快速商业化。没过几年，一款真正可打印出三维效果的打印机问世，并得到了广泛的市场响应，一直持续发展到今天。

总体而言，3D 打印技术的发展，是以照相雕刻技术与地貌成型技术为核心理念，在数控机床的支撑下发展演变而来的快速成型的制造技术，其发展简史见表 8-2。

表 8-2　3D 打印发展简史

序号	时间	事件
1	19 世纪中期到 20 世纪 70 年代	照相雕刻技术（1863 年）与地貌成形技术（1890 年）快速发展，为 3D 打印技术提供了技术理念
2	1979 年	美国科学家 Housholder 获得类似"快速成型"技术的专利
3	1986 年	Hull 开发了第一台商业 3D 印刷机
4	1993 年	麻省理工学院获得 3D 印刷技术专利
5	1995 年	美国 ZCorp 公司从麻省理工学院获得唯一授权并开始开发 3D 打印机

续上表

序号	时间	事件
6	2005 年	首个高清晰彩色 3D 打印机 Spectrum Z510 由 ZCorp 公司研制成功
7	2010 年	世界上第一辆由 3D 打印机打印而成的汽车 Urbee 问世
8	2011 年 6 月	全球第一款 3D 打印的比基尼问世
9	2011 年 7 月	英国研究人员开发出世界上第一台 3D 巧克力打印机
10	2012 年 11 月	苏格兰科学家利用人体细胞首次用 3D 打印机打印出人造肝脏组织
11	2017 年 1 月	科技公司 Bellus 3D 打印人脸 3D 照片
12	2017 年 4 月	德国运动品牌阿迪达斯推出了全球首款鞋底由 3D 打印制成的运动鞋
13	2018 年	荷兰设计周公布，MX3D 打印的人行天桥将于 2019 年在阿姆斯特丹安装
14	2018 年	华盛顿大学的研究人员利用 3D 打印技术，制造出了药丸瓶或假肢等物品
15	2019 年 3 月	第五届广州国际 3D 打印展览会召开
16	2019 年 5 月	第十届上海国际 3D 打印产业展览会召开
17	2019 年 10 月	北京国际 3D 打印展览会召开

[资料来源：《3D 打印》，见 360 百科网（http：//baike.so.com/doc/5337810-5573249.html）。]

对 3D 打印进行历史回顾，有利于我们更好地了解它的"前世今生"和未来发展。历史与现实从来都不是绝对对立的，而是在一定条件下可以相互转化的。"以史为鉴，可以知兴替"，3D 打印在制造领域的角色与地位，在发展过程中越来越清晰。

三、"化零为整":3D 打印赋能智能制造

任何一项技术的发展,都与该项技术能否在更大程度上满足人的个性化需求有关,3D 打印技术也不例外。3D 打印技术在制造智能化时代独具发展的典型性,它与物联网、大数据、云计算、人工智能等技术紧密结合,既能突出本身的独特魅力,又能发挥其他技术的优势功能。可以说,3D 打印技术是制造领域"化零为整"的技术突破,它的发展具备革命性的力量——直接"革"传统生产流水线的"命"。

传统制造是流水线制造,制造业各环节虽环环相扣,但实质是各环节独立地进行生产,最后依托装配技术进行组装,在生产的成本、效率、质量三个方面存在一定的缺陷。3D 打印是一种集成化制造,或者说是一种立体化、整体化的制造模式。这种制造模式的出现,是人类在制造领域谋求"思变"的结果。

3D 打印的整体化、立体化制造带来的巨大价值,在其概念与特征中已经有所凸显。单从技术层面来讲,3D 打印就是制造业的平台化、系统化、智能化的综合体;若从人文的角度看,则表现为个性化、定制化、快速反应的需求反馈系统。可见,3D 打印个性化生产、小规模生产、按需生产,生产中带着对人的关怀,体现着人本主义思想,这些制造理念直接超越了传统制造。

由于如上诸多优势价值,3D 打印直接辅助"分布式生产"(distributed manufacturing,DM)模式的落地实现,将其小规模生产响应一定范围的市场需求的优势发挥出来。这是 3D 打印技术得到普及与发展的一个重要原因。

另外一个重要原因在于 CAD 模型数据与智能算法。以数据和智能算法为基础的 3D 打印模式,其生产过程"化繁为简",将原本的生产过程中的数项工艺环节缩减至 1~2 项,在生产设备上节约了流水线的系统化大规模

生产配置。要生产的产品，经过3D打印机器，直接从图纸变为成品。对产品的设想，完全可以在数据与算法中实现。可以看出，3D打印技术是一个非常强大的工具，它可以创造人们想象到的任何机器，汽车制造、飞机制造、人造组织、艺术品等无疑也将位列其中。

汽车制造是一项非常复杂的系统工程，各个零部件的生产制造都需要高度符合既定的生产标准，所以全球的汽车生产商基本都是零件商或者是后端合成商，很少有独立的公司驻足汽车制造的全部生产领域。但3D打印技术正在改变这种状态，在汽车制造的不同阶段，3D打印技术的应用不同。

在汽车设计阶段，3D打印技术可以保证汽车制造的模型数据的可视化、标准化和可验证，并结合快速成型功能，将产品数据变为实物模型，可以有效优化汽车功能，并对其生产制造的目标进行改进。在此基础上，制造商还能够基于汽车模型数据，在全球汽车生产制造知识产权数据库中进行比对，若存在侵权行为，能够尽早对模型数据本身进行改组，从而避免后期的产权纠纷和高昂的代价。

在汽车试制阶段，我们能够利用3D打印技术对汽车的模型数据进行迅速的个性化生产，并利用产业前后端反馈的数据，柔性化地布局生产规模和汽车的生产结构。在这个过程中，可以有效对其传动能力、平衡能力、车型外观和结构协调性进行试用监测，降低生产企业的试错成本。

汽车的使用阶段是产品生产制造与消费者个性化需求之间的冲突最为激烈的阶段，但凡提供高质量服务的生产制造企业，都将该阶段视为整个产品生命周期中最为关键的阶段。消费者在使用相关汽车产品的过程中，汽车制造商的后继服务能力和水平将对消费者的个性化需求与个性化定制产生重大影响。譬如，传统的生产制造商在应对消费者使用的产品出现问题时的反应速度往往是迟缓的，因为僵化的生产制造模式，对于个性化的特定产品具有一定的抗拒。但是3D打印技术则不同，它可以有效地在短时间内对汽车的零部件进行生产与汽车改组，或者为那些本身就是孤品的汽车进行个性化配置。

总体来说，将 3D 打印技术运用于汽车生产制造，可以最大限度地减少汽车公司对外部零件供应商的依赖，并迅速反映市场需求，在生产的成本、质量、效率上，都将发挥巨大作用。

自 3D 打印技术发展至今，它的存在早已超越理念形态而进入应用发展阶段，并引发一系列政策的制定与市场的关注。仅就我国而言，从 2015 年至今，已经共计发布 8 项对 3D 打印的支持政策，共涉及的国家部门多达 23 个。其中，核心文件有 2015 年由工信部、发展和改革委员会（简称"发改委"）、财政部研究制定发布的《国家增材制造产业发展推进计划（2015—2016 年）》、2017 年 10 月的《"增材制造与激光制造"重点专项 2017 年度项目申报指南》、2017 年 12 月的《增强制造业核心竞争力三年行动计划（2018—2020）》等。从国家政策导向角度可见 3D 打印技术的重大意义。

根据恒州博智数据显示，2020 年世界 3D 打印市场规模约为 154 亿美元，中国 3D 打印规模约为 44 亿美元。预计 2023 年世界 3D 打印市场规模有望达到 349 亿美元。[①] 同时，Mordor Intelligence 在其《2018 年至 2023 年 3D 打印市场研究报告》中提到，2017 年全球 3D 打印市场价值为 83.12 亿美元，预计到 2023 年将达到 353.6 亿美元，5 年期年复合增长率（CAGR）为 27.29%。[②] 从未来发展趋势来看，全球 3D 打印的市场规模将持续扩大，其对制造领域的影响将持续加深。

四、大显身手：3D 打印在智能制造中的应用

随着 3D 打印技术的不断发展成熟，以及它的市场份额的不断扩大，将之与智能制造相结合的应用场景越来越多。尤其是智能制造的产品设计

[①]《3D 打印行业分析：2023 年市场规模有望达到 349 亿美元》，见恒州博智官网（https://www.qyresearch.com.cn/news/3d-printing-i02059.html）。

[②]《3D 打印在智能制造中的价值与应用前景》，见知乎网（https://zhuanlan.zhihu.com/p/41704995）。

和生产环节，3D打印技术发挥的作用和价值越来越大，甚至有直接带动制造业从传统走向现代化的魅力。

总体来看，3D打印技术对于传统制造业的赋能，主要通过两个维度来实现：一是制造产品的设计，二是产品的生产制造。在制造产品的设计阶段，采用3D打印技术后，产品的研发人员可以借助该技术制作出相应的产品模型，在缩短产品研发周期的同时，产品研发成本也降低了许多。在产品的制造过程中，借助3D打印前沿技术，传统制造流程中不必要的环节被有效剔除，材料的利用率也得到了进一步提高。尤其值得重视的是，对于结构复杂、精确度要求较高的产品而言，采用3D打印往往能够取得较好的效果。[①] 下面通过3D打印技术与智能制造相融合的应用情景，更为直观地介绍3D打印技术在智能制造的各个环节之中的作用及其价值。

（一）3D打印与智能制造的模型设计

传统的制造业，其制造的图纸主要是通过手绘的方式来实现的，而在手绘不断演进的过程中，相关的辅助设计的技术便应运而生，主要是用以辅助人们进行手绘的二维图纸设计，如最早的三维计算机辅助设计（CAD）等。但随着3D打印技术的发展，传统的二维设计已经不能满足现实的需求，于是，人们尝试考虑直接从三维的角度设计图纸并用于指导生产实践，从而替代了二维手工绘图的设计模式。在智能制造的早期，都需要进行模型设计，而三维CAD技术的应用，在很大程度上克服了二维CAD的弊端，能够做到更快、更直观地进行模型设计。

运用3D技术制作智能制造模型，主要是利用CAD或建模软件建模，或通过三维扫描设备，如激光扫描仪、结构光扫描仪等来获取生成3D模型数据。在3D思维的影响下，CAD技术从二维向三维的转变和升级，多元数据的充分运用，在很大程度上直接改变了传统模型设计师的设计习

---

① 《3D打印赋能智能制造 按需定制成发展新方向》，见搜狐网（https://www.sohu.com/a/278398036_249199）。

惯，提高了整体模型的设计效率和质量，使得他们更善于从产品效能与用户的维度进行考量，突出了整个模型设计的"顾客即是上帝"的思想和价值关怀。

（二）3D 打印与智能制造的个性化定制

个性化定制，又叫小规模制造和按需定制，主要是指在执行产品生产制造的过程中，能主动站在消费者的维度进行产品设计和生产，甚至直接做到让消费者参与到生产制造的各个环节，让他们参与自己所需商品的定制环节，从而提高定制过程和定制结果的满意感和效能感。

随着社会生产力的不断发展，以及各种生产技术的不断发展与完善，智能制造所指向的消费端具有了更旺盛的需求活力和更高的需求层次，这便对大规模生产制造提出了更高的要求。换言之，传统的大规模生产模式遇到了前所未有的挑战。但是，有问题的地方通常潜藏着机遇，所以，把握 3D 打印技术以解决这些问题，就是抓住机遇的关键所在。

3D 打印技术与智能制造个性化定制方案的实现，主要是借助于 3D 打印技术的平台而实现的。在个性化的 3D 打印平台上，由于它本身具有个性化、复杂化、高难度和制作快速等方面的特点，因此在平台上往往只要生产制造方与消费者之间达成一致的意见，就能非常迅速地实现个性化的生产制造。因为 3D 打印的这些特点，智能制造的生产环节变得更加柔性，同时能直接满足消费者多元化的需求，进而提高个性化定制服务的效率和水平。我们还发现，通常依托 3D 打印技术进行个性化的产品定制，由于消费者自身也是产品模式的设计者，参与产品生产过程这件事对于消费者而言，能够让他们获得更多的成就感和满足感。

（三）3D 打印与智能制造的供应链管理

供应链管理是指对供应链上各企业、部门之间的物流、资金流和信息流进行计划、协调、控制，提高供应链运作效率，降低运作成本，实现效益最大化。运用3D打印技术，能够随时制造和生产结构较为复杂的产品，而不需要繁杂的生产流程进行流水线作业。也就是说，它能在简化生产制造流程方面发挥重要的作用和价值。所以，在整个智能制造的物流供应链中，从生产制造到物流仓储，3D打印技术将越来越受欢迎。

3D打印技术在智能制造中的运用，主要是能实现"面向制造的设计"（design for manufacturing，DFM），这种设计技术是全寿命周期设计的重要研究内容之一，也是产品设计与后继加工制造并行设计的方法。在设计阶段尽早考虑与制造有关的约束，全面评价和及时改进产品设计，可以得到综合目标较优的设计方案，并可采取虚拟实现进行产品设计和仿真制造，以达到降低成本、提高质量、缩短产品开发周期的目的。

面向制造的设计关键在于把产品设计和工艺设计集成起来，它的目的是使设计的产品易于制造、易于装配，在满足用户要求的前提下降低产品成本、缩短产品开发周期。DFM是在产品设计过程中充分考虑产品制造的相关约束，全面评价产品设计和工艺设计方案，提供改进信息，优化产品的总体性能，以保证其可制造性，DFM是并行设计的核心，它是在信息集成与共享的基础上实现产品开发过程的功能集成。

简言之，在3D打印技术支撑下的智能制造，旨在将面向制造的设计贯穿整个生产制造的全过程，各个生产的过程和环节也就不再受到产品的形状和结构的限制，所以，生产的环节、材料和时间都得以大为缩短。生产制造的周期缩短、速度加快，所以供应链的压力也就减小了，因为消费者的需求往往能够通过小规模的生产制造，在短时间内得以实现，而不是等到需求聚集之后再执行大规模的生产予以满足。或者说，3D打印模型就是供应链的库存，只要用户提出相关方面的需求，智能制造工厂就会按需定制，迅速将模型数据变为实际的产品，然后通过供应链物流体系实现生产端与消费端的精准匹配。因此，传统的物理库存已经转化为模型（数据）库存，而消费端又直接连接消费者，所以直接提升了整个供应链的效率和质量。

（四）3D 打印在绿色智能制造中的应用

绿色制造也被称为环境意识制造（environmentally conscious manufacturing）、面向环境的制造（manufacturing for environment）等，是一个综合考虑环境影响和资源效益的现代化制造模式。其目标是使产品从设计、制造、包装、运输、使用到报废处理的整个产品全寿命周期中，对环境的影响（负作用）最小，资源利用率最高，并使企业经济效益和社会效益协调优化。[①]

从 3D 打印技术的发展特点来看，它无疑就是直接面向环境的制造的典型代表。也就是说，它既是面向设计的制造，也是面向环境的制造，更是一种典型的环境意识制造，因为它自身不但能最大限度地利用现有的制造材料，而且是采用逐层制造的方式进行：一方面，它可以直接减少耗材；另一方面，又可以将各种排污标准降到最低。在利用 3D 打印技术进行生产的过程中，它直接取代了绝大多数容易产生污染的环节和流程，并且可以直接使用环保材料替代原来的材料，可减少废气的产生和环境污染。

在将 3D 技术用于智能制造的过程中，法国一组研究人员为了了解这两种工艺的环境影响，对其进行了一个生命周期评估（LCA）。LCA 是一种技术，用于分析产品从原材料提取到最终处置或回收利用的所有生命阶段对环境的影响。通过比较，研究人员发现，3D 打印鞋垫对人类健康、气候变化和资源这三方面的影响分别比传统鞋垫小大约 20%、25% 和 65%。在材料方面，研究人员说："在四个影响类别中，3D 打印鞋垫的影响比传统鞋垫小 65%。"[②] 根据这个研究小组的研究结论，3D 打印在制造过程中，

[①]《绿色制造》，见百度百科网（https：//baike.baidu.com/item/%E7%BB%BF%E8%89%B2%E5%88%B6%E9%80%A0/861730? fr=aladdin）。

[②]《3D 打印比传统制造更保护环境？》，见搜狐网（https：//www.sohu.com/a/152575499_99912082）。

无疑能为环境保护做出突出贡献。相比于利用其他技术进行生产，它能在很大幅度上缩短制造过程，制造的产品对于人类自身的健康产生保护作用，而且对于气候变化和资源耗材方面有着更为明显的价值。简言之，将3D打印技术用于智能制造场景，能够节约制造原材料，同时能缩短产品制造的相关环节，尤其是那些会产生污染物的环节。所以，基于3D打印的智能制造无疑是新时代绿色制造的首选。

虽然3D打印技术被称为21世纪最具颠覆性的技术之一，但由于多方面的因素限制，当下的3D打印技术仍未完全发展成熟，这就直接制约了它在智能制造场景中的应用技术推广。从目前来看，3D打印技术运用还普遍存在如下四个方面的问题。

一是成本过高。3D打印的成本过高，一方面是源于市场没有被完全打开；另一方面是源于它自身的技术研发成本过高，系列的技术集成需要的人力、物力和财力成本过高。

二是材料的限制。3D打印对于材料的要求极高，除了少量的聚合物塑料、少量的金属和陶瓷等材料之外，大多数的材料都不能作为它的"吞吐"材料。也即是说，它的打印材料及其种类都是非常有限的。那么，在制造行业中的应用也只能专门设计能够使用这些限定的材料的打印机，而不是其他。

三是打印效率偏低。相比较于传统的减材制造来说，3D打印作为增材制造的典型应用，它在执行制造任务的过程中，基本都是以不断累积和叠加的方式，把诸多复杂的结构和巨大体积的零部件打印出来，并且在打印过程中要兼顾产品的结构和功能。此外，它的打印方式是以直线成型的方式，与之前的那种旋转式成型模式相比，显然速度慢很多。

四是打印质量较低。目前的3D打印产品，在质量方面还是难以与传统的那种浇铸成型的产品相媲美。尤其是一些打印出来的产品，很难直接作为零部件投入使用，而是作为一种工艺品或者是原型使用。

以上这些3D打印问题，是在技术发展中产生的，还需要技术的进一步发展来逐渐完善。

  首先，降低使用成本。加快技术研发，不断地探索低成本创生3D打印技术的策略。一方面是直接降低3D打印的技术成本，另一方面是出台相关的政策、标准，促成3D打印技术从粗放式发展向精细化发展转型，使之具备走向市场的潜力，并通过市场这只"无形的手"来拉动它的发展完善，辅之以牵引更多3D打印主体参与其中，自然就能降低它的使用成本。

  其次，突破材料限制。既然3D打印的发展会受到使用材料的限制，那么，我们就要尝试研发适合用于3D打印的新材料，尤其是研发那些能够与传统材料相媲美的新材料。当然，从3D打印技术本身出发，突破材料限制的问题也未尝不可。至于目前的打印，机器都是围绕可打印材料而专门设计的机器，如果能够研发制造出更为通用的3D打印机，也是能够解决该问题的。

  再次，提高打印效率。欲提高3D打印的效率，需要考虑它能够快速成型的机制。从其原理上讲，能够直接决定其打印效率的就是进料速度、喷头移动速度和打印材料的凝固速度。所以，提高打印效率，一是提高3D打印机的进料速度，二是提高打印喷头的移动速度，三是使用高速凝固的材料作为打印材料。

  最后，提高打印质量。3D打印作为制造技术的一个种类，既能够快速成型，又能打印结构复杂的事物。但在这个过程中，由于使用层层叠加和不断增材的方式，造成了打印的产品的硬度和韧度较差。对此，一是可以考虑在具有成型特征的材料上继续打印，利用材料的原始结构力提升成型产品的结构力；二是可以考虑打印材料的纹理走势，弄清楚打印材料在何种情况下能够最大限度地提升产品的硬度和韧度，以便于改进3D打印机或者材料，从而满足其高质量打印的要求。

第九章

边缘计算与智能制造：制造业功率、成本与延迟的再审视

边缘计算作为智能制造行业新一轮的加持技术，依靠广泛的应用场景和系统化的网络架构，极大地提高了制造系统的运行功率，缩短了延迟，降低了生产和运行成本，使智能制造中的整个生产系统呈现智能化、联网紧密化、运行迅速化、反应灵敏化的趋势。随着边缘计算在智能制造领域应用的不断深入，智能制造正在以新的态势昂首阔步地迎接"智造"时代的到来。

如今，越来越多的制造企业引进边缘计算，其高速处理技术也成为为制造业开辟"新大陆"的关键技术。相信在边缘计算的赋能下，未来的智能制造还会迎来更多的发展可能和更大的发展空间。

一、技术互补：边缘计算助力"智造"变现

当前，新一代信息技术正在以史无前例的速度发展着，大数据、5G、云计算、物联网、人工智能、区块链、数字孪生和边缘计算等新兴技术已成为智能制造行业不能回避的话题。人工智能的出现无疑是人类社会发展的一个转折点，智能技术也已成为人们生产、生活和工作中必不可少的"神器"。近年来，国际著名咨询公司高德纳（Gartner）每年都会发布本年度的新兴技术周期曲线和下一年度十大战略技术趋势，对当今的智能新技术的发展趋势进行预测。其中，边缘计算和边缘智能与人工智能、大数

据、区块链等技术的排名处于并列的地位，多次出现在高德纳公司的咨询报告中。

边缘计算的发展与大数据、云计算和物联网技术密切相关，其核心在于保障网络边缘侧应用的实时性问题。边缘计算的适用性比较广泛，针对不同领域的应用场景，实时性问题的表现方式也有差别。在制造领域，人工智能、物联网等智能技术已经为制造自动化铺好了道路，为制造业向智能制造方向转变打下坚实的基础，后续的发展还需要像边缘计算这样的新兴技术优化制造行业。

如今，已有很多制造企业走上了数字化和智能化的转型之路，制造业的这一转变不仅会改变人们的传统制造意识，也会改变整个制造行业的运作方式。同时，许多从事制造业的人则会随时担心机器人取代自身的工作岗位。在这种面临失业的特殊情况下，很多人都开始尝试去寻找一个平衡点，并将这些技术与员工的工作相结合，进行一种更加高效和快捷的协同式工作，以提高整个企业的生产效率和产品质量。此外，还有一部分企业在看到人机协作的优势后，引入了"工业+物联网"的概念，并不断对其技术进行更新，以确保他们向智能制造的方向转型。

物联网将以数据为中心的信息技术（IT）和以流程为中心的操作技术（OT）相融合，使得制造业的流程更加一体化和简洁化，能够更好地适应市场不断变化的需求。经过制造业与物联网的深度融合，现代制造业的大多数设施都引入了工业物联网的概念，将制造业的自动化程度提高到新的水平。

物联网已被证明是智能制造工厂中的关键推动因素，但也存在很明显的局限性。尽管工业物联网在性能方面与前几代制造技术相比有诸多优势，但支持工业物联网的设施还需进一步改进和革新。例如，人们还可以通过采用更智能化的手段在提高效率方面下功夫，以至于延伸到每个智能制造环节的末端触角处，而像这种需要进一步实现的目标，正好促使边缘计算概念的诞生。

边缘计算是集先进网络技术、人工智能等于一身，横跨通信、计算机、自动控制等多领域的综合性技术。2016年，美国韦恩州立大学的施巍松教授给出了关于边缘计算的一般性定义："边缘计算是指在网络边缘执行计算的一种新型计算模型，边缘计算操作的对象包括来自云服务的下行数据和来自万物互联服务的上行数据，而边缘计算的边缘是指从数据源到云计算中心路径之间的任意计算和网络资源。"[1] 边缘计算产业联盟（ECC）给出了关于工业互联网智能制造领域边缘计算的定义：边缘计算是在靠近物或数据源头的网络边缘侧就近提供边缘智能服务，满足行业数字化在敏捷联接、实时业务、数据优化、应用智能、安全与隐私保护等方面的关键需求。[2] 在制造业的利用方面，边缘计算可以使现有的制造流程更加智能化和自主化，从而提高响应能力和敏捷性。

边缘计算作为解决物联网固有局限性的方案，成为各企业及组织实现智能制造所探索的新技术。边缘计算在智能制造中的应用，意味着物联网网络的大部分处理和存储元件都在向着数据收集点和需求端采取行动的地方靠近。这也意味着在制造行业中，将工业物联网的思维和决策能力分配到更接近感知和行动能力的地点。在这一结构体系中，制造商可以把物联网带来的好处进行最大化，同时，也将其局限性所带来的风险和影响降到最低。充分使用边缘计算的制造商可以提高制造系统的响应能力、可靠性，以及将成本最低化等。

首先，在提高响应能力方面，将边缘计算应用于智能制造领域的优势之一是可以使网络延迟最小化，即可以缩短请求传输到数据中心所用的时间、数据中心处理信息的时间以及信息返回时的响应时间。在边缘计算中，最经常需要的处理模块离端点更近，所以延迟就大大减小了。

---

[1] Shi W, Cao J, Zhang Q. "Edge Computing: Vision and Challenges". *IEEE Internet of Things Journal*, 2016（5）: 637-646.

[2] 《边缘计算参考架构3.0》，见边缘计算产业联盟网（http://www.ecconsortium.org/Uploads/file/20181129/1543443431522383.pdf）。

其次，提高可靠性。如果工厂在尝试使用边缘计算助力智能制造，那么，该工厂内所有运营所必需的处理组件都可以在现场获得。分布式制造单元也将不再依赖于与中央数据中心的持续连接，出现沟通失误也不会影响生产运营，并且会确保工厂内不间断的运营。加之边缘计算网络中存在多个存储点和数据处理点，所以这些网络不会仅仅因为硬件故障和网络攻击或者其他原因而丢失数据。

最后，成本最小化。在制造业中，由于处理和存储能力分布在整个供应链中，因此，制造商可以降低大容量云服务器和大容量数据传输的成本。将边缘计算用于制造业中企业在云端上的数据，不需要进行远距离和大量传输，从而将设置、维护或订阅高带宽连接的成本降至最低。

通用（GE）自2012年提出"工业互联网"的概念后，随即推出Predix平台。之后，西门子以及其他各大主流IT企业都推出了自己的IoT平台，将边缘计算融入制造业当中。特别是作为全球电子电气工程领域领先企业的德国西门子股份公司，很早便开始积极跟进数字化、信息化、智能化等未来工业技术发展趋势，全面布局企业数字化转型升级。

面对工厂的不断升级，西门子也一直致力于为用户提供完整的数字化解决方案。西门子作为能在产品研发与制造过程以及工厂管理的完整价值链上提供"数字化双胞胎"（数字孪生）的企业，从产品的数字化双胞胎到生产上的数字化双胞胎再到性能上的数字化双胞胎，都提供了完整的虚拟和现实解决方案，改善了虚拟和现实结合的闭环过程。西门子凭借"数字化双胞胎"这一优势，携手中国各行业企业打造数字化企业典范。在中国，越来越多的OEM厂商也利用数字化工具，对企业内的设备进行数字化双胞胎设计。数字化双胞胎后的企业不仅能在很大程度上缩短产品设计完成后的"调整"时间，还能进一步缩短产品的上市周期。

譬如，在疫情防控期间，口罩成为全球需求量最大的必需品。在疫情防控期间，很多厂商期望能以最快的速度来生产口罩机以满足市场庞大的需求量。这时，许多厂商利用西门子的数字化双胞胎理念，利用相关软件对口罩机进行设计,并对口罩设备在虚拟环境下进行设备设计和调试。企业通过建立产品和设备的数字化双胞胎,极大地加速了将口罩设备推向市场的速度,提高了疫情期间口罩市场的供给效率。

在万物互联、万物智能的时代,各个行业都如火如荼地走上了数字化和智能化的转型之路,边缘计算在这一过程中扮演着重要的角色。可以说,边缘计算的崛起将更好地为企业的数字化转型赋能。在边缘计算出现之前,企业的生产车间在进行层级相关应用的开发和维护时,成本极高。若要将操作技术和信息技术进行融合,需要企业有非常专业的技术。而边缘计算则可以直接为企业提供一个平台,通过这个平台,企业的工程师在车间层级就能开发出新型的应用项目。

边缘计算将 IT 和 OT 的优势相结合,让 OT 领域内的工作人员在底层使用自动化语言时,就能为上层的分析人员提供数据,而数据分析专家则可以在底层直接获取相关数据之后进行数据分析。由此可见,边缘计算在 IT 与 OT 的交流中起到了桥梁的作用。

边缘计算与人工智能技术互补,共同助力智能制造的发展。近年来,人工智能技术已经在多个领域中发挥重要作用,而人工智能与传统制造业的结合使生产变得更加灵活,效率得到大幅提升。但人工智能在制造业的底层应用时,它的模型需要不断地进行迭代和升级,而此时,边缘计算恰好能够提供更好的技术支撑。在采集本地数据并进行分析和处理时,边缘计算能够将采集来的数据发送给人工智能,人工智能又可以及时地在边缘计算端进行运行分析,以防止数据信息泄露,产生"1+1>2"的效果。

2020 年 5 月 7 日,西门子公司通过云端相聚的新方式,举办了西门子数字化工业集团工厂自动化事业部的线上媒体沙龙,相关负责人重点论述了工业人工智能和工业边缘计算的结合与应用,并指出这样能够让当前最好的工业自动化变得更好。西门子作为传统的工业企业向数字化转型的先驱者,在智能制造的浪潮中利用边缘计算使企业持续焕发活力。

随着边缘技术的发展,制造行业的技术迭代升级的速度日益加快,目前，它已成为工业互联网智能制造过程的有效手段。相信在未来的一段时间内，边缘计算将被越来越广泛地应用于工业生产过程之中。紧抓边缘计算的发展方向、加快边缘计算技术的落成，将会大力提升工业互联网智能制造发展的速度。

二、应用场景：边缘计算引发的数据处理革命

自20世纪60年代以来，互联网计算行业经历了三次重大的变革。在互联网技术发展初期，企业以及用户的计算设备基本上是大型机。到20世纪80年代，分布式技术开始出现，较小的服务器逐渐取代大型机成为主流。21世纪伊始，云计算的出现成为互联网技术回归集中的契机，在这种集中式的模式下，计算以一种服务的方式被提供给用户。如今，边缘计算已经成为第四次变革的计算开端，成为爆炸式增长的物联网需求的关键赋能技术。

边缘计算强调计算机在"边缘"方面的作用，即它在处理数据和运行应用程序时，可以将一些功能服务的实现由中心服务器下放到网络边缘的节点上。如果说第三次变革中的云计算是集中式大数据处理，那么第四次变革中的边缘计算则可以被理解为边缘式大数据处理，即数据不用再传到集中的云端，在边缘侧就能解决。

如此一来，边缘计算在处理数据时，就拥有了诸多先天优势。一方面，边缘计算在很大程度上减少了中间传输数据的过程，可以更加实时、迅速和便捷地处理数据，提高了机器处理数据的能力。另一方面，由于边缘计算与云端服务器无须交换过多的数据，因此对于网络带宽的需求更低。由此可见，边缘计算可以极大地提高设备处理数据的效率，在制造业方面的应用前景十分广阔，其高速处理数据的技术也为制造业开辟了新的可能。

在无人驾驶领域，无人汽车需要在高速移动状态下对周围环境做出快

速反应。在这种状态下，安全成为制约无人驾驶技术落地的第一要素，难以达到技术的超高要求，成为无人驾驶尽管集中研发了这么多年，却始终没有完全落地的原因之一。虽然现在已有无人驾驶汽车，但目前市场上的智能汽车的最高级别只能达到 L3（美国汽车工程师学会按照智能化程度将智能汽车划分为 5 个等级，即 L1 辅助驾驶、L2 部分自动驾驶、L3 有条件自动驾驶、L4 高度自动驾驶、L5 完全自动驾驶），如奥迪 A8（全球首款达到 L3 级别的无人驾驶汽车）和比亚迪、百度等推出的智能汽车。

L3 作为有条件自动驾驶的汽车类型，在行驶中遇到突发状况或路况不符合自动驾驶时，仍然需要驾驶员手动操作。在不要求驾驶员必须操控方向盘的准则下，若行驶中遇到突发情况，驾驶员如何做出正确的反应以及事故发生后的责任界限就比较模糊了。

在这种情况下，响应时间成为无人驾驶技术中一个极其重要的指标。只有将时延控制在一定的范围内，无人驾驶才有成功实现的可能。要想缩短时延、提高传输效率，就必须借助边缘计算。5G 时代的来临，为边缘计算赋能无人驾驶助力。5G 作为最新一代的通信网络技术，依靠增强移动宽带，高可靠、低时延，海量机器类通信三大优势，加以边缘计算的应用场景，成为开发 L3 及以上的无人驾驶汽车强有力的技术支撑。

智能驾驶，其根本就是通过先进的通信网络，将汽车车辆的传感器所收集到的所有信息进行集合处理，然后根据信息处理的结果给车辆下达驾驶命令。目前的智能汽车的安全等级之所以只能达到 L3，主要是受车辆中央处理单元性能的限制，而中央处理单元主要用于处理车辆传感器所收集到的信息。所以，在边缘计算出现以前，无人驾驶车辆遇到的所有信息都被传输到云端处理，也就是运用云计算来指导车辆行驶。

车辆在高速行驶中会产生巨大的数据量，并且对时延的要求在 $1\ m/s \sim 10\ m/s$ 之间。目前，汽车数据在云计算网络中往返传输的时延高达 $343\ m/s$，与规定的时间限制相差较多。边缘计算则刚好弥补了云计算的不足。移动边缘计算平台可以直接在网络的接入端进行布局，可以在最大限度上缩短数据传输过程中所消耗的时间，平台分布则可以很好地解决海量数据处理以及海量终端连接的问题。如此一来，边缘计算既解决了传输速度的问题，又解决了信息计算的问题。

在工业互联网中，其终端数量庞大，所产生的数据不仅多，而且比较杂，不同的终端设备所面对的业务需求有可能是完全不同的，在不同的应用现场，数据处理需求过于碎片化。如果依旧沿用云计算的方式，会产生无法满足具体业务的需求或造成大量网络资源浪费的弊端。而边缘计算的计算存储能力可以直接下沉到设备边缘，在设备端直接处理数据，产生的结果可以直接用于指导现场设备的生产制造。边缘计算甚至不需要连接外网，就可以解决边缘侧需求多样化的问题，达到降低生产成本和提高生产效率的目的。

正是由于边缘计算这种快速的处理能力，制造业迎来了新的可能。作为我国本土综合实力强大的大型IT企业之一的浪潮集团有限公司，在业务涵盖云数据中心、云服务大数据、智慧城市、智慧企业四大产业群组的基础上，为全球120多个国家和地区提供IT产品和服务。浪潮作为国内服务器龙头企业，与山东移动共同携手，将5G网络与边缘计算相结合，以浪潮智能工厂为试点，力图将浪潮产业园打造成一所现代智慧工厂。

浪潮智能工厂是一座集智能化、自动化、模块化、数字化等于一体的智能型模范工厂，该厂内的制造产线是服务器领域第一条信息化高端装备智能制造产线。在浪潮智能工厂中，各生产单元之间的物料运输都是由无人搬运车（automated guided vehicle，AGV）、有轨制导车辆（rail guided vehicle，RGV）和激光叉车完成，可提供的定制化服务器产品超过100种类型。

在济南产业园服务器生产工厂中，浪潮将5G与边缘计算相结合，建设出新型的ICT基础设施，浪潮将智能制造和"互联网+"相融合，设计出面向客户需求的网络下单、定制设计、柔性生产和全流程智能化控制的现代智能型工厂。

浪潮智能工厂中的新型 ICT 基础设施，包括 5G 网络、边缘计算平台、视频网联平台，在这些基础设施的基础上，浪潮致力于打造包含智能巡检、AGV 调度系统、一体化智能运营管理系统在内的三大应用场景，将智能工厂中的生产及运营管理朝着自动化和智能化的方向发展。

浪潮智能工厂的边缘计算平台是浪潮依托于 5G 网络，将计算能力与网络能力抽象化为服务后对外开放，实现云网、云边、云端相互协同，使行业应用全方面、高效率、快节奏地部署到网络边缘，满足高速率、低时延、业务本地化的应用创新需求。

浪潮智能工厂的视频网联平台将 5G 网络和边缘计算能力结合后，可以在边缘机房处理大量数据，使得大量数据在本地就得以处理，而不用完全传输到"云"，可以降低端到云的访问频率，从而降低企业的建设成本，提高视频网联服务平台的处理效率和服务能力。边缘计算平台的部署，可以轻松实现数据处理不出工厂，在很大程度上保证工厂数据的安全。同时，浪潮智能工厂可以将 5G 低时延传输能力与工厂的边缘计算平台能力相结合，实现在毫秒内完成前端采集到后端数据传输，进行极速的数据分析处理。

浪潮在建设基于 5G 边缘计算的智能工厂的过程中，利用 5G 高速率、低时延、高可靠的特性以及边缘计算的平台能力，最大化实现工厂智能化生产和运营管理。浪潮智能工厂自落地以来，工厂的自动化管理、运营效率以及资源利用率都得到大幅提升。工厂的自动化设备基本能够保证 24 小时稳定生产，浪潮智能工厂在节省人力资本的同时，将工厂内由不规范生产所引发的人员伤害等事故的发生概率降低，在很大限度上保障了生产的安全性。

在疫情防控期间，应国家需求和山东省工信厅的批准，浪潮集团智能工厂紧急复工，为国家生产用于防疫的服务器等信息化产品，成为我国抗疫的坚实力量之一。浪潮智能工厂依托 5G 网络、边缘计算、大数据、人工智能等信息科技手段。在一周内完成了国家 1500 台服务器订单任务交付，积极助力国家打赢这场防疫阻击战。

三、网络架构：边缘计算在智能制造中的技术蓝图

随着物联网和云计算产业的发展，众多企业对于时延、传输成本等比较敏感的应用场景的技术化需求越来越强烈。同时，由于工控信息智能化的发展，虚拟实体融合系统愈来愈在靠近物或数据源头的网络边缘侧实现，对网络、计算、存储、应用等核心能力进行融合逐渐成为趋势。

我国在移动通信领域已经取得了进一步的发展，5G 在我国商业应用领域的广泛启动带动了工业领域的智能化进程。5G 三大应用场景之一的"低功耗大连接"要求能够提供具备超过千亿网络连接的支持能力，满足高速率的连接数密度指标要求。高密度连接和海量数据对时延和功耗方面也有了新的需求。要想解决这一难题，就要缩短设备中源头和目的地之间的距离，网络架构设计便应运而生。

网络架构是为设计、构建和管理通信网络而提供的一个构架和技术基础的蓝图。网络构架定义了数据网络通信系统的每个方面，包括但不限于用户使用的接口类型、网络协议和可能使用的网络布线的类型。网络架构作为通信连接的一种网络结构，成为缩短设备运行距离的一个强有力的中介。所以，边缘计算与网络架构之间的融合设计就成为智能工厂的一个最新热点。

然而，边缘终端设备的快速普及使得云端融合环境呈现出边缘设备数量庞大化、类型异构化、网络拓扑动态化、数据海量增长化、应用多样化等特征，给基于边缘计算的云端融合带来新的挑战。[①] 类似于企业依赖公有云一样，在数据和设备激增的压力下，他们迫切需要边缘计算架构体系。同样，物联网在未来将实现爆炸式增长，物联网设备也会以成倍的速

---

① Zhou Y, Zhang D. "Near-end Cloud Computing: Opportunities and Challenges in the Post-cloud Computing Era". *Chinese Journal of Computers*, 2019, 42 (4): 677-700.

度增加。在相关传感器和设备不断更新的情况下，海量的数据也在不断增加，企业为了提高其操作效率和安全性，就会无限释放物联网的潜力，为高效且有效地处理这些海量设备所产生的数据，边缘计算网络结构不失时宜地成为首选。

在传统的云架构之中，工厂及企业的智能基本是在云端，网络所要综合考量的因素就是信号覆盖和网络质量的问题。在端系统数据处理能力需求的持续且迅速增长的环境下，很多应用场景已自顾不暇，所以开始将应用处理转移到边缘。这在一定程度上将网络边缘的重要性提高并且智能化，"端"也就成了辅助设备工作的强有力支持。

将"端"智能化，不仅可以解决低时延的问题，实现工业到用户、企业到用户的实际场景的紧密连接，而且能将内容与计算能力下沉，提供智能化的流量调度。业务的本地化，使内容尤其是热门内容成功实现本地缓存，极大地提升了解决方案的效率。

2019年7月17日，微软正式宣布与曾长期垄断美国长途和本地电话市场的AT&T（美国电话电报公司）公司联手开展5G、AI、云和边缘计算创新。微软和AT&T将合作共同创建边缘计算的解决方案，利用5G使信息处理能力从设备和集中数据中心转移到网络的边缘。此外，两家公司还将在公共安全和工业计划方面展开合作，包括集成的物联网设备和网络安全解决方案。

微软和AT&T所讨论的早期应用涉猎广泛，包括高端、轻薄、时尚的增强现实眼镜，以及几乎能实时追踪使用者自身和附近同伴的轻型无人机。此外，这两家公司还将目光放到了游戏领域，试图让边缘计算在游戏中发挥作用，并提到Game Cloud Network游戏公司，该公司开发了一款基于微软Azure的5G游戏。

随着各工厂和企业对于边缘计算和5G的部署，中国龙头企业华为技术有限公司发布《面向5G的边缘数据中心基础设施白皮书》。该白皮书开创性地提出了边缘数据中心基础设施的发展和建设思路，包括业界专家、设备厂商、客户等在内的 29 位专业人士，对未来边缘数据中心基础设施的综合思考、观点看法以及未来预判，都已统摄在白皮书中。白皮书不仅融合了华为在国内外边缘数据中心基础设施建设实践的阶段性成果，还系统性地为 5G 边缘数据中心基础设施建设提供理论支撑和指导思路。

当然，不仅限于华为，越来越多的企业都在积极探索边缘计算的实际应用，大力推动边缘计算的网络架构在智能制造工厂中的实现。早在 2017 年，Linux 基金会就发起了一个名为 EdgeX Foundry 的新项目。该项目意在为 IoT 计算和可互操作的组件构建一套开放的框架，其核心在于通过软件平台建立一个互操作框架，该软件平台与硬件和操作系统完全无关。EdgeX Foundry 有意使参与项目的各方在开放与互操作的物联网方案中自由协作，无论他们是使用公开标准还是私有方案。

其实，EdgeX Foundry 主要针对的是物联网器件的互操作性问题。当前大量物联网设备所产生的海量数据需要与边缘计算密切结合，但是物联网的软硬件和接入方式的多样性使数据接入功能实行起来比较困难，对边缘计算应用的部署也就产生了一些影响。而 EdgeX Foundry 的生态系统可以解决这一互操作的问题。截至目前，这一项目已有多家企业支持，其中不乏 Dell EMC（戴尔易安信）、SamSung（三星集团）、AMD（美国超威半导体公司）和 Cloud Foundry 等知名企业与组织。EdgeX Foundry 的推进经验也为许多企业和工厂提供了更为开放的发展思路。

面对制造业高质量发展的边缘计算对运行模式和网络的增量需求，智能技术需要进行不断的探索和升级。此外，工业互联网中边缘计算环境存在计算、网络和存储等资源且具有异构性、动态性、分布式和零散化的特性。[1] 边缘计算可应用于智能制造中的多个场景，不同的场景对设备计算能力的需求各不相同，这就需要在实际操作中设计出不同的数据处理模型和统一的边缘计算架构。

---

[1] Chen B T, Wan J F, Celesti A, et al. "Edge Computing in IoT-based Manufacturing". *IEEE Communications Magazine*, 2018, 56 (9): 103–109.

总的来说，利用边缘计算实现智能工厂已是大势所趋。如何将边缘计算、5G、大数据、区块链和网络架构系统融合于智能制造之中，从而实现工厂的高度智能化仍有待广大开发者与各企业乃至全社会人来共同努力，只有这样，才能尽早实现这一智能蓝图。

四、凸显优势：功率、成本与延迟的再审视

边缘计算所具有的应用价值，就是可以为用户带来更快、更好的体验，实现从用户端到制造端的智能化服务。边缘计算得到越来越广泛的应用无疑与其功率的提高、成本的降低和延迟的缩短有密切关系。在人工智能时代，5G、人工智能、区块链等技术应运而生，边缘计算的功率、成本与延迟又会与这些各具特色的智能技术发生怎样的碰撞？

众所周知，边缘计算并非一个新鲜词汇，早在2003年，作为内容分发网络的CDN和云服务的提供商AKAMAI就曾与IBM合作"边缘计算"。经过十多年的研究、完善与创新，边缘计算不仅成为一项发展较成熟的技术，同时还被应用于多个领域，特别是工业互联网领域。边缘计算所取得的技术性突破，将本地设备无法完成的任务交由云端处理，大大提高了设备的处理效率，减轻了云端的负荷。

2019年作为5G元年，标志着5G正式被全面启用。5G下的各种新兴应用，一方面，需要处理大量的数据，并且在处理数据时对实时性的要求也非常高，甚至达到了"毫秒级别"。另一方面，在处理数据时，还必须保持时刻在线，数据没有延迟，这对于传统云端来说几乎不可能做到。面对这一比较棘手的问题，边缘计算的高功率与低延迟如同一场及时雨，解决了这一困境。边缘计算在处理数据时，从设备端处理直接简化至边缘端处理，降低了处理数据时的成本。

边缘计算技术凭借低时延、低传输成本、数据与计算本地化等特点，成为5G与万物互联时代的重要支撑技术。智能时代的边缘计算在服务现

有业务发展的同时，也在为个人及行业的创新应用助力，形成了一个以边缘计算为中心的多接入场景。

中国不仅是智能技术发展最快的国家，而且也是应用最广泛的国家之一。作为全球前三、中国领头的服务器厂商的浪潮公司，提前嗅到了边缘计算在 5G 时代所带来的新机遇，在边缘计算领域中频频占得先机。2019 年 2 月 25 日，浪潮在西班牙巴塞罗那举行的世界移动通信大会 MWC 2019 中，发布首款基于 OTII 标准的边缘计算服务器 NE5260M5。NE5260M5 是浪潮专为 5G 环境设计的，可承担包括物联网、MEC（移动边缘计算）和 NFV（网络功能虚拟化）等在内的 5G 应用场景，适合用于边缘机房的恶劣环境。

NE5260M5 具有体积小、性能强和扩展性佳的优势，可以通过不同的配置覆盖不同的边缘应用场景，还能满足高性能的 AI 训练应用，支持高负载的 AI 推理应用，或者获得训练与推理混合的应用灵活性。边缘计算还处在发展与优化的阶段，未来，边缘计算的负载会越来越大，也会越来越复杂。

浪潮在为 5G 的建设提供高稳定性、低延迟的计算平台的同时，也在推动边缘计算的实际产业落地。从浪潮、中国联通、中国移动、中国电信和 Intel 等公司共同发布的《OTII 定制服务器参考设计和行动计划书》中可以看到运营商行业面向电信应用的深度定制、开放标准、统一规范的服务器技术方案及原型产品。

在过去，数据中心基础设施基本是集中化和规模化的，所以大型共享数据中心的资源和效率比小型服务器机房更多、更高，这在一定程度上降低了成本，从而使当今人们可以获得一系列意想不到的在线服务。随着科技不断进步与发展，物联网、虚拟现实、流媒体以及自动驾驶汽车等新的应用，需要以非常低的延迟提供大量数据。为了解决移动终端（尤其是低成本物联网终端）有限的计算和存储能力以及功耗问题，需要将高复杂度、高能耗计算任务迁移至云计算数据中心的服务器端完成，从而降低终端的能耗成本，延长其待机时长。① 同时，企业为了使他们的服务设备更靠近最终用户，以引进边缘计算的方式突破了这一瓶颈。

数据中心供应商根据边缘计算的特性和企业对边缘计算的需求，提供了模块化的"微型"数据中心，并配备自己的电源和散热设备。集中化的处理方式是由规模经济驱动的，这就使得规模较大的数据中心在运营时成本更低。施耐德电气公司也认为边缘计算资源实际上可能比集中式云计算服务的成本更低，其发布的《边缘微型数据中心部署的成本效益分析》白皮书充分论证了在电力容量相同的情况下，分布式微型数据中心的运营成本比集中式数据中心运营成本要低得多。

计算任务迁移至云端的方式不仅带来了大量的数据传输，增加了网络负荷，而且引入了大量的数据传输时延，给时延敏感的业务应用（例如工业控制类应用）带来了一定影响。② 为了有效解决移动互联网和物联网的快速发展的高网络负荷、高带宽、低时延、低成本等需求问题，边缘计算不断被各大企业及工厂关注，在此过程中，边缘计算自身也在不断发展、完善和延伸，并衍生出5G+边缘计算、移动边缘计算等的实际应用。

移动边缘计算的提出引起了世界的广泛关注，特别是欧洲电信标准化协会（European Telecommunication Standard Institute，ETSI）的成立，将深入研究移动边缘计算的具体服务场景与技术要求等，让移动边缘计算在智能技术的支持下，赋能现代智能工厂与企业，乃至人类生存与生活的方方面面。

2020年新冠肺炎疫情的暴发给全社会的生产和生活带来了巨大冲击。在疫情的影响下，居民不只是出行受到限制，在就业方面也一再收到企业

---

① Liu J, Ahmed E, Shiraz M, et al. "Application Partitioning Algorithms in Mobile Cloud Computing: Taxonomy, Review and Future Directions". *Journal of Network and Computer Applications*, 2015（48）: 99-117.

② Ahmed E, Akhunzada A, Whaiduzzaman M, et al. "Network-centric Performance Analysis of Runtime Application Migration in Mobile Cloud Computing." *Simulation Modelling Practice and Theory*, 2015（50）: 42-56.

推迟复工复产的通知。但是,"危"与"机"往往是相伴相生的。疫情防控期间,企业普遍提高了对智能制造、数字化转型的认识与自觉,这成为智能制造由试点转向全面推行的契机。

随着我国疫情的逐渐好转,国家出台的新型基础建设政策明确表示,要坚持对工业物联网智能制造等重点产业的支持。智能制造在疫情防控期间频繁被提及,同时,也受到相关发展政策的支持和鼓励。智能制造作为新型基础建设中的重要组成部分,能够提升企业的创新能力,优化生产和管理。我国的智能制造依靠完整的制造业产业体系和广泛的应用场景,在打造制造业高等教育和职业教育人才和发展新兴技术企业的基础上,在全球的经济体系中已经名列前茅。面对新一轮智能技术——边缘计算的加持,智能制造逐渐实现智能产品(smart product)、智能服务(smart service)、智能装备(smart equipment)、智能产线(smart production line)、智能车间(smart workshop)、智能工厂(smart factory)、智能研发(smart R&D)、智能管理(smart management)、智能物流与供应链(smart logistics and SCM)、智能决策(smart decision making)等智慧化操作与管理。

由此可见,智能技术发展到今天,已经取得了不少的成绩,但即便如此,发展之路还在继续。未来,智能制造将在边缘计算和其他更多新兴技术的赋能下,成为惠及国计民生的一大产业。

第十章

5G 技术与智能制造：制造业转型升级的新动能

作为新一代移动通信技术，5G 具有万物互联、低时延和低功耗、更高速率等优势，是第四次工业革命的基石和数字经济的新引擎。运用 5G，可以改变工厂中的连接方法，实现人机设备无线接入，实现以业务特点为基础，针对性地选择相应的切片网络服务，对远程操作方式和维护方式进行优化以及对工业互联网平台的接入能力进行提升等，对传统制造业向智能制造转型具有重要作用。

作为"智能+"时代下重要的移动通信网络模式，5G 可实现 10 Gbps 的传输速率，主要优势在于速度快、稳定性强和低延迟，有"数字经济新引擎"之称，不仅是新技术新产业发展的前提，而且为智能制造和"工业4.0"奠定了重要的技术基础。

一、5G 技术的诞生：数字经济的新引擎

5G 全称为第五代移动通信技术，是 4G 通信技术的延伸。中国网络通信三大运营商在 2019 年 10 月 31 日对 5G 商用套餐进行了正式公布，并于次日上线。5G 的正式商用，标志着 5G 已经以一种较成熟的技术走入大众的生活中，这是 5G 的起点，也是 5G 时代到来的象征。

信息传递技术是人类文明进步的标志之一。信息的传输对人类和人类社会的发展起着非常重要的作用，每一次人类文明的进步无不与信息传递

的进步密切相关。

有学者通过研究人类发展历程中信息传输的方式及其对人类文明进程的影响指出,迄今为止,人类信息传输技术的发展经历了7次大变革。

第一次信息革命发生在远古时代,人类通过语言开启了人类智慧,造就了人类社会。

第二次信息革命发生在大约5000年前,人类通过文字的发明开始了人类文明的创建历程。

第三次信息革命大约从2000年前开始,纸张、印刷术和书籍使人类实现了信息的大量远距离传输,促进了新思想的发展。

第四次信息革命发生在19世纪末20世纪初,无线电的发明使信息的远距离实时传播成为可能,人类社会开始进入近代文明。

第五次信息革命发生在20世纪30年代,电视开始出现并逐渐普及,代表多媒体正式诞生,使信息远距离、大规模和实时性传输得以成真,对人类社会文明发展起到重要的推动作用。

第六次信息革命发生在20世纪70—80年代,信息传输水平在互联网的快速发展下产生飞跃,引爆当代网络文明。互联网实现了传统信息载体全部特征的集成,即多媒体、远距离和实时性,而且与传统的单向传输信息相比,互联网的双向互通信息实现了信息传输的突破性发展。电子邮件、浏览器和网页技术、Windows操作系统的发布、QQ、网游、博客、微信等,带来了一个信息大爆炸的时代。

现今,第七次信息革命已经拉开帷幕。具有更加强大功能的智能互联网已经被运用到社会生产和生活中,即将给世界带来巨大的改变。"智能互联网不仅仅是互联网,人们常说的互联网是传统互联网,主要是实现信息的高速度传输。智能互联网是在传统互联网的基础上,由移动互联、智能感应、大数据和智能学习共同构建的功能更全面、更强大的智能化信息传递体系。"①

移动通信技术是智能互联网最为基础和关键的技术，从最早的 1G 到现在的 5G，移动通信技术经历了 5 个发展阶段。当然，从 1G 到 5G 的变迁不只是时间上的速度变化，也是系统上的升级更新。

移动通信发展至今已经 100 多年。1897 年，马尼克乘坐圣保罗号游轮在大西洋上航行，接收到从距离 150 千米外的怀特岛发出的无线电报，移动通信就此诞生。这个看似微不足道的事情却在 100 多年的发展过程中使人和世界之间的沟通联系模式彻底改变，也将世界上各个科技龙头企业发展中的跌宕起伏充分展现出来。不过，对于世界无线电通信的发明人是谁这个问题，学术界的争议还比较多，但人们普遍认可 1897 年为移动通信元年。

为实现随时随地实时通信，美国开始着手研发新技术。摩托罗拉在 1969 年研发全球首部概念手机，该公司一位名为马丁·库帕的工程技术员则在 1973 年成功研发出全球首部民用手机，使得手机正式定型。第一代手机对于各个用户手机的区分与识别以频率为根据，与真正意义上的手机还有一定的差距。贝尔实验室在 1978 年研发出高级移动电话系统，这也是全球首类通信不会受到时间和地点限制的大容量蜂窝移动通信系统。该实验室还在芝加哥开通了第一个模拟蜂窝商业试用网络，使多人同时以无线的方式打电话的技术成为可能。随后，各工业国都开始着手通信系统的研发，推动了移动通信扩展的速度。人类开始进入第一代移动通信时代，也就是 1G 时代。

摩托罗拉是 1G 时代的标志性企业，它研发了移动电话，并且成为世界上提供 AMPS 系统设备最重要的供应商。凭借着对移动手机的发明和不断的技术更迭，摩托罗拉的市场逐渐由本国扩大到全世界范围。摩托罗拉在中国开设以 BP 机为主业的工厂为切入点，迅速打开了中国市场并大获

---

① 项立刚：《5G 时代：什么是 5G，它将如何改变世界》，中国人民大学出版社 2019 年版，第 41 页。

成功，扩大了全球市场的发展势头。

（1）中国是第一代移动通信技术的追随者。中国大陆首家寻呼台在1983年于上海正式开通，自此，我国也开启了BP机的应用与研发。BP机用户之间沟通，首先，呼叫方需要致电寻呼台将寻呼BP机号、自己的电话号以及姓名进行告知，然后挂断并等待被寻呼方打电话过来。寻呼台话务员在计算机中输入双方用户信息，并通过计算机控制发射机向对应的BP机进行呼叫。最开始BP机仅支持呼叫，被呼叫用户必须致电寻呼台方可获取需回电号码。1984年，广州开通数字寻呼台，回电号码可直接显示在BP机上，其应用便捷性大幅提升。

除了移动寻呼之外，广东省在1987年完成第一个TACS模拟蜂窝移动电话系统的构建，第一代"大哥大"被正式引入我国。当时"大哥大"的价格高达2万元，且像砖头一样笨重厚实。

"大哥大"就是第一代移动通信的代表，使得移动电话语音传输得以实现，解决了最基本的通信移动性问题。不过，这种方式是通过将声音转化为电波来传输，再把接收到的电波转变成声音，所以安全和品质方面难以得到保证，外界干扰造成的影响较大，还有容量小等缺点，难以满足人们的需求。

（2）移动通信技术的第二代在功能上实现了更大的提升。首个全球移动通信系统（GSM网络）于1991年在欧洲建成，标志着2G时代的开启。2G通信技术通过声音向数字编码转化，然后传输编码，再将编码转化为声音，稳定性和安全性更好，并且具有较强的抗干扰能力。2G网络的传输速度也被提升到9.6 Kbps。GSM与IS-95（CDMA）系统是2G通信系统中最典型的技术系统。2G时代推进了很多新兴产业链的诞生和发展，促使经济效益大幅提升，典型的有诺基亚、爱立信等，这两大公司得到了非常快速的发展，在世界范围内成为遥遥领先的手机厂商与通信设备供应商。2G手机在功能方面也得到了很大的提升，不仅实现了接、打电话的自由，而且增加了来电显示，可以发送短信。手机技术快速发展使手机的应用更为广泛，它已经不再只为少数人所拥有。但用户总数的迅猛增加，以及多媒体诞生，导致 2G 在速率与容量上遇到很大的挑战。

（3）第三代移动通信技术进一步提升，在进入 3G 时代后数据通信得以发展，与 2G 相比，通信速率提升了 30 多倍。移动互联网发展势头迅猛，而且带宽大幅增大。体制问题、远近效应、多径、多址干扰以及时延扩展等问题都得到了有效解决，频谱利用率也得以提升，全球面临的系统容量难题得到有效解决。除此以外，3G 设备还具有价廉、品质高的优点。3G 手机不仅能实现高品质通话，还能进行多媒体通信，包括数据信息和语音的发送和接收、动态和静态图像的发送与接收等，并可以与电脑互通传输。

随着 3G 时代的来临，1995 年，中国移动和中国联通先后完成 GSM 数字电话网的开通，爱立信和诺基亚等跨国公司也对这一市场发展前景非常看好。全球移动通信行业面临再一次重整，商机无限，大企业以及中小企业都力争在 3G 通信行业中占据一席之地，其中，以华为和中兴为典型代表。

当前，华为是我国重要企业。20 世纪 90 年代，华为公司在拥有强大实力的跨国公司面前完全没有优势。华为在建立时的发展战略为"农村包围城市"，尝试通过以偏远农村为出发点抢占大企业暂时无暇顾及的市场。但是由于当时华为的知名度不高，很多地区电信部门完全不了解华为，甚至不知道这个公司，根本不买账。此后，华为经历过漫长的严冬，最终看到了春天。可以说，华为的成长史在某种程度上就是中国现代通信技术领域的成长史。

3G 作为移动通信的转折点，实现了移动通信的诸多可能，也打开了移动新世界的大门。国际电信联盟在 2000 年 5 月发布了第三代移动通信标准，我国提交的 TD-SCDMA，和美国提交的 CD-MA2000 及欧洲提交的 WCDMA 并称为 3G 时代三大核心技术。3G 时代，中国的移动通信从之前的一味跟随开始了加速追赶的步伐。

(4)第四代移动通信代表互联网时代的正式开启。4G将3G与WLAN融合起来,达到前所未有的传输速率,传输与下载图像、音频和视频的速率都能超过100 Mbps,高速度给了人们很好的体验。视频播放原本是以电视为主体,在4G时代也开始向互联网转移,视频点播和直播迅猛发展,对人们沟通和娱乐方式的改变起到重要影响。

4G为我国经济发展产生的推动力是毋庸置疑的。人们不仅可以随时随地上网,而且图片、音乐、视频等都可轻松下载或在线播放。4G带来的不仅是应用上的扩展,更是速度上的提升。例如,人们在3G时代中浏览器页面加载每秒十几千字节,而4G时代每秒能够高达十几兆字节,人们随时随地玩游戏、看视频和直播已经不再是幻想。

不仅如此,4G还催生出新的产业和商机。4G时代,有淘宝、京东、苏宁等贯穿人们衣食住行的巨头企业,有以腾讯为代表的社交娱乐王牌,有以微博、抖音等为主的直播、短视频领域的新兴产业。智能手机中应有尽有的App,为人们的大部分社会生活提供满意的服务,智能定位、共享单车、移动支付、移动电商、共享汽车服务成为人们日常生活必不可少的部分。4G谱写了人类许多新的篇章,也开创了世界的诸多奇迹。中国主导的TD-LTE与LTE FDD成为4G两大标准之一。4G时代,中国的移动互联网凭借全面的网络覆盖能力和强大的服务整合能力,开始全面超越美国。

(5)第五代移动通信也在逐步开启,将为世界改革和发展提供更巨大的源动力。5G技术将推动实现大数据、智能感应、移动互联和智能学习等高效融合的智能互联网时代。5G并不仅仅意味着高速,还将具备前所未有的低功耗、万物互联和低时延等优势。

5G时代的网络传输速度比4G快数百倍,移动通信峰值速率比4G提高了30倍。举例来说,一部1G超高画质电影不到1秒即可下载完成。5G速率的提升也将会带来资费的下降,最大限度地增强用户的上网体验。由全球移动供应商协会GSA提供的最新报告可知,投资SGP(3rd Generation Partnership Project,第三代合作伙伴计划)标准的5G网络的运营商共有

321个,有62个运营商(分布在34个国家)正式发布5G部署策略,46家提供以3GPP为基础的5G商用服务,5G发展速度不断加快,其用户数量也大幅增加。①

5G的研究远远不止于此,早在4G牌照发放之前,我国就已经进入5G的研究阶段。一般来说,移动通信为10年一代,人类社会在步入5G元年之际,已在众多领域中开创出"5G+"的局面。IHS Markit和Omdia在发布《后疫情时代的5G经济》报告时预估,到2035年,5G将创造13.1万亿美元的全球经济产出,仅5G价值链就将创造3.8万亿美元的经济产出。2035年,我国在5G的推动下,GDP会提高10000亿美元,可为我国1000万人提供就业机会,这是高新技术发展的新水平,为数据经济发展提供强劲动力。

移动通信是智能化的基础。5G的到来,使智能互联网具有更强大的发展动力。比如,移动支付是很早就有的概念,不过2G和3G时代的通信能力相对较弱,支付延时、响应慢等导致其无法持续发展。4G时代的网络信号得到很大程度的提高,并且覆盖面更大,因而我国移动支付在全国范围内实现应用。5G时代,智能手机及其他各种移动智能产品将通过智能感应等技术,更深入地连接和影响人们的生产生活,并逐步实现人-物互联和万物互联。

需要说明的是,5G代表移动通信的同时,更是我国高技术产业发展的动力和希望。如今,我国高技术产业已经从传统制造逐步转变为智能制造,5G技术的不断进步和完善,从企业的转型到整个产业生态变革,为人类生活带来翻天覆地的变化,推动社会实现数字经济的变革。邬贺铨院士明确指出,5G受到产业生态发展的重要影响,自主创新非常重要,改革开放也必须持续进行,构建可靠性更强、安全性更高的5G产业生态。② 目

---

① 刘典:《5G正成为大国科技竞争的制高点》,载《证券日报》2019年10月19日第A03版。
② 《全球逾30个国家宣布部署5G商用网络,韩国用户最多》,载《高科技与产业化》2019年第8期,第19页。

前，符合 5G 标准的全球立项中，中国高达 21 项，欧洲 14 项，美国 9 项，日本和韩国分别为 4 项和 2 项。由此可见，5G 时代，中国移动通信开始实现向并跑、领跑的重大转变。

二、5G 技术的应用场景：eMBB、mMTC 和 uRLLC

随着 5G 商用的正式启动，5G 在物联网的环境下逐渐与各个行业相结合，在数字化转型的过程中发挥无可取代的作用。国际电信联盟（International Telecommunications Union，ITU）对 5G 应用的 eMBB、mMTC 和 uRLLC 这三大场景进行了定义。①

增强型移动宽带场景（eMBB）以通信性能为核心，利用 5G 网络促使移动媒体流带宽与速率不断提高，推进无缝连接覆盖面更加广泛，用户体验更好，如沉浸式的多维高清视觉技术使用户能够体验到身临其境的感觉。

5G 将拥有令人叹为观止的高速度，下载速率可达 1 Gbps 到 10 Gbps，甚至只需要一秒钟就能够完成一部高清电影的下载。这种高速度在所有智能技术移动终端产品上的应用，将会给大量的业务和应用带来革命性的变化。在 5G 时代，不仅传统视频业务的体验度得到提升，而且运营机制和市场发展机遇也不断增多。比如，5G 的到来将会极大地改善 VR 的体验，VR 产业无疑将突破传输速度的瓶颈，获得大发展。

随着智能设备的日益升级和人们需求的不断增加，越来越多新的智能设备不断被开发出来，需要用到无线网络的设备越来越多，当今无线网络的频谱带宽和网络容量已经难以满足消费者的需求。标准化机构 3GPP（3rd Generation Partnership Project，第三代合作伙伴计划）制定的增强型移动带宽策略以输入输出大规模和高速率天线阵列为核心，该方案可以提供

---

① 李晓华：《5G 的重要性与中国的赶超机遇》，载《人民论坛》2019 年第 4 期，第 12-14 页。

高频谱效率、准确的信道预测，并用于大规模输入输出的应用，能够对非常高的数据速率、用户密度和流量、容量进行支持，在无缝覆盖、热点场景以及移动性较强的场景中适用性很好，对于数据速率提升也非常有利。

增强型移动宽带技术使得人们平时上网的带宽会变得更宽，速率变得更快，如果按照峰值来比较，5G 的峰值速率是 4G 的 100 倍。这一技术创新满足了消费者对移动数据无止境的需求，例如 AR、VR 以及特殊需求游戏在大容量和带宽数据方面都能得到满足。一些商家不失时宜地抓准时机，实现自己所处领域的 5G 运营策略与部署，不仅获得更多的经济效益，还能为消费者提供更好的服务和极致的体验。

2019 年 8 月 8 日举行的中华人民共和国第二届青年运动会（以下简称"青运会"）的开幕式首次采用 5G+VR 的形式，让观众感受 5G 技术的强大魅力。该运动会的 5G 智慧场馆是由中兴通讯与山西移动协同设计的，青运会 5G 示范区位于太原市晋源区的山西体育中心主场馆旁边，这是我国首个 5G 运动会示范区，并且是由 1 个主窗口和 3 个小窗口共同构成电视屏幕。也就是说，观众可在 4 个角度对开幕式进行观看。

此次青运会也作为全国首个 5G 运动会，是我国首次在大规模综合运动会直播中运用 5G 技术，这对于我国的 5G 技术和智能设备以及工作人员来说都是极大的考验。当然，对于观众来说也是一种全新的体验。为了促进青运会试验的顺利完成，自 2018 年开始，山西移动部署 5G 就已经开始。省内第一个 5G 试点于 2018 年 10 月完成建立，其后，青运会场馆和太原市地标 5G 站点部署先后完成建设。山西移动于 2019 年 1 月在大同还完成了以 VR、5G 高清和无人机为基础的单板滑雪 5G 现场直播，这一系列的部署和试验为此次 5G 运动会打下了坚实的基础。

山西青运会 5G 直播成为 5G+VR 应用的一个标杆案例。青运会直播涉及的设备、传输、边缘制作以及播出等所有环节，通过直播的成功得到了实际验证，也为未来探索 5G 直播体验提供了无限的可能性和广阔的应用前景，无疑不会仅仅在直播和转播娱乐节目和体育赛事领域中应用 5G 视频。中国移动 5G+计划的有效推进为人类提供了更多便利，让人类生活的家园更美好和谐。因此，5G 与高清，5G 与 VR、无人机等的有效融合在民生改善、生态保护和社会治理等方面必将发挥非常重要的作用。

mMTC 场景指的是通过 5G 尽可能实现所有设备联网，相互影响和作用，实现万物互联，基本需求主要包括高连接密度、低功耗和低成本。

（1）5G 能够实现万物互联。在 5G 时代，智能终端产品除了无人机、智能电器、智能手机和平板之外，还会有更多新型的产品被研发，甚至已有的家电产品、生活用品、制造业中的机器、设备、工具、公共设施和用品等都可以通过配备安装感应装置而变成智能设备，连接网络，最终共同构成万物互联的智能物联网世界。因此，5G 联网设备连接总数会大幅增多，从最初的几亿提高到十几亿，甚至有可能上百亿。越来越多的设备可用于大数据的收集，从而将产生更大量的数据，这也使受制于有限数据规模而发展缓慢的人工智能获得丰富的数据支持，促使人工智能应用的发展不断加快。

（2）5G 能够大幅降低功耗。目前，华为主导的 NB-IoT 和美国高通等主导的 eMTC 技术使功耗得到很大程度的降低。智能产品的通信都需要消耗能源，比如，手机和智能手表都需要经常充电才能使用。当越来越多的智能产品都连入网络时，充电和换电池将成为一个大问题，降低功耗就成为必不可少的重要条件。除了能源的消耗问题，功耗太高将导致人们需要花大量的时间来为如此之多的智能产品更换电池或充电，才能维护其正常使用，这无疑是不现实的。

在设备连接数量不断增多的情况下，对于低数据速率和低功耗的需求就更为急切，海量机器类通信可以提供无线技术以实现与复杂度较低和成本更小的设备进行连接，所以，海量机器类通信是以机器为中心的通信，它是扩大 5G IoT 所需的关键技术。5G 以技术层面推进物联网技术的优化，物联网技术功耗是最急需解决的问题，也是最关键的问题。面向广域物联网，3GPP 提出窄带物联网技术，通过特定终端速率实现对天线复杂度

(SISO)、终端发射功率和带宽应用的降低，优化技术性能。实施海量机器类通信的物联网连接解决方案还可用于智能照明、追踪资产、流程监督控制、流程改进以及废物处理，等等。

（3）5G技术成为研发智能家居、打造智慧城市的有利推手。近年来，随着智慧城市的发展和普及，我国的照明需求快速升级，不仅城市的照明设备一直在更新换代，而且许多乡村和偏远地区的公共场所中也安装了照明设备，促使照明行业发展空间更为广阔，经济增长趋势也更为迅猛。特别是在城市，路灯在城市照明中占据主要地位，对该产业发展有巨大的推动力。在5G发展的推动下，智慧路灯成为将各种先进技术融为一体的全新的设施，在建设智慧城市过程中发挥重要作用。

在国家政策的支持下，在5G技术快速发展的背景下，智能路灯产业的发展空间更为广阔，市场规模也不断拓展。2020年3月25日，德勤科技、传媒平台、电信行业与中国联通协同制定了《5G赋能智慧城市白皮书》，并通过云发布的方式展现给大众，对5G时代智慧城市建设与发展方向进行预测，致力于推广5G在交通、治理、环保和安防等方面的运用。白皮书不仅为产业应用5G技术作出指导，也为人们对于5G技术支撑下的智慧城市的美好前景勾画蓝图。

除此之外，5G在医疗、高铁、工业等方面也初现苗头，并发挥了重要的作用和影响。作为通用网络技术，5G成为全面建设数字化社会的关键基础设施，5G技术和各产业有效结合，实现信息产品与服务的创新发展，改变了人们传统的生活和工作模式。5G作为当今新兴热门技术，其强大的功能与作用必然会在各领域得到广泛和深入的运用，推进传统产业发展模式的创新，同时也为创新创业提供更加广阔的空间。

uRLLC场景对可靠性和时延的需求最为重视，一方面，对端对端信号传输要精准控制；另一方面，要保证将原本的几十毫秒的时延控制在几毫秒，或者不高于1毫秒，在远程医疗、智能网联汽车和工业控制等领域具有重要应用价值，也是通信网络日后发展的关键特征。

低时延是 5G 的主要优势之一。在 3G 时代，时延通常是 100 毫秒左右；到了 4G 时代，时延在 20 毫秒到 80 毫秒之间；而 5G 时代能够将其控制在 10 毫秒以下，甚至不高于 1 毫秒。5G 网络的这个优势，不仅将带来自动驾驶、智能交通体系和无人驾驶飞机的大发展，而且将在工业制造领域大显身手，有利于制造业升级转型，对智能制造领域发展也起到重大的推动作用。

高可靠、低时延通信是 5G 的一个全新业务场景，也是 5G 范围内关键使用的场景之一。该场景主要用于满足用户对安全性的需求，并且具有严格的可靠性和延时的要求的新兴业务和应用程序。LTE（Long Term Evolution，通用移动通信技术的长期演进）网络使移动网络的时延迈向100 毫秒的突破，满足人们对游戏、视频、数据电话等应用的超高要求。5G 网络的出现，在较大程度上将时延降至更低，为一些对时延要求更高的应用提供成长和升级的环境。

低时延在智能制造领域具有重要意义。在工厂自动化方面，智能制造刚刚开始，自动化时代也刚启动，工厂设备对于连接性的依赖更强，5G 是智能化过程中的核心技术。工业制造对时延有着极高的要求，比如，用高速运转的数控机床加工高精密零件时，只有停机指令及时得到传达且机床及时作出反应，才能保证零件的精密度。低时延需要边缘计算等大量技术以及传统网络的配合来实现。在工厂应用方面，5G 在海量数据处理过程中可靠性更强，并且能实现智能装备与机台的连接，为工厂的自动化生产提供养分。

在自动驾驶领域，车联网被认为是未来市场，发展潜力巨大的同时也是技术性最复杂的领域。典型的自动驾驶就是将汽车培养成可以快速移动的人工智能。拥有自动驾驶技能的汽车需要敏锐地感知外部环境，并在感知环境后迅速对所处的环境进行判断，进而达到控制行动的目的。自动驾驶技术的每一项功能都是技术难关，能确保用户的安全和汽车的可靠性，使人们更加信任自动驾驶，5G 为自动驾驶发展和商用性规模推广提供重要推力。

自动驾驶的开发,需要相应的通信技术做支撑,自动驾驶汽车研发必然是在通信技术优化升级的基础上实现的。5G 技术作为全新的通信技术,为提升自动驾驶的可靠性和安全性提供保证。麦肯锡公司预估,自动驾驶引入 5G 技术后,至 2025 年,5G 技术能够对原本可能在交通事故中死亡的 3 万～15 万人的生命予以挽救,这体现了 5G 技术具有较高可靠性的作用。

上汽集团、中国移动以及华为在世界移动通信大会期间联合在嘉定车联网试验区演示远程驾驶过程。这次演示在世界移动通信大会展馆中的远程驾驶操控台由中国移动展台进行构建,智能驾驶汽车名爵 iGS 由上汽集团独立研发,车在距离远程驾驶台 30 多千米的嘉定。

在演示的过程中,5G 环境由华为和中国移动联合构建,并且将很多高清摄像头安装到 iGS 车辆中,实现多个角度全面实时性地向远程驾驶台发送现场高清视频,在现场对上行传输速率进行检测,结果显示达到 50 Mbps。驾驶员根据接收到的高清视频在远程驾驶台进行相应操作,每个动作操作后只需要不超过 10 毫秒就能够被在嘉定的车辆成功接收并完成对应操作。

自动驾驶技术凭借 5G 网络的大带宽、低时延的优势,实现远程自动驾驶,其发展前景非常广阔。尤其是在地势危险和极端环境中,如地基压实区和矿区等,若采用远程驾驶技术操控车辆,工作效率将显著提高,同时人力也能实现更大化的节约。远程驾驶是对自动驾驶的进一步补充。以共享汽车和租车为例,一位驾驶员能够对若干汽车进行管理,也可以管理处于偏远位置的汽车,能够利用远程驾驶技术对汽车进行移动,使车辆的应用率大幅提高。

三、5G 技术服务智能制造:信息化与工业化的深度融合

智能制造是以在生产所有环节和流程中实现自主决策、智能配置、自我预测和感知等功能为主要目标的生产,实现基于智能化的全自动化生产

过程，使生产过程一直保持最优的状态。若要实现这些目的，必然离不开5G通信技术，具体包含极高的传输速度、低时延、极高的可靠性和连接密度以及非常低的功耗等。在5G快速发展的推动下，智能制造产业面临的挑战和机遇也在增多，必须深入推进、不断创新，让5G成为智能产业发展的跳板。

5G是由若干先进技术构建的综合性体系，而不是单纯的一项技术。5G作为一种先进的通信技术，相比以往，拥有完全不同于传统移动通信的诸多特点，能够有效满足智能制造的通信技术需求。其中，高速度、低功耗、低时延、万物互联等是5G最为突出和重要的特点，能够为智能制造的深化发展提供重要保障，而这些特点则是由5G的多种相关核心技术来保障的，比如，最为关键的有网络切片技术、多接入边缘计算、D2D通信，等等。

（1）网络切片技术。网络切片是5G按需配置网络的一种实现，可以针对不同的业务场景，将所需的网络资源灵活动态地在全网中面向不同的需求进行分配及能力释放，以满足不同应用场景对网络的要求。同时，切片中网络功能模块能够被灵活部署，以业务需求为依据，在若干个分布式数据中心完成部署。传输过程中的延时以及堵塞等问题可通过网络切片技术得到有效解决，进而实现网站服务器处理能力的增强。利用NFV/SDN技术能够实现切片技术，也就是利用网络功能虚拟化向虚拟机转移专用设备的软硬件功能，虚拟机（VM）的英文全称为virtual machine，是一种成本低且安装非常容易的商用服务器，将软件定义网络（software defined network，SDN）引进来，使5G虚拟网络实现若干虚拟网络的切割，对差异性业务提供技术支撑，实现传统信息网络封闭性的架构向面向服务、灵活性的架构发展，从而实现端到端系统所在5G网络切片的按需配置。

（2）多接入边缘计算（multi-access edge computing，MEC）。这实际上是在网络边缘部署具备缓存功能和计算处理能力的节点，连接用户、传感器以及移动设备,实现主体网络负载的降低,数据传输的延时就能够缓解。① 边缘计算尽量多地接入可以更好地满足5G多接入需求,使网络堵塞和延时等问题得到解决,服务部署在分布式环境中也更加便捷,边缘智能业务就近提供。MEC 以 NFV 提供的虚拟化软件环境为基础,对第三方应用资源进行管理,从而具有云计算功能。在智能制造领域,数据服务借助边缘计算实现的具体有 NS1 即工厂边缘服务,对数据进行实时性的采集与监控,同时向云传输;NS2 即机器互联服务,所有机器都进行一次部署,同时和机器园区网络相连;NS3 即管理门户服务,所有机位进行一次部署,作为图形化、交互式服务配置的依据,如图 10-1 所示。②

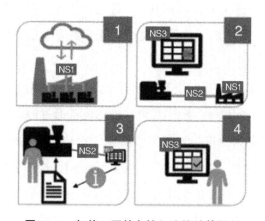

图 10-1 智能工厂的多接入边缘计算服务

(资料来源:史彦军《智能制造场景的5G应用展望》,载《中国机械工程》2020年第2期,第227-236页。)

D2D 通信技术是指设备到设备的通信技术,英文全称为 device-to-device,简称 D2D。该技术是以蜂窝系统为基础的数据近距离传输技术,能够实现设备之间的通信,使数据参数不需要经过基站,直接在设备之间

---

① 项弘禹、肖扬文、张贤:《5G边缘计算和网络切片技术》,载《电信科学》2017 年第 6 期,第 54-63 页。
② 史彦军:《智能制造场景的5G应用展望》,载《中国机械工程》2020 年第 2 期,第 227-236 页。

传输，可以降低近距离传输功率，显著提高近距离传输速率，而且区域吞度量和频谱应用率都得以提升。目前，通信过载是工业领域机器最普遍的问题，而该技术的运用对于机器之间的通信发挥的作用尤为关键。

以上 5G 关键技术在制造业中的运用，使信息化与工业化实现了深度融合，为智能制造提供了深度的技术支持。同时，基于这些关键技术可以预见，在人和物连接的过程中，5G 技术的作用也不容小觑，个性化与更深入的协作得以实现，促进制造业向智能化方向深化发展。

对于当前工业互联网中大数据通信传输过程的各种问题，应用 5G 技术能够得到很好的处理，在如今的智能工业中充分运用边缘计算和低时延切片技术，有力推进工业互联网和 5G 的充分结合，能极大地提升智能制造水平，并让 5G 发挥最大价值。显然，智能制造中很多场景都可以应用 5G 技术。

5G 技术可被应用于人机交互场景。该场景是以人和制造设备交互为主的。人机交互将人、机器、操作对象、传感设备通过网络联系起来，使人和设备可以按照事先的设想实现同步协调。比较典型的应用场景有两个：一个是增强现实技术，通常在产品组装领域使用，操作者将 AR 眼镜戴上后，能够得到机器内部的视觉图像，再利用具备反馈功能的手套，使操作机械臂进行组装作业；另外一个就是在风险较高的环境下进行远程监控和访问，如爆炸、辐射和污染严重的环境等。人机交互可通过 HMIs 来实现。HMIs 属于触觉设备的一种，具有捕获功能，人的输入可通过相应的压力和运动指令在其作用下进行转变，使机械臂更加精准地跟随人手进行运作，低延迟和高可靠性的 5G 通信技术能保障人机之间的精准协同反应，增强体验并提高准确性。

5G 技术可被应用于生产制造自动化场景。自动化生产过程首先需要机器与机器之间通过 5G 连接成大规模无线传感器网络，进行通信以执行操作任务；人、系统与机器的相连可利用高密度分布设施得以实现，并应用传感器进行大规模数据收集；人机之间、机器与机器之间通过 5G 网络切片技术，按照生产制作要求进行不同层次、不同范围的连接；通过数据-信息的传递实现机器到机器的适时控制；利用网络实现对移动机器人运动和行为的控制；自动化控制以安全为基本前提，可借助云计算系统对故障位置进行定位并及时报警，确保故障得到快速的处理，对生产设备进行预测性维护。这些都需要5G通信技术的低延迟和高可靠性来做保障。

生产线中智能设备由于应用5G技术后实现了灵活移动性和业务处理差异性的提高，智能设备在生产范围中的移动不会受到约束，以相应需求为基础在各种生产场景下进行持续性的生产和工作内容的流畅转换。在高精度加工环节，5G技术可以借助端对端切片技术对相同核心网进行各种质量服务的提供，以需求为基础实现分配更加灵活，比如，上报设备的生产数据后设置优先级，对于大流量数据处理和传输效率的提升和优化有积极作用。

5G技术可被应用于物流与仓储场景。物流与仓储涉及的主要业务包括产品、半成品和原料传输与存储。对于这些业务，引入的5G技术主要为预测性维护、远程访问、远程监控、移动机器人控制以及大规模无线传感器网络等。对于各生产工序间的物料衔接转运，可以通过智能自动导引车（AGV）进行运输。AGV通过传感器获得障碍感知功能，在不断改变环境的过程中进行决策。利用集中控制单元在AGV中获得位置，完成交通模型计算，对运送路线和流程进行调控，实现系统整体性能的改进。AGV和集中控制单元实时性通信，有效规避物流堵塞和混乱的问题，高效和精准地投放与运转物料。AGV以5G技术为前提，有利于人工成本的有效控制、生产水平的提高、设备应用率的提高等，而且5G技术的可靠性和稳定性更强，也给AGV奠定了强有力的基础。

5G技术的运用也使物流配送过程透明化。以智能物联网为基础，大数据应用率不断提升，全部商品都有感应器与之匹配，更加透明的物流配送过程使买家对于自己购买的商品在整个运输过程的信息都能够得到实时性的掌握。

5G 技术可被应用于质量检测场景。工业摄像机可对精密产品表面的瑕疵、毛刺等问题进行检查，同时利用 5G 将检测信息向企业智能平台传递，利用云计算和边缘计算，通过知识库内质量模型完成解码并进行比较，对缺陷进行判断并对将来产品质量情况做出预测，同时自动产生控制命令，实时性和动态化地调节生产参数，降低故障发生率，对生产工艺进行改进，为产品质量的提高提供保证。

5G 技术可被应用于设备监控与维护场景。利用 5G 技术，工厂信息系统与制造设备集成度进一步提升，有效促进信息流与数据流的充分结合，并将数据传送到云端，通过本地平台对云端数据进行高效访问，实时性监控机器运行与操作情况，实时性掌控生产信息，对操作及时调节以实现生产效率更大化的提升。另外，以 5G 技术为基础，对设备进行实时性的监控与分析，有利于远程和预测性维护性能的提升。甚至通过 5G 网络连接设备厂商，能够对设备运转情况进行实时性的监控，提前预警设备异常，远程监控得以实现，实现预测性维护，设备跨地区和工厂的监控以及产品维护等问题都能得到有效解决。

智能制造是产业发展的必由之路，5G 具有万物互联、时延低和大带宽等优势，可为智能制造提供便利。在信息通信技术与制造业深度融合的发展背景下，5G 将在企业的研发、生产、质量检测及设备运维等多个领域和过程中发挥更大的作用，有利于缩减研发时间，显著提升产品质量和生产效率，使总成本得到更有效的控制，制造业水平大幅提升。

同时，5G 对于商业营销和工业制造模式的改变起到重要作用。工商业受到 5G 的影响除了网络传输方面，还包含业务类型、消费理念以及项目等各个方面，5G 对工业制造和商业营销服务方式的改变具有重大影响。在社会经济发展速度不断加快的背景下，消费者在产品需求方面也出现了很多变化，多样性与个性化需求逐渐凸显出来。传统的批量规模化生产模式是难以满足大量个性化生产需求的，工商业引入 5G 技术后利用电商平台与互联网更加密切和实时性地与消费者进行沟通，促使制造业实现更高质量和速度的智能化，小批量生产得以成真。

5G 的应用使供应链客户端以及生产线等方面在传输信息过程中的时延问题得到很好的解决，大大缩短了供应链终端产品用户与生产、研发环节之间的距离。消费者的个性化需求可以即时准确地传递给产品设计师。同时，产品设计师也可即时调用消费者的产品运行数据，设计出令消费者满意的个性化产品。企业和消费者之间的关系从简单的买卖关系变成合作关系，消费者能够从多个环节参与到设计、生产等各个生产流通环节中。

5G 使制造与销售连成一体，制造的过程同时也是实现销售的过程。在 5G 的支持下，工业与商业会更紧密结合，整个工业系统加入电子商务之中，成为其中一部分，这种新的商业模式将开启一个全连接的新时代。

四、5G 技术与智能制造的融合：挑战与应对

在当前的全球工业发展竞争中，智能制造是焦点，也是各国工业发展的重要战略。美国、德国、日本和中国都先后针对智能制造制订了相应的战略规划和方案，其目标都是在第四次工业革命过程中，充分运用新一代信息技术成果促进制造业的转型升级。在即将到来的 5G 时代，工业制造领域将在全面技术革新中迎来颠覆式的发展，实现"制造业"向"智造业"的转变。

工信部在 2019 年 6 月 6 日将 5G 商用牌照发放给中国广电、联通、移动和电信，这代表中国 5G 商用时代的正式开启。

工信部数据显示，截至 2021 年 12 月，我国共有 4.5 亿 5G 终端用户，占全球 80%以上；已建成超过 115 万个 5G 基站，占全球 70%以上，是全球规模最大，技术最先进的 5G 独立组网网络。在国家和企业的持续推动下，5G 技术开始融入各行各业的生产中，进入千家万户的生活。

但就目前而言，无论是 5G 技术本身，还是 5G 技术与工业领域的融合，都面临着巨大的挑战。推进 5G 技术在智能制造的应用进程，必须正

视这些挑战，积极寻求应对方法。

第一，5G技术的发展还存在一些需要大力攻克的难题。对于5G产业链技术如天线、通信模组与芯片、射频等问题还需要不断研究。解决了国外对我国核心技术"卡脖子"的问题，5G的发展还存在着认识问题、企业的设施和创新应用能力问题、资金问题、复合型高端人才缺口问题、安全性问题等诸多问题。

（1）认识问题。5G是一项具有全新特点和影响力的复杂的新技术系统，绝大多数人对5G的认识还十分模糊。即便是对很多行业客户来说，5G很大程度上仍然只是一个概念，无法深入理解技术应用。认知的有限对发展极为不利，所以要进一步增强对5G的推广力度，使更多其他行业对5G有更加充分和全面的了解，深刻认识5G在工业强基中的作用，提高更多企业的认知和主动性，而且业界要对真实的行业需求进行掌握，以此为出发点，与5G充分融合，实现中国5G与工业高质量发展的更深层的渗透与融合，对商业模式进行优化和创新。

（2）企业信息化基础设施不足，创新应用能力不强的问题。目前，我国企业创新应用积极性很高，具有较强的数智化改造意愿，企业也在向云上平台建设转型。不过国内大部分企业正处于从工业2.0向工业3.0过渡的重要时期，超过半数的企业生产线与设备的数字化发展和改造尚未实现，必须加强工业场景基础设施的数字化改造。

（3）资金问题。就企业而言，投入成本是很重要的问题。5G建网成本、运维成本、配套建设费用等远高于4G成本，企业对生产线和设备进行优化升级，数字化改造设备投入的资金必然会更多。而很多企业原本资金就不够充足，缺乏人才，并且规避风险的能力也相对较弱，同时运营商及有关产业并没有实现盈利性更好的商业模式的构建，市场回报率不确定性较强，高昂的成本和回报的不确定在一定程度上阻碍了企业应用和推广5G技术的意愿。此外，目前5G取代4G的需求对消费者来说并不十分迫切，消费者为5G技术买单的意愿也并不强烈，进一步扩大了5G落地的资金缺口。要解决这一问题,需要政府、运营商、产业方、消费者等多方的协调扶持,加速 5G 产业链的成熟,提高价值变现的清晰度。

(4) 5G 复合型高端人才缺口问题。近年来,随着 5G 技术的兴起和在各个领域创新应用的需要,对 5G 人才的需求量迅猛增多,人才缺口较大。人才不仅要掌握 5G 相关知识,还要对工业领域知识有所了解,这样的综合型人才才能更好地满足 5G 在多场景和多端点中的需求。而对人才素质要求较高,也导致人才匮乏问题更为严重。人才是创新发展的第一动力。为推进 5G 在制造业中的融合,国家、企业、院校必须从各个层面加强对"既懂 5G,又懂工业"的人才的培养,通过复合型高端人才搭建电信运营与制造企业之间的桥梁,为企业提供具有针对性的解决方案以促使企业在转型过程中有效地处理相应的问题。

(5) 5G 安全性问题。安全绿色的 5G 是智能制造新模式发展的保障。5G 网络主要优势包括隐私保护力度强、安全凭证管理多样化以及认证架构统一等,所以在网络安全方面,其灵活性更强、保密性更好。然而,网络切片技术、MEC 即边缘计算以及 NFV 网络功能虚拟化技术等先进和新型技术的运用,必然导致 5G 网络面临的风险类型更加多样。同时,各种业务在安全方面的要求存在差异。而 5G 网络架构具有更高的开放性,这也必然导致重要数据和个人隐私泄露风险的增大。目前,应当基于智能制造场景对 5G 技术的现实需求的基础上展开安全结构与解决措施的探究,完成科学合理的安全政策的制定,如关键型工业应用中 5G 结构安全探究,对当前结构和解决措施进行完善和优化,促使高要求的安全性得到更好的满足。

第二,除了 5G 技术本身的发展问题,我国在 5G 技术与智能制造领域的大规模融合仍然面临着多种挑战。其中,最为根本的是"5G+工业互联网"的建设问题。

"5G+工业互联网"是借助人工智能、边缘计算、大数据以及识别技术等,通过 5G 实现智能传输,使设备效率提升,设备间更高效地结合与协同运行，构建对工业生产效率提升更加有利的系统。制造业智能化是以工业互联网为前提展开的。目前，我国工业互联网市场规模只占全球的10%左右，相对较低。我们必须从多个层面加以支持，加快推进"5G+工业互联网"建设。

首先，需要国家相关层面的支持。国家在规划过程中，对于技术链中采集数据技术如仪器仪表、设备连接、可视化、传感器以及识别技术等，能够作为5G技术赋能的统一技术来制定一体化解决措施并进行探索和规划。此外，国家还需要制定匹配的专项资金和扶持政策，使扶持措施与政策成效更为显著。与此同时，国家在工业互联网软件开发方面也需要加大扶持力度，促进软件集成和自主开发能力的提升。

其次，企业数字化转型意识的提升。数字化水平的提高是工业与5G充分结合的基础。数字化升级并非直接利用机器代替人，生产要素整体上的协同更为重要，要促进企业内部数据链的连通。在完成企业生产设备数字化升级，借助MES和CAD等系统从企业文化、管理、结构和业态等方面推进数字化转型以后，就会将5G的大规模连接、可靠性强和低时延等优势与敏捷高效充分结合，推进数字化发展的进一步提升和创新。要想实现这个目标，必须提升企业所有员工的认知水平，尤其是管理人员。要充分利用技术方法，高度重视数据资产，构建实现业务不断创新的技术平台体系。

再次，构建企业与运营商共同探讨新商业模式。通信厂商以制造业需求为基础对5G运用场景进行挖掘，对关键行业的企业建立试点示范区，构建能够推广的融合应用机制，并对各种服务类型和场景的计费模式进行分析。此外，对5G和TSN融合的运用要作为重要课题进行探究，推进二者的连通，更好地满足个别设备生产环节中微秒级同步的要求，不仅对5G发展和应用领域拓宽起到积极作用，同时也能更好地满足IT与OT的需求。与此同时，对于企业专用型、行业内通用且基础共性的智能制造App进行研发，为智能制造与5G数据平台发展的协同性和一致性提供动力。

最后，强化产业政策引导，对行业标准建设作进一步优化。产业政策引导：第一，选择智能制造和网络基础都较为理想的城市为试点区域，制定制造业与5G协同发展的政策和意见，加大二者的协同发展力度；第二，建立制造业与5G发展基金，构建行业主导、政府支撑和市场运营的基金模式，对制造业投资氛围进行优化和创新，推进智能制造更快发展。建设行业标准：第一，以制造业中5G应用场景为基础，不断推进对相关标准的制定和优化；第二，以制造业体系为出发点，完成开发、服务和产品等检测评估体系的建立。

工信部发布的《"5G+工业互联网"512工程推进方案》提出，截至2022年，要完成五大产业公共服务平台的构建，并且内网改造对十大关键行业进行全方位覆盖，实现最低20个经典应用场景的构建，培育工业互联网和5G相互影响和促进、协调统一发展的整体态势。

在智能互联网时代发展历程中，传统制造转型升级为智能制造是必然结果。虽然需要对以上诸多问题进行解决，但促进智能制造和5G的结合，数据分析、自动采集数据以及异构网络结合等实现，仍然是5G技术发展的关键领域，未来发展空间也非常广阔。

第十一章

区块链与智能制造：去中心化的生产协作

区块链技术防伪造、防篡改、可追溯及点对点传输的技术特性，使其在制造业领域很好地解决设备管理、数据共享、多方信任协作、安全保障等问题。区块链技术也有可能成为打通人工智能、大数据、物联网、5G等信息技术在实体经济中实现大规模应用的桥梁，使传统制造业向智能制造的转型升级实现质的飞跃。

在智能制造领域，区块链技术具有显而易见的重要作用。运用区块链技术可以实现去中心化、分布式、智能化、自组织地进行生产，使产品设计、生产制造由原来的以生产商为主导逐渐转向以消费者为主导，快速响应多品种、小批量的生产需求，完成从生产到物流的全定制化，助力制造业向生产性服务业的转型发展。运用区块链技术可以构建新型智能生产模式。在制造企业内部，通过将区块链融入生产、销售、管理、运维、大数据应用等各个环节，实现全产业链信息全部打通，进行工业产品数据整合、物流跟踪，实现生产线之间的协同，促进管理创新和业务创新，能够提升供应链协同水平和效率，实现制造业内部控制优化。另外，还可以通过区块链技术构建去中心化电商平台，促进设备的智能化，实现制造业商业模式创新。

一、区块链技术：去中心化的分布式记账

区块链（blockchain）是一种包含分布式的数据存储、加密算法、共识机制、点对点传输等新技术的技术集成应用。区块链技术具有开放性、去中心化的特点以及防篡改、可溯源等安全优势。

区块链是一种分布式的数据存储协议，区块是其中的最小数据打包单元，通过时间戳、私钥签名以及每个区块都会存储上一个区块的散列值，从而形成一条完整的、有排列次序的、极难被篡改的分布式存储的链式数据库，方便每一位参与者查询和下载。①

到目前为止，区块链的发展经过了三个阶段。第一个阶段是以比特币为代表的数字货币阶段，被称为区块链的 1.0 时代。2008 年，一位名叫中本聪（Satoshi Nakamoto）的网民提出了比特币的概念，即一种"点对点的电子现金系统（Bitcoin：A Peer-to-Peer Electronic Cash System）"。参与者通过进行一种特定的网络运算来获得比特币奖励。比特币通过计算机的运算能力进行电子货币发行，无须经过中心化机构发行和认可，可以自由进行点对点的转账，所有交易信息都经过全网广播使所有参与方进行存储和见证，融合了多种计算机学、密码学、数学等学科发明，具有自己独特的机制。基于区块链技术的数字货币具有总量确定、高度匿名、去中心化、完整的可追溯性、交易成本低五个显著特性。

比特币体现了一种建立在非安全性环境下的分布式数据存储方式，可以使交易参与方无须考虑信任问题就能够发起转账，并由所有参与者加以见证和认可。这种技术为解决现实社会中关于交易的信任问题带来了曙光，使交易的双方在非安全的环境中快速建立信任、不经过第三方或中心化机构认可就能证明交易的完整性、公平条件下进行资产分配等。

---

① 工业区块链（DIPNET）社区：《工业区块链：工业互联网时代的商业模式变革》，机械工业出版社 2019 年版，第 63-64 页。

2015年到2016年间，先行者对比特币所采用的技术进行总结归纳，形成了今天我们熟知的区块链技术体系。其包含散列函数数字签名、时间戳、共识机制、TPS（transaction per second，每秒传输的事物处理个数）、智能合约等诸多概念。如何完善这些概念的实用性，就构成了区块链技术应用于实体经济产业的过程。

第二个阶段是以以太坊（ethereum）为代表的智能合约阶段。2013年至2014年间，程序员Vitalik Buterin受比特币的启发提出了以太坊的概念，以太坊被称作区块链2.0。在以太坊部署应用，所有的交易数据都被写入以太坊的区块链网络中，进行分布式的存储，可以随时查看和追溯，避免了中心化服务器存储具有的攻击目标明确、易篡改、缺乏公平性等问题。

第三个阶段是以"区块链+"为代表的全场景应用阶段。2019年后，借助区块链去中心化的智能可编程特点，区块链的应用范围除了金融领域外，还逐渐扩大到物流、交通、制造业、教育、医疗等各个领域。

区块链技术是一个综合学科的集合，其中包含了很多概念。如果要概括区块链的定义，它可以是"加密的分布式记账"，这其中包含"加密""分布式"和"记账"三个概念。

区块链的"加密"比较特殊，采用的是非对称性的加密方式，加密和解密用的是两个成对使用的密码，分别叫公钥和私钥。区块链技术可以有两种加密方式，常用的是先随机生成私钥，再由私钥经过非对称性加密来生成公钥，公钥和私钥形成唯一对应关系，公钥加密的只能用私钥解密，保证了私密性，通常用在非安全场景下的信息存储与传递；另外还可以用私钥加密，把经过加密的内容和公钥对特定对象或全部人公开，通过公钥能够解密到其信息并保证信息发布来源的确定性，"私钥"对文件来说相当于是一个不可能被伪造的签名。

"分布式"即"去中心化"，区块链可以让数字化信息在同一通信协议下进行点对点传输和存储。信息可以通过加密的方式存放在网络的所有节点，每一个在线的人都收到加密信息并进行存储，但必须通过公钥进行解密。"分布式"保障了数据的存储，同时又保证了隐私性。

"记账"指对信息进行非对称加密的分布式存储，信息能够被所有人见证，保障信息的唯一性和原始性。

区块链技术主要能够建立"去第三方信任机制"，为互不相识的网民之间建立互信提供良好的形式。区块链技术中，点对点的方式可以实现去中心化存储和传递信息；分布式记账可以将信息发布给全网用户，使信息受到所有人的监督，无法被篡改，包括信息创造者本人；非对称性加密能够保证隐私性。区块链技术使网络上的任意节点可以和其他节点放心交易，不需要第三方平台，无须考虑信任问题。

区块链在结构上是由多个独立节点参与的分布式数据库系统，这使得区块链具有唯一性、不可篡改等特点。通过"散列函数"或者说"散列加密"记录的每一份文件或是数据，几乎都有唯一的数字化 DNA，可以检验其完整性、原始性和唯一性。

共识机制是区块链技术的重要特性，是共同参与区块链账本记录的人在网络中形成并需要共同遵守的规则，可以让高度分散的节点针对区块数据的有效性达成共识，能够解决区块链技术协同和确认交易的有效性问题。区块链项目可以实现任何有意愿的人都能够共同参与同一个项目，并且得到属于自身的回报，成员们在法律允许的范围内可以自行决定做什么，且组织能够由此实现发展壮大，并获得庞大的市值。因而，共识机制也使区块链项目自带民主特性。

区块链技术的发展使我们每个人都可以点对点和任何人签订智能合约。智能合约的数字代码设置能保障所有参与者全部按照约定完成任务，可以得到理想的结果，因此使得区块链可以实现在复杂的商业场景中的应用。

区块链按照参与者的准入许可授权类型，可以被分为公链、联盟链和私有链三种类型。

公链不需要授权，任何人都可以随时接入和退出公链，在链上进行读取信息、记账、交易等行为。所接入的节点可以随便查看链上数据，但需要符合链的共识机制才能获得记账权。公链的升级扩容，代码 Debug、DApp 开发，智能合约编写等，只需要获得大多数节点认可，就可以进行。比特币、以太坊是目前最为人所周知的公链项目。

联盟链是联盟内部使用的区块链系统。节点的加入和退出由联盟链制定的规则来决定。联盟内部成员才能记账和读取链上的数据，也可对每个节点的权限进行单独设置。

私有链的节点的权限都是某个组织或者商业机构内部的，需要许可授权才可以参加，每个节点的权限都被严格控制并可随时更改，运作方式更偏向中心化，无须考虑完全的节点公平性。

联盟链和私有链具有易部署、易维护、运行成本低、交易速度快和扩展性强等特点，可加快企业间或企业内部支付、结算、清算等业务流程。相对于公链，联盟链和私有链更易落地。[①]

区块链技术的应用可以让交易在阳光下被见证，使人们无须考虑信任问题，就能放心地进行交易。

区块链技术还可以进行价值的网络传递。这是区块链技术的又一独特之处。在区块链网络中，无论是一张照片，还是数字资产，或者是版权、专利，都可以被传递和交易，并被永久记录下来。以前很难被交易的有价值的虚拟资产，不能被分割的实物资产，不容易被定量的、可视化的非资产价值，都有机会在网络上进行定价和交易。比如，区块链技术甚至可以使我们在看广告时所消费的这部分注意力变成商品，在消费者和产品销售者之间进行价值传递。事实上，区块链的原理和机制已经扩展到经济和金融各个领域。

区块链作为前沿技术之一，人们预期其在智能制造、金融证券、智慧司法、智慧金融、智慧物联、智慧政务等各个领域都能实现广泛应用。其

---

① 夏俊杰、李岩、郭中梅：《区块链产业发展趋势、重点企业布局及运营商参与建议》，载《邮电设计技术》2020 年第 2 期，第 22-27 页。

中，区块链在智能制造领域的应用无疑最受关注。

二、区块链在制造业中的作用：生产资源整合+分布式商业模式

区块链技术将有助于实现制造业商业模式创新和各方面生产资源的整合，助力推动传统制造业向智能制造的转型升级。区块链在智能制造领域的应用极具发展潜力。

对制造业而言，区块链项目大致可以分为三个层次：底层技术及基础设施（BIaaS, blockchain infrastructure as a service）、中间层的开发技术扩展（BPaaS, blockchain platform as a service）、上层的行业应用（BSaaS, blockchain software as a service）。[1]

（1）底层技术及基础设施。从企业需求与区块链特性出发，企业需要从技术、数据及场景三个方面来设计与区块链的结合，形成基于区块链的新业务应用框架与模式。在技术方面，主要考虑现有商业管理软件开发与更换能力及策略。在数据方面，主要考虑企业现有数据、关键数据资产转换成链及数据价值的挖掘与开发。在场景方面，主要考虑现有业务及其衍生业务的区块链交易模式转换与价值。

（2）中间层的开发技术扩展。依据企业搭建的底层技术及基础设施平台，企业可以从技术、数据、资金、机制四个方面进行区块链技术的融合调整，实现企业的业务机制重构。在技术融合方面，企业可以根据自身实力与生产经营的需求选择自主研发、专业外包或协同开发等模式来实现企业区块链模式转换。在数据融合方面，企业可根据经营情况将主要业务的数据转换为区块链式数据，并进一步实现整个业务资产数据的链式交换。在资金融合方面，企业内部可以通过区块链进行资金整合，而企业外部可以实现基于区块链技术的支付结算体系融合。在机制融合方面，企业需基

---

[1] 庄雷：《区块链与实体经济融合的机理与路径：基于产业重构与升级视角》，载《社会科学》2020年第9期，第51-63页。

于区块链技术的新运营模式，结合企业业务需求、业务流程等对具体的经营机制进行融合优化。

（3）上层的行业应用。在区块链底层技术及基础设施与中间层的开发技术扩展的基础上，企业可以通过数据上链、场景应用、数据交互、业态生成四个步骤，实现区块链技术的上层行业应用。数据上链是将企业的业务数据、行为数据进行结构化，通过区块链技术变成用户的数据资产。场景应用指根据企业业务需要与区块链基础数据营造具体的业务场景。数据交互指企业的区块链数据实现跨企业间数据交互与价值交换。业态形成指结合企业区块链场景应用业务的稳定应用，形成某行业的新业态。

区块链与制造业领域结合的路径大致可以分为间接结合和直接结合两种形式。其中，区块链的"中间件和底层技术扩展"与现有的数字化技术融合后，再应用到工业领域当中的形式属于间接结合。

从本质上来说，区块链技术与物联网、大数据、云计算以及人工智能等信息技术并不相同，区块链并不是一种真正意义上的技术的创新或发明，更大程度上是一种商业模式的创新。正因为如此，区块链技术可解决数字化技术应用中的利益分配问题。

利益分配问题是目前数字化技术大规模应用的一个主要障碍。虽然目前物联网、大数据、云计算以及人工智能等信息技术已经非常成熟了，但由于利益分配问题未能得到妥善解决，在工业领域仍然没有实现大规模的商业应用。例如，在云计算领域的障碍：云平台是否能够保证别人传输上来的信息数据绝对安全？能否确保工业云的业主不会监守自盗？……可见，利益分配是一个纯粹商业问题，这一商业模式的信任死结有望通过区块链技术与制造业的结合得到解决。区块链与制造业的结合可以通过"区块链+数字化技术"进行间接结合和通过"区块链+智能合约"进行直接结合两种方式。

通过"区块链+数字化技术"实现区块链与制造业的间接结合，可以解决物联网、大数据、云计算、人工智能这些数字化技术的商业模式问题。要注重发掘区块链技术与人工智能、物联网、大数据、云计算及人工智能等信息技术融合应用的新可能，为智能制造搭建"技术桥梁"。比如，有学者认为区块链尚未规模化落地应用的核心问题是区块链的"硬链接"难题，即在区块链内的数字资产与区块链外的实物或虚拟资产之间难以建立起牢固的、可信任的链接绑定关系，而物联网能够为各类信息和数据上链提供极为便捷的入口，有望解决区块链上资产与链下实物锚定的关键问题。[①] 也就是说，物联网与区块链的融合可以使生产设备之间摆脱云平台这个中介，真正实现 M2M。另外，区块链与大数据的融合可以通过去中心化交易等手段，实现数据之间的安全共享；区块链与云平台融合可以通过分布式计算和分布式存储，提升信息计算和存储的安全性与经济性；区块链与人工智能融合可以通过数据和算力的双重共享，大幅提升算法训练的速度和可能性。制造业智能化目前正需要人工智能、云计算、大数据、物联网等信息化手段的支持，而区块链可能正是能让这些数字化技术实现应用的有效手段。

"区块链+智能合约"的组合属于直接结合，即区块链的行业应用融入制造领域的环节中。

区块链与制造业的直接结合构建新的制造模式。目前，区块链在制造业中的直接应用，更多的还是设想。依据新技术应用的一般规律，制造领域的区块链应用可以首先从产业链的通用环节入手，借鉴或照搬其他行业比较成熟的解决方案，让企业对区块链技术进行接触、了解和消化，而后企业人员结合自己在制造领域的专业和经验优势进行创新，创造出与制造业各环节有效结合的区块链应用。

区块链技术防伪造、防篡改、可追溯及点对点传输的技术特性，将有助于很好地解决制造业中的设备管理、数据共享、多方信任协作、安全保障等问题，有助于实现工业企业内部和外部系统的连接贯通，提升工业生

---

① 夏俊杰、李岩、郭中梅：《区块链产业发展趋势、重点企业布局及运营商参与建议》，载《邮电设计技术》2020 年第 2 期。

产效率，降低成本。

有学者从制造业的"开源"角度出发，提出了"工业区块链"概念，即基于区块链技术所带来的价值传输生产方式构建的一个云链混合的分布式智能生产网络（DIPNET，distributed intelligent production network）。终端用户与终端生产者均以平等节点的身份接入。数据可在任意节点间进行点对点传输，信息实时交互，实现研发、设计、生产、制造、销售等环节数据打通。订单信息、事务历史记录等记录在链上，分布式存储不可篡改，可实现去中心化协作，产品溯源安全便捷。交易流程由智能合约自动执行，提高效率，标准化的交易流程如图11-1所示。①

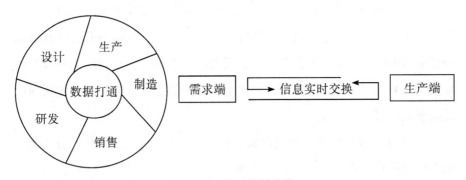

图 11-1 标准化的交易

工业区块链（DIPNET）可用于为每一家接入企业提供便捷合约范式，使每一次重复都能产生独一无二的价值，以满足消费者的碎片化需求与以大规模定制的生产模式，助力制造业向生产性服务业的转型发展。

有理由设想，未来生产中的跨组织数据互信将全部通过区块链来完成，订单信息、操作信息和历史事务等全部记录在链上，分布式存储、不可篡改，所有产品的溯源和管理将更加安全便捷。

分布式智能生产网络所形成的分布式制造模式，用户都有能力进行制造并参与到产品全生命周期当中，使产品设计、生产制造由原来的以生

---

① 工业区块链（DIPNET）社区：《工业区块链：工业互联网时代的商业模式变革》，机械工业出版社2019年版，第63-64页。

产商为主导逐渐转向以消费者为主导，消费者能够更早、更准确地参与到产品设计和制造过程中，并通过庞大的分布式网络有效整合产品创新的社会资源，共同对产品不断完善，拓展了企业的创新边界，有利于企业的产品更容易适应市场需求，并获得利润上的保证。

这种标准化的交易流程将开创一个扁平式、合作性的全球新工业市场，一个由成千上万个节点组成的分布式制造网络代替包括从设计到制造在内的所有环节，产品的生产成本将大幅降低。

智能制造企业在原料采购、产品流通、产品销售等环节使用区块链，能够避免不真实追溯记录给追查假冒伪劣产品和产品召回带来的困难，最终提升产品的安全性和可靠性，提升客户的信任度和满意感。

区块链能够实现相关部门和企业各方之间数据的共享，也能够对敏感数据进行保密，是最有希望解决"数据孤岛"的技术。同时，区块链上所有的节点都储存相同的信息，进一步降低了企业的信息不对称程度，使智能制造企业全面、快速、准确地获取智能决策信息。

通过区块链的智能合约，可以避免签字盖章、中间担保和违约处理等环节，减少在交易过程中对人工的依赖，减少人为错误。货物传输、付款、融资等业务都可通过智能合约来执行，智能合约能有效提升设备的实时分析、自主决策和精准执行能力，促进设备的智能化，从而进一步提升智能制造水平，减少企业在人力资源、财务和合同管理等方面的运营成本。

三、区块链在智能制造中的应用：新型智能生产模式+去中心化电商平台

在制造企业内部，通过将区块链融入生产、销售、管理、运维、大数据应用等各个环节，可以进行工业产品数据整合、物流跟踪，这不仅有助于实现生产线之间的协同，而且使企业人员可以在链上获取相关信息，全面监测管理产品、设备、人员等，促进管理创新和业务创新。另外，通过

网络数据传输的区块链化,可以实现全产业链信息全部打通,提升供应链协同水平和效率。

(一) 应用区块链技术构建新型智能生产模式

基于区块链分布式智能生产网络模式,可以预见一种新型的智能生产模式:每一个生产单元或企业都通过调用既有的智能合约范式,以极低的门槛将自己的产品连入不同的产业链当中,通过各种智能合约范式与自己的产业链上下游相连,使自己的产品和整个产业链都在虚拟世界里构建出一个"数字化双胞胎"。

这些"数字化双胞胎"通过智能合约范式,接入影视、娱乐、电商等流量端,流量端依据特定的场景创造出多种多样的碎片化需求,消费者可以根据自己的需求直接在流量端选择商品。

消费者付费的一瞬间,该商品整个生产链条的智能合约即被触发,商品所有部件的生产商根据智能合约范式被全部确定,相关的所有生产单元临时组成一个快速响应的生产系统,链上执行的智能合约连接到各生产单元自身内部的中心化数字生产系统里,快速执行生产指令,完成生产过程。

生产完成的商品,通过接入物流智能合约范式的物流企业,被直接送到消费者手中,完成从生产到物流的全定制化。各类生产服务机构,银行、担保、检测机构等,通过各自的智能合约范式与生产单元相连,为其提供相应的清算、担保、检测等服务。

每个智能合约范式的开发者,以及接入合约范式的生产单元和生产服务机构,都可以基于分布式智能生产网络的底层标准,以自己在主链上的节点为起始,分出子链,并发行自己的通证(token),为自己的资产增加流动性和融资管道,高效完成生产行为。

整个生产组织过程完全是去中心化的,分布式、智能化、自组织地进行生产,快速响应多品种、小批量的生产需求。

可以预见区块链技术在制造业的产能共享领域有很好的应用前景。国家信息中心分享经济研究中心在 2018 年 2 月发布的《中国制造业产能共享发展报告（2018）》显示，制造业产能共享主要是指以互联网平台为基础，以使用权共享为特征，围绕制造过程各个环节，整合和配置分散的制造资源和制造能力，最大化提升制造业生产效率的新型经济形态。同时，全球多份政策文件里都提出鼓励发展面向制造业的共享经济。协同共享平台，即工业区块链所主张的数字化共享工厂将是其中的重要解决方案。数字化共享工厂将依托云链混合的工业区块链经济系统，充分考虑技术可行性、数据安全性及成本可控性，为企业提供不同的多方协同模式。

工厂间多方协同最大的难点在于信息的安全。基于此，工业区块链经济系统可以为工厂提供不同安全等级的区块链加密服务，对工厂间的重要数据进行无中介传递，保障各重要生产数据的加密安全。

而在工厂内部管理上，主要从可行性角度出发，工业区块链经济系统提供成熟的工业云技术，对一般性生产信息进行云管理，既能保障生产效率最大化，又能降低生产成本。

（二）应用区块链技术能实现制造业内部控制优化

（1）结合内外部因素，准确识别风险。区块链技术能够实现及时有效的企业内部沟通，以及通过区块链平台对企业外部环境进行客观的认识，及时高效地识别对企业有利或不利的风险因素，以便进行风险分析和风险应对。

（2）实现信息安全高效传输，提升信息沟通成效。由于区块链技术能够通过对已验证有效的信息进行加密处理，利用时间戳将信息按照时间顺序进行记录，对已经存储的信息实施加密技术以防止被人为篡改，或使用数据层的公私钥，对信息进行共享或隐藏。企业可以在区块链平台中进行信息的高效传输和利用，增加内部沟通和交流的频次。

（3）加强资金平台在线管控，实现效益最优化。除了利用区块链技术特性提高资金运转效率之外，企业还可以利用区块链平台的数据层对已经记录的内部财务数据在一定的链块范围内进行共享，通过网络层高效传递到各个区块，进行信息验证。通过区块链的防篡改、去中心化和去信任这三个特性，可以提高出资人对被投资企业的信任，同时大幅度缩减资金时间成本。

（4）降低投资成本。在投资过程中可以通过区块链平台中的智能合约机制促使双方或多方达成协议，无须经由第三方就能够自动执行，在达成约束条件后，在约定时间内将货币转入对方账户即可实现价值转移。在区块链中完成交易过程，而且是匿名操作，可以避免过多的个人主观因素，使交易更加客观，资源利用更加合理。

（5）信息共享，实时监督，严格把控资金使用。企业可以充分利用区块链平台进行信息传输工作，及时掌握各个环节资金的使用情况；然后，利用区块之间共享信息的功能获取最新的市场数据和产品历史数据，对资金做出合理规划，可以降低企业监督成本，实现优化生产经营过程管理、提高资金使用效率的目的。

（6）数据监控和信用评级有利于降低采购和销售的业务风险。企业采购部门可以通过区块链平台获取关于国家经济政策等信息，运用区块链应用层共享的各种信息评估采购物资价格区间，选择物美价廉的供应商，通过区块链网络层对预期采购物资行情进行深入了解，避免风险。

另外，在进行销售时，可以运用区块链的网络层和数据层获取客户共享信息以及历史合作企业共享信息，对客户进行信用评级，也可以通过区块链平台的智能合约层与客户签订"电子合约"，达到去信任的效果。

上述将资金活动、采购和销售业务等内部控制活动在区块链平台中的优化过程，使得企业可以将区块链技术落实到现实生产活动中，通过激励员工参与其中，有效解决企业在实施内部控制活动中遇到的问题。

（三）应用区块链技术构建去中心化电商平台，实现制造业商业模式创新

目前，全球高端消费者的需求转向大规模的个性化，而已有的中心化的电商平台将很难满足繁复多样的定制要求，同时也难以通过中心化平台实现"按需设计+定量生产+零周转+零库存+零资金"的商业逻辑。

应用工业区块链经济系统的去中心化电商平台将依托区块链技术、数字化共享工厂，为个性化用户提供可自由设计的消费平台，为数字化共享工厂提供真实有效的定制化订单，实现"按需设计+定量生产+零周转+零库存+零资金"的去中心化电商模式。

工业区块链去中心化电商平台具有两个重要特点。第一个特点是用户的个性化需求快速得到满足。在工业时代，我们始终在用大数据技术挖掘用户需求，工业区块链电商平台将实现让用户来调适"产品"而非商家主动改变"产品"。通过接入多个设计方，产生依托设计的价值输出载体，用户可以自助选择设计样板，加以个人的设计，最后由 DIPNET 生产网络进行订单分配，后端的数字化共享工厂快速响应。

第二个特点是行业运营效率的大幅提升。由于按需生产的电商平台使用预售模式，不会占用资金成本，资金就可以流通在更有价值的地方，更高效地运转。消费者完成预售后直接通 DIPNET 生产网络下单到数字化共享工厂，工厂根据订单直接生产并发货给用户，没有中间环节，供应链的效率得到大幅度提升。

四、区块链在智能制造中的挑战与前景：万众期待的区块链盛宴

近年来，全球主要经济体都在探索区块链技术在制造业中的运用场景。2017 年，日本央行开始研发区块链项目。2018 年，欧盟 22 个国家签署《区块链共同宣言》。2019 年，美国华盛顿特区提出法案，支持发展区

块链技术。2019年，德国财政部与经济能源部联合发布《德国国家区块链战略》，制定全面的区块链战略。

在我国，习近平总书记在2018年5月明确指出要加速突破区块链等新一代信息技术的应用，开启了我国集中大力发展区块链技术的进程。2019年，在中共中央政治局第十八次集体学习中，习近平总书记强调要加快推动区块链技术和产业创新发展，积极推进区块链和经济社会融合发展。2020年4月，发改委正式将区块链技术纳入新基建范畴。我国与区块链相关的企业在持续增加。根据赛迪区块链研究院提供的数据，经工商部门登记注册的区块链相关企业2019年上半年共27000余家，截至12月17日，这个数字已经增加到了35000余家。[①]

我国多个省份都在大力推动"区块链+智能制造"转型升级。比如，宁波市正策划推动"区块链+制造业"新模式的发展。天津市已制订了开展"区块链+智能制造"转型升级的详细规划，其中包括：打造产业区块链生态工作，计划设置新兴产业培育引导基金，打造区块链创新研究院；建立天津口岸区块链验证试点实验室，运用区块链技术尝试创新监管方式和优化跨境贸易业务流程；将区块链与物联网技术相结合，推进企业进驻区块链平台，对全球配送业务进行监管创新；东疆港通过区块链技术等信息化方式，探索建立生态链数字税收管理体系；引入百度AI开放平台，利用区块链技术等促进智慧制造；引入蚂蚁金服风险大脑，基于区块链等技术进行风险识别和风险监管；与京东云签约，利用区块链、人工智能、机器学习等技术，促使政府决策更加精准、更加高效。[②]

目前，我国布局区块链项目的企业大致分为三类：第一类是头部互联网企业，如BATJ等；第二类是电信运营商；第三类是专注于区块链业务的中小型企业。互联网企业依托区块链即服务平台，充分发挥区块链赋能

---

① 李晓光、钱丽娜：《2020，"冲浪"区块链》，载《商学院》2020年第1期，第47-49页。
② 席枫：《区块链融入智能制造 打造产业区块链生态》，载《天津日报》2020年1月13日第013版。

作用，为企业提供便捷、快速的"上链"服务。例如，阿里发布了阿里云 Baas（blockchain as a service），腾讯推出了腾讯云区块链服务 TBaaS（tencent blockchain as a service），百度云发布了百度云 Baas 平台，华为推出华为云 BSC（blockchain service），平安则推出了 FiMAX BNaaS（blockchain network as a service）平台。电信运营商重点打造"区块链网络"平台，探索多领域区块链解决方案，中国联通、中国移动和中国电信三家运营商均在区块链行业标准、区块链行业解决方案领域开展初步探索，并取得了一定的成就。中小型区块链公司则囿于研发、资金和市场能力，深耕细分应用场景，多集中于数据存证、版权保护、供应链金融、产品溯源、矿机研发制造等方面。代表性企业有趣链科技、众享比特、太一云、比特大陆等，这些企业通过提供专业、便捷、灵活的底层服务，有效降低区块链应用研发门槛，如众享比特入选福布斯中国"2018 中国最具创新力企业榜"。[①]

基础设施的不断完善，安全性和效率的持续提升，为区块链技术大规模应用于经济社会多领域奠定了基础。在政策、资本的助力下，区块链技术创新推动应用落地场景不断扩展，在金融、存证、供应链管理、版权保护、公共服务、溯源和智能制造等领域的项目有望加快试点应用和落地，成为数字经济发展的重要驱动力。历经十余年的发展，区块链正在不断地渗透到各行各业中，并展现出良好的发展态势。但是也需要看到，区块链技术及相关应用尚处于早期发展阶段，仍面临着诸多挑战。

区块链基础理论和关键技术仍待完善，相关硬件和软件基础设施尚不能支撑区块链大规模应用落地，区块链应用场景有待进一步扩展，尤其产业和金融监管面临一定困难。

区块链技术在制造业范畴的场景运用不足。产业区块链基础理论研究供给不足，技术标准体系不成熟，技术路径存在分歧，研发力量分散，分

---

① 夏俊杰、李岩、郭中梅等：《区块链产业发展趋势、重点企业布局及运营商参与建议》，载《邮电设计技术》2020 年第 2 期，第 22-27 页。

片、智能合约、跨链、私钥加密、侧链等关键技术解决方案仍属于小范围试验阶段甚至研发阶段，费用偏高、效率较低、可扩展性不强等导致企业用户对区块链缺乏认同。

区块链与智能制造的融合发展存在诸多短板。区块链政策引导不足，行业引导不充分；产业区块链实践发展不足，基础设施建设与运用落地力度不足；产业区块链数据平台建设不足，多方信任协作和数据共享交换模式发展不足；区块链技术机制的安全保障体系不完善；产业区块链跨领域的领军企业与高水平的领军人才不足。

在技术上，区块链的性能还不足以支持真实场景中的大量交易，区块链的大规模应用所必需的底层技术、业务以及数据的标准化问题还未得到解决；区块链技术的性能、容量、安全性、可扩展性等还满足不了大规模应用的需求。另外，还普遍存在一些共性问题，如智能合约的编写不规范，缺乏统一的管理；共识机制有待增强对业务要求的适应；密码算法性能有待提升；隐私保护和 KYC（know your customer）之间的平衡方面有待加强等。

截至目前，以太坊是拥有 DApp 最多的区块链网络，从 Dappradar 网站查询的数据看，已经有大约 1200 个应用，日活跃人数上万。在以太坊上面最活跃的应用还只局限在交易所、博彩和小游戏，并没有实质的实体经济商业应用运行在上面。如果把区块链技术比作人的生长过程，它现在还处在婴儿期，在基础设施和思维方式两方面都亟须进一步的完善和推进。

区块链要实现在实体经济各行业中的应用，需要经过相当长时间的论证与探索，需要找到可行的应用，并克服应用过程中的诸多困难。

实现区块链技术在智能制造经济中的大规模应用，必须加快构建产业区块链应用生态。首先，有必要创新区块链政策制度供给，加强区块链行业协会的引导作用，吸引社会资金聚集迸发资本集聚效应，构建为区块链企业提供多层次资金支持的金融生态圈；其次，要加大对区块链核心技术、关键技术和产品的研发力度，在非对称式密码技术、共识机制、可编程合约等核心、关键技术方面加快形成安全可控的区块链产品体系、项目解决方案及服务。

在制造业领域,加强区块链与物联网深入融合,推动海量设备互联条件下的数据传输、节点信任、网络安全等领域应用,提升智能化水平。引进行业内有核心竞争力的创新型区块链企业和重点项目,鼓励生态链各环节的企业加强合作,构建多方协作、互利共赢的产业生态,打造区块链产业生态体系。

加强区块链技术的人才培养。对于前沿技术而言,人才是关键。要建立区块链人才培养体系,一要着力引进高层次区块链人才;二要鼓励支持建设区块链人才培育及实训基地,培养区块链高端人才和专业技术人才。[①]

目前,美国和中国是区块链技术发展最为突出的国家,美国更偏重于底层技术的前沿开发,中国更偏重于区块链技术的应用落地。有专家预测,就目前来看,未来3~5年,区块链技术将会迎来第一波成熟期。随着区块链从业者逐渐从技术极客、科学研究工作者,扩展到传统IT从业者、传统经济产业从业者,各行各业对区块链的理解逐步加深,对可用性的设计和扩展会越来越完善。我国有必要抓住机遇,在区块链技术发展中尽快占据高地,充分利用区块链技术推进传统制造业向智能制造转型。

---

① 周巧萍、岑涛、王永龙:《推动"区块链+制造业"建设智能制造强市》,载《宁波经济(三江论坛)》2020年第7期,第8-10页、第17页。

第十二章

数字孪生与智能制造：未来制造的新趋势

在智能制造领域，数字孪生（digital twin）扮演着虚拟世界构建者的角色，同时也充当着融通现实世界与虚拟世界的桥梁和纽带。数字孪生从制造流程、产品创新、个性服务三个方面直接或间接地创造新的利润增长点，是传统制造转型升级绕不开的技术路径。

在智能制造领域，工业互联网是引人注目的概念。工业互联网的诞生，其目的是利用网络的互联属性，促成机器设备与制造业从业人员的连接，从而实现工业领域的物理实体与虚拟实体的有机融合。但问题在于，如何实现有效的连接，以更好地实现工业互联网的目的。近年来，随着物联网、大数据、人工智能技术的不断发展，附着于工业互联网之上的数字孪生这一概念被广泛提及。其源头就在于数字孪生技术在解决物理实体与虚拟实体的有机融合方面具有突出贡献，从而引发了人们对数字孪生在智能制造等领域的关注。因此，分析数字孪生的发展历程、应用价值和应用场景，对制造业的转型升级具有重要的现实意义。

一、数字孪生：与制造业密不可分的集成技术

数字孪生的概念，最早是由美国密歇根大学的 Michael Grieves 教授在一次产品生命周期管理的课程上提出的。经过他的系统阐述后，这个专门的术语开始得到坊间和官方的认可，如西门子公司、达索公司、美国国防

部等，最终走向全世界。值得注意的是，数字孪生是为了处理物理实体与虚拟实体的融合而产生的，是基于特定的历史条件和历史机遇才得以发展起来的。

在互联网诞生之前，与物理世界对应的是人的精神世界，两者之间通过人的主观能动性与社会实践得以紧密相连，只要人们遵循一定的客观规律，就能将自己头脑中的理念变为物理实体。随着互联网技术的不断发展，一个区别于物理世界和精神世界的虚拟世界诞生了。人的精神世界与互联网中的虚拟世界既有区别，又有联系，虽说两者都具有虚拟的特征，本质上都是对客观世界的反映，但是它们本身的依附关系不同：精神世界依附于人的头脑而存在，虚拟世界依附于网络技术而存在，且虚拟世界是源于人对物理世界的信息加工后所形成的精神世界的网络化、数字化呈现。从某种程度上来说，网络虚拟世界是人的精神世界的技术性载体，以便于减轻人类大脑的记忆负担和留存因遗忘而丢失的记忆。

互联网技术，犹如以往的所有重大技术一样，极具变革的力量，对人类的生产、生活和思维产生着深刻的影响。人类的工业生产活动与互联网的结合，正是这种影响在当下的典型代表。工业与互联网的结合，实质是制造革命与互联网革命相互碰撞的结果。第一次工业革命与第二次工业革命时期，人们借助外力辅助自身进行简单的体力劳动。进入互联网时代后，虚拟世界的形成为人们借助外力辅助自身进行复杂劳动提供了条件。

在工业互联网领域，这个复杂劳动具体表现为如何驱动机械设备"保质保量"地生产出理想中的产品。随着互联网技术在工业领域的深入运用，计算机系统的数字化技术、仿真技术、软件技术、虚拟现实技术、增强现实技术开始发展，并持续不断地将现实制造环境以数字化的方式呈现于互联网之上。持续数字化的制造环境，在一定的时间流中构建出了一个虚拟制造环境。

虚拟制造环境是相较于现实制造环境而言的，经过制造业从业者实践后，人们发现，当且仅当虚拟制造环境所反映的数字化世界与制造业的现实环境相符时，工业互联网的价值才得以最佳呈现；相反，则会限制和束缚制造业的发展。因此，人们开始普遍关注如何将工业互联网环境下的这种"虚与实"相互契合与嵌套的技术。而最先从中得出灵感的，正是美国密歇根大学的 Michael Grieves 教授。他基于丰富的教学经验与生产实践经验，把虚拟是对现实的反映的这种技术现象进行了理论升华，提出了数字孪生的概念。

基于数字孪生的形成过程与对其应用场景的考证，数字孪生的缘起的历史条件与现实机遇已清晰可见。

一是基于工业互联技术的发展，包括模拟仿真、软件定义、虚拟现实、增强现实、人工智能等新兴技术的不断发展与完善，为数字孪生的产生和发展奠定了技术条件。早在 2002 年，数字孪生技术就已被提出，但为何到近几年才"红"起来？原因就在于当时缺乏有效的技术元素支撑这个技术理念。

二是工业互联网领域的信息化、数字化、数据化、标准化工作有序推进，数据被广泛而多维地积累起来。数据是数字孪生的基本构成要素。数字孪生是基于物理实体的数字虚体的建构，离开实体数据的收集、存储与共享，缺乏大量的数据，希冀在工业互联网的网络空间中进行模型建构只能是一种妄想。

三是有效掌控整个生产制造活动的现实需要。随着工业互联网技术的发展，对实体数据的收集已经不是难事，但基于这些动态的数据对现实制造活动进行控制、管理、监督与反馈，则需要专业的配套技术的虚拟映射，以便更好地掌握制造场景的发展动向。

因此，数字孪生技术在技术支撑、数据累积与需求刺激的社会背景下，由"潜水"到"冒泡"，再到"火起来"，成为人们高度关注的一个技术焦点。

二、精准映射：制造领域虚实空间高效互动

如前所述，数字孪生是基于数据、技术与需求而产生的，其目的是能够打通工业互联网与制造业物理网络之间的互动关系，所以就需要以数字的方式为物理对象创建高保真的虚拟模型来模拟它们的互动行为。数字孪生的概念正好支持这样一个行为过程，所有模型和所有数据都可以在一致、对齐且良好的环境中使用，并完成现实世界中物理模型在虚拟空间的映射。

数字孪生技术作为制造场景中的重要技术之一，鉴于其潜在的巨大经济价值与社会价值，激发了人们对其研究的兴趣。那么，人们首先关注的自然是数字孪生到底是什么的问题，即数字孪生的概念问题。对此，不同的研究学者有不同的见解。

时培昕认为，数字孪生，顾名思义，是指针对物理世界中的物体，通过数字化的手段来构建一个与物理世界中一模一样的实体，借此来实现对物理实体的了解、分析和优化。[1] 陈才认为，数字孪生是一种物理空间与虚拟空间的虚实交融、智能操控的映射关系，通过在实体世界，以及数字虚拟空间中，记录、仿真、预测对象全生命周期的运行轨迹，实现系统内信息资源、物质资源的最优化配置。[2] 陶飞认为，数字孪生是以数字化方式创建物理实体的虚拟模型，借助数据模拟物理实体在现实环境中的行为，通过虚实交互反馈、数据融合分析、决策迭代优化等手段，为物理实体扩展新的能力。[3] 罗兰·罗森（Roland Rosen）认为，数字孪生是指在自动化系统中，能够在一组可选的操作、编排和执行技能之间做出决定，为了实现这一目标，将需要访问非常现实的模型，以了解当前的流程状态以

---

[1] 时培昕：《数字孪生的概念、发展形态和意义》，载《软件和集成电路》2018年第9期，第30-33页。

[2] 陈才：《新时代数字孪生城市来临》，载《中国信息界》2018年第3期，第74-77页。

[3] 陶飞、刘蔚然等：《数字孪生及其应用探索》，载《计算机集成制造系统》2018年第1期，第1-18页。

及它们自己在与现实世界中的环境交互时的行为。综合以上定义，通俗地讲，数字孪生就是指一种以物理模型为参照物，通过一定的技术手段将参照物的多元异构数据有机结合，在虚拟网络中还原现实模型的过程，且能够实现物理模型与虚拟模型的双向互动的过程。

数字孪生技术所反映的映射关系，并不仅仅是指现实向虚拟的映射关系，还包括反向的映射关系，两者之间借助与数据共享的端口，能够相互影响、相互促进，是一个虚实相互转换的过程。换言之，数字孪生技术可以实现对虚拟实体的干预，从而影响现实的物理网络；也能通过现实物理系统中的相关传感设备（包括传感器、摄像头、射频识别、热感应器、噪声识别等），实时动态地改善虚拟模型的结构。

数字孪生兼具精准映射性、时空压缩性和虚实交互性三大特征，弥补了工业互联网广泛连接而缺乏精准映射的缺憾，也解决了在制造领域的物理空间与虚拟空间的高效互动不足的问题。因此，数字孪生得以荣登推动制造革命的核心技术之一的宝座。

首先是精准映射性。在工业互联网中，数字孪生技术通过对整个制造的物理环境和逻辑环境进行仿真模拟，并以软件定义、数据建模的方式，将其进行可视化表征。现实中的生产设备、设备的运行状态、设备的磨损情况、工厂空间形态、能源消耗、生产流水线的运行情况、库存空间、产品销售等的数据，都将被多空间泛在的互联网网络捕捉到，并通过运用数字孪生技术进行多元异构数据的有机重组，实现仿真模拟与再现物理环境和逻辑环境的运维状况。虚拟与现实的状态在时间上是一致的，在数据结构上是相通的；现实中存在的，在虚拟网络中也能找到与之动态对应的"孪生体"。简言之，工业互联网中的数字孪生，是对制造应用场景的整个运维状态的充分感知、动态监测与实施监督，形成了虚拟制造场景在数字空间的精准化表达和精准化映射，极具精准映射性特征。

其次是时空压缩性。时空压缩概念最早是由美国社会学家麦肯齐（Mckenzie）提出的，它在本意上是指因现代科技的发展而缩短了人们之间的时空距离。将此概念进一步引申到工业互联网，数字孪生技术仍然对改变制造环境中的时间和空间的性质具有重要意义。通过技术限定，通过运用阻断实时数据互动的端口或者无网拷贝虚拟数据的方式，虚拟网络中的制造数字孪生体可以实现永生。这源于它在本质上打破了时间和空间的限制条件，将虚拟的数据模型固定于特定的时空节点上，而不至于产生变化和发展。所以，以数字孪生的方式而存在的网络虚体，在形态上不受时空的限制和束缚，却又能在时空中活跃地存在，在根本上表现为一种时空压缩的特征。

最后是人机交互性。数字孪生的人机交互性特征，包括虚实交互、智能干预与人机对话三个方面的内容。由工业互联网而孵化出来的数字孪生技术，是基于制造环境中的物理实体与网络虚体交互的需要而产生的，因此，数字孪生技术的成熟具有明显的虚实交互性特征。但是，这个交互过程的执行者是谁？可以是人，也可以是人工智能算法，但从根本上说还是人在操控。数字孪生大致上分为建模阶段、模型验证阶段和模型应用阶段这三个阶段，但每个阶段都是在人与计算机系统对话的基础上完成的，最终才实现网络虚体与物体实体的映射场景的形成。网络实体与物理实体的关联互动，其原理是人机对话的条件下的智能干预，人们通过在网络虚体中嵌入一定的智能算法与指令，整个工业互联网中的数字孪生参数都会受到干预，并形成相互促进的良性互动状态。这样，虚实交互、智能干预与人机对话共同形成一幅完整而生动的人机交互场景，凸显出数字孪生的人机交互性的特征。

三、创造价值：制造业新的利润增长点

从某种程度上来说，数字孪生源起于工业互联网，物理实体、数据、模型建构、虚拟实体是其主要构成部分。它的存在，一方面扮演着虚拟世界构建者的角色，另一方面也充当融通现实世界与虚拟世界的桥梁和纽带。从智

能制造维度来看，它从制造流程、产品创新、个性服务三个方面直接或间接地创造新的利润增长点，是传统制造转型升级绕不开的技术路径。

首先，优化制造流程。工业互联网存在之本质是优化制造流程，促进制造业转型升级。那么，随之而产生的数字孪生技术，其制造维度的价值附着点便不得不谈制造流程的优化。由组件、设备、生产线、生产车间、物料、产品、库存、制造工人等元素综合组成的物理网络系统，通过数字孪生技术精准投射于虚拟空间，实现虚实结合的双向互动与智能控制的重叠系统。这种重叠与互动贯穿整个制造流程，数字孪生体与实体的孪生体是与生共有、同生同长，任何一个实体孪生体发生的事件都被上传到数字孪生体作为计算和记录，实体孪生体在这个运行过程中的劳损，比如误差、故障等，都能够在数字孪生体的数据里有所反映。[1] 相较于传统的实体物理网络，它给制造从业人员的管理带来极大便利。管理者只需要对数字孪生中表征的异常数据进行分析和判断，并进行点对点的运维管控即可，设计人员不再需要依赖于通过开发实际的物理原型来验证设计理念，也不用通过复杂的物理实验去验证产品的可靠性，不需要进行小批量试制就可以直接预测生产的瓶颈，甚至不需要去现场就可以洞悉销售给客户的产品运行情况。[2]

数字孪生能够实现广域的协同，即以数字化方式模拟物理空间的实际行为，并将其叠加到数字空间（模型）中，从而突破个体数量和地域分布的限制，实现远程控制生产系统的制造执行。[3] 将生产制造流程的多个环节同时管控变为一键控制执行，打破了旧式分工的时空局限，减少了因任务切换带来的时间成本和人力成本，提高了对整个生产流程的控制效率。譬如，在数

---

[1] 林诗万：《数字孪生在工业互联网中的作用》，载《中国信息化周报》2019 年 3 月 11 日第 007 版。

[2] 时培昕：《数字孪生的概念、发展形态和意义》，载《软件和集成电路》2018 年第 9 期，第 30–33 页。

[3] 孙敏：《"数字孪生"改变行业规则的顶尖技术》，载《大飞机》2018 年第 6 期，第 44–47 页。

字孪生技术的帮助下，意大利豪车品牌玛莎拉蒂制造商通过对软件里的数字化模型进行设计和测试，实现设计与制造的高效协同，缩短了 Ghibli 跑车车型设计 30% 的开发时间，实现了新款跑车提前 16 个月上市，在保证生产质量的前提下，还提高了生产效率，为该公司赢得了市场先机。

在 2020 年"双十一"这天，中国国际高新技术成果交易会发布了工信部的《数字孪生应用白皮书 2020 版》。白皮书指出：在制造生产中，为避免意外事故，可以在虚拟数字空间中进行设备诊断、过程模拟等仿真预测，从而防止现场故障、生产异常产生的严重后果。另外，一套完整的数字孪生的制造系统，相比较传统的制造系统，具有生产要素多样、动态生产路径配置、人机物自主通信、自组织以及可以自主给出决策建议等特点，可以统筹协调系统内外部变化，实现资源能源优化配置（见图 12-1）。① 换言之，数字孪生在优化制造流程的过程中，还能直接或间接地助力实现制造领域的资源能源优化配置。

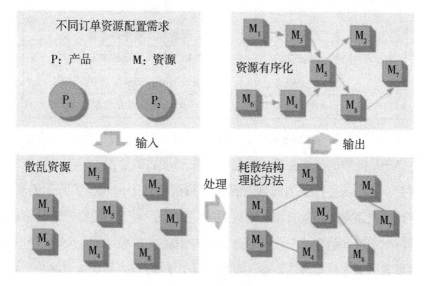

图 12-1　资源能源优化配置

---

① 《数字孪生：如何撑起一个万亿市场的产业变革?》，见新浪财经网（https：//finance.sina.com.cn/tech/2020-12-10/doc-iiznezxs6136612.shtml）。

其次，助力产品创新。产品创新包括产品的结构、工艺、功能的创新。数字孪生是覆盖制造全生命周期的技术体系（见表12-1），它对产品的全部生产过程进行了精准映射和精准记录，对于产品的"来龙去脉"非常清晰，利于数据留存与创造产品的长期价值，而且在不同的产品阶段都能发挥作用。最主要的是，它能在产品研发阶段降低成本。具体来说，数字孪生在助力产品创新方面，主要包括助力反馈产品的市场需求，辅助图式化产品的设计研发，产品的物料选购，产品的加工、库存、销售，消费者满意度反馈等数据，都将以数字孪生技术为依托，实现线下与线上的虚实动态融合，并以可视化的方式逼真地再现产品的全生命周期。对产品设计研发人员而言，虚拟空间中存在的数字孪生体是三维动态效果，相较于现实的物品而言，更有利于激发他们的设计与创作灵感，从而提升产品设计的感性价值与理性价值。

表12-1 数字孪生与产品全生命周期

	产品研发	降低研发成本
	产品制造	提高制造效率和质量
数字孪生	产品维护	制定和执行维护方案
	产品报废	制定报废标准，提前预警报废时间
	产品回收	降低设备回收难度

当然，这两种价值的集中，主要还是得益于产品的可视化数据的积累，使产品的数据模型逐渐趋于完善。在产品加工过程中，实时数据的精准映射，为产品生产工艺的创新提供了指引。对于出现错误警示的环节，往往是对产品质量产生直接影响的地方。因此，加工制造执行人员可以直接进行生产设备的智能干预，以修正或者缩减工艺程序，大大降低产品的标准误差。基于市场的动态数据反馈，为产品的功能创新奠定基础，也就意味着它是对数字孪生体中尚未开发的产品进行研发，以满足市场在新领域的需求。总的来说，用数字孪生技术助力产品创新，这种工作方式动态建立并维护了产品研发和经营管理业务需要的动态业务时序，形成数据和

消息驱动的工作新模式,改变了传统模式下以任务驱动的工作方式,有力支撑了工程和管理的融合和再创新,有助于丰富多样的企业级应用创新和繁荣。①

最后,突出个性化服务。基于工业互联网的数字孪生技术,在突出个性化定制与增强用户体验等方面具有重要价值。由数字孪生技术的精准化映射特征可知,制造与消费者之间的物理关系网络与逻辑关系网络也能被有效呈现于孪生体中。数字孪生技术在工业互联网中的有效应用,最典型的就是支撑起整个车间的智能干预系统。也就是说,数字孪生技术是智能工厂的技术基础,它能通过数据建模的方式,有效实现人机对话,从而实现设计、研发、生产与消费的精准协同,推进了传统制造向智能制造转型的步伐。在大数据、人工智能时代,"用户直连商品"与"用户直连制造"的新生产理念从理论走向实践,极大地突出了消费群体的主人翁地位。随着数字孪生技术支撑下的智能工厂的不断发展壮大,其数字化、个性化、柔性化、精准化、智能化的生产制造特征,满足了消费者个性化定制的需求。加之消费者能够根据数字孪生动态网络实时干预生产制造流程,提升了消费者对产品制造全程的参与度,极大地增强了用户的消费体验。

四、应用场景:西门子公司的数字孪生实战

从已有的资料记载,最早的数字孪生应用场景,出现在美国国家航空航天局(NASA)阿波罗项目中。NASA首先在数字空间建立了一个与真实飞行器同等结构的孪生模型,并借助数字孪生的技术优势,及时、动态地映射和反馈飞行器的工作状态,甚至可以说是完全同步飞行器的现实动态信息,从而辅助地面控制系统方面的工作人员做出正确的决策。正是基于该项目的应用场景,诸多工业制造巨头从中得到启发。尤其是在大数据、

---

① 耿建光、姚磊、闫红军:《数字孪生概念、模型及其应用浅析》,载《网信军民融合》2019年第2期,第60-63页。

人工智能、区块链技术不断发展的时代背景下，以及在工业 4.0、智能制造和工业互联网的概念广为流传的当下，以美国通用电气公司、德国西门子公司等为代表的大型工业企业纷纷拥抱数字孪生。其中，德国西门子公司的数字孪生实战经验非常值得关注。

2019 年 5 月 21 日，西门子大中华区 Realize LIVE 用户大会在成都举行。在大会上，托尼·亨梅尔亚尔（Tony Hemmelgarn，西门子总裁兼首席执行官）向媒体描述了西门子的综合性战略，其中提到了数字孪生技术以及它对于市场的作用和价值。他指出，目前西门子正在运用数字孪生技术应对制造环境的复杂性问题，以期帮助西门子更有信心地去做出更加明智的决定，以便于帮助各种规模的用户实现数字化转型。而西门子全球销售执行副总裁罗伯特·琼斯（Robert Jones）在会议上也指出，通过我们的数字孪生技术，客户能在一年的时间里就建成他们的虚拟系统，在一年内就能设计出他们的产品。同时，建立的这种有着各种不同合作伙伴的生态圈，能够帮助西门子更好地向客户提供软件服务。[1]

与此同时，西门子公司还在尝试将人工智能、数字孪生与智能制造有机结合起来。众所周知，早期的西门子公司在推进数字战略时，主要借鉴的是美国 NSF 提出的信息物理系统建设经验，但推进的效果欠佳，最后改为将数字孪生技术作为数字战略的主攻方向，目前，西门子在该领域取得了一定成绩。2017 年年底，西门子正式发布了完整的数字孪生体应用模型，该模型把数字孪生体产品（digital twin product）、数字孪生体生产（digital twin production）和数字孪生体绩效（digital twin performance）形成一个完整的解决方案体系，并把西门子现有的产品及系统包揽其中，例如 Teamcenter、PLM 等。他们的经验做法主要是将原有的人工智能战略成果进行再利用，在此基础上构建数字孪生工业制造解决方案，释放出数字孪生在制造领域的价值与活力。

---

[1]《西门子：数字化变革中的"数字孪生"技术》，见多智时代网（http://www.duozhishidai.com/portal.php？aid=75206&mod=view）。

西门子公司正在尝试构建数字孪生工厂（未来工厂）。近年来，西门子公司还在利用新兴技术探索"未来工厂"发展形态，包括大数据、人工智能、区块链和数字孪生。在数字孪生应用方面，西门子公司利用数字孪生技术，通过手机组装生产线示范机台的虚拟试车，实现机器手臂、输送带等自动化设备在虚拟环境下测试机台生产的最优化后，才实际导入产线建置以及设备生产。通过机电一体化概念设计，模拟机台生产最佳化，可大幅降低产品组装与机台、人员试车的错误风险，并同时缩短开发时间以及降低成本。① 比如，西门子公司就已利用数字孪生构建了一个安贝格数字化工厂（未来工厂），最大限度地实现了生产自动化、个性化、弹性化、自我优化和提高生产资源效率、降低生产成本。目前，西门子公司在中国成都建立了一个工业4.0工厂，它主要实现了生产流程数字化，在硬件不提升的情况下产能提升了8倍，产品的追溯性可以达到100%。②

在未来工厂技术实现方面，2018年11月，西门子公司还与Bentley软件公司携手推出PlantSight数字孪生模型云服务，旨在实现物理现实与工程数据之间实现同步，打造一个未来工厂跨部门的数据全景图。届时，未来工厂的运营，在跨部门联合管理和完成资产信息等方面投入的人、财、物都将显著减少，且工厂的数据文档也能得到动态更新，文档质量也将得到保障。

此外，为了与不断变化的工厂工程数据保持同步，Bentley和西门子COMOS团队还合力打造了PlantSight的互连数据环境（CDE）。其中包括工程模型信息桥和集成中枢，可满足数字组件（包括其标记名称）的信息同步需求。此外，PlantSight的CDE也可以由其他来源的相关数据填充，如项目交付项和控制系统输入，甚至可通过数字组件标记进行引用。对于

---

① 《从区块链、AI到数字孪生 西门子展示未来工厂概念》，见搜狐网（https：//www.sohu.com/a/336374948_100117951）。

② 《智能制造与数字孪生：关键技术与发展趋势》，载《互联网经济》2019年第2期，第40-43页。

运营工厂中的工程师而言，运营时数字孪生模型的价值取决于能否以可靠的示意图和三维模型格式来呈现信息，并保证信息的完整性和可访问性。PlantSight 可通过其全新云服务和 Web 界面充分利用 COMOS 和 OpenPlant 的互补性、久经验证的工程可靠性和智能性，实现了功能与空间建模的全方位集成。①

总的来说，西门子公司的数字孪生应用实战是智能制造领域的数字孪生应用的典型，它不仅在战略布局、软件服务和未来工厂中创造典型，还在尝试将数字孪生应用于 Sinumerik One 控制器平台为制造商提供新兴工具来创建数字双胞胎，以期在制造加工过程中满足用户在加工质量和加工效率方面的特殊要求。

随着智能制造的不断发展，以及数字孪生在制造领域中的应用场景的不断增多，我们很容易发现数字孪生在制造领域中的价值。而正是这种价值在制造领域中的彰显，刺激了更多数字孪生与智能制造融合应用场景的出现。

五、未来趋势：数字孪生重构智能制造

2019 年 9 月 11 日，江西（新余）智能制造高端论坛暨全省智能制造工作推进会成功举办。中国工程院院士、浙江大学设计工程及自动化研究所所长谭建荣为现场观众带来了"智能制造与数字孪生：关键技术与发展趋势"的主题演讲，针对制造业与数字孪生的重要性进行了详细分析。谭院士认为，未来的智能制造应从数字孪生入手，数字孪生技术充分利用模型、数据、智能，并集成多学科技术，面向产品全生命周期，发挥连接物理世界和信息世界的桥梁和纽带作用，提供更加实时、高效、智能的服务。换言之，在智能制造领域，关于数字孪生的应用已成为一种重要的未

---

① 《西门子与 Bentley 软件公司携手推出 PlantSight 数字孪生模型云服务》，见天极咨讯频道网（http://news.yesky.com/382/518880382.shtml）。

来趋势，并且这种趋势能够从现实的技术服务中看到便利和价值。

制造行业普遍认为，数字孪生在制造领域的应用分为四个阶段，分别是虚拟仿真、基础数字孪生、适应性数字孪生和智能数字孪生。

在虚拟仿真阶段，数字孪生在智能制造领域的应用，主要以高度仿真的虚拟模型为载体，辅助智能制造领域降低时间成本、优化设计流程和提前预测设计模型的未来风险。

在基础数字孪生阶段，数字孪生在智能制造领域的应用，是在第一阶段的基础上引入数字主线技术，将物理空间中的制造设备信息进行映射，能够真实地反映制造设备的运行信息。在这个阶段，数字孪生可以辅助智能制造领域进行产品迭代、设备管理、运行监督和分析决策，助力提高制造环境的安全生产系数。

在适应性数字孪生阶段，数字孪生在智能制造领域的应用，是在第一和第二阶段的基础上，进一步吸收人工智能、5G技术的优势，反映真实制造情境的运行逻辑，实现各种制造场景的分析、决策智能化。

在智能数字孪生阶段，数字孪生将在智能制造领域的应用发挥出前所未有的特长，此时的数字孪生技术能在智能制造的复杂环境中具备惊人的适应能力，它能自动实现孪生与物理环境的交互，并在此过程中完成智能决策和程序优化。

近年来，我国智能制造业数字化水平不断提升，但相对德国、美国等工业发达国家的制作业发展而言，我国智能制造业数字化转型整体还处于起步阶段。数字孪生智能制造未来的发展和应用还面临着数字孪生多技术融合、数字孪生多场景应用、数字孪生产业链待形成等诸多挑战和难题。要想真正实现智能制造工业，需要实现全要素、全产业链、全价值链的互联互通。数字孪生在工业显示场景中已经具备了实现和推广应用的巨大潜力，伴随着产业数字化程度和提升以及AI算法的成熟，数字孪生在智能制造行业将得到更广泛、更深刻的应用。①

但从目前来看,数字孪生在智能制造领域的应用,很显然还处在虚拟仿真和基础数字孪生阶段,并有向第三阶段过渡的尝试性应用场景出现,比如,西门子公司的未来工厂项目就是在尝试将数字孪生与人工智能、大数据和区块链进行结合,促进实现各种制造场景的分析、决策智能化。而对于第四个阶段的发展形态来说,很显然它就是数字孪生与智能制造融合发展的未来趋势,要在加强第三阶段的应用发展的基础上,不断地谋求向智能数字孪生阶段过渡,真正地利用数字孪生技术助力实现制造领域的智能化发展。

智能制造的未来趋势,注定与数字孪生脱离不了关系,但也不是完全只依靠它就能实现完全智能化,还需要将数字孪生与其他信息技术进行有机结合,重构一个围绕制造行业的技术网络,共同致力于打造智能制造新格局。

---

① 《数字孪生——呈现未来智能制造新图景》,见信息化观察网(http://www.infoobs.com/article/20201130/43648.html)。

第三部分

"智能+"与制造转型之"势"

第十三章

无人工厂：一种依靠智能技术的工厂形态

智能技术的广泛应用催生了无人工厂的崛起，劳动密集型制造业开始向高精尖技术密集型制造业转变，企业要想从中提高盈利能力，就要在低成本、高效率与高质量生产的过程中缩短必要劳动时间，提高个别劳动生产率，并且可以"另辟蹊径"，走新的个性化市场之路。

随着新一代信息技术与制造业深度融合程度的不断加深，由技术的聚合而引发的制造革命开始爆发，尤其是无人工厂的发展与变革极为迅猛。从"千人工厂"到"无人工厂"的转变，是制造业智能化发展的大趋势。不仅意味着制造领域的无人化生产模式的发展成熟，同时也意味着劳动密集型制造业开始向"高精尖"技术密集型制造业的转变。因此，无人工厂的发展历程，以及无人工厂的运营和企业应对，都是非常值得关注的问题。

一、工厂的历史与当下：无人工厂诞生之缘由

工厂，又称制造厂或制造企业，是指用于集中生产货物的专门场所。相较于传统的手工作坊，工厂拥有自己的雇佣劳动力，规模相对较大，生产效率也有很大程度的提高，对于满足社会对货品的需求具有很强的适应能力。特别是在工厂发展的后期，随着社会分工越来越细，流水线技术越来越成熟，工厂的机械化大生产为城市化进程供给了源源不断的社会

燃料。

　　随着社会生产力的发展，工厂的形态也在不断演变。从原始社会过渡到封建社会，人们的衣食住行逐渐趋于稳定，而那种要随季节变迁的游牧狩猎便只是属于少数人类群体的生活。大多数人的生活趋于稳定，有一个非常重要的前提就是生存的物质基础得到基本保证，这使得人们能够有更多的余力专门从事生产。马克思指出，人类"首先必须吃、喝、住、穿，然后才能从事政治、科学、艺术、宗教等等"[1]。也就是说，人们要从事专门化的生产活动，必须有基本的生活资料作为保障。

　　无论是历史上还是在当下，由于受到地域的环境和资源的限制，有的地方只能从事纺织业，有的地方只能从事钢铁生产，有的地方只能开展食品药品加工，等等。然后，最早的男耕女织的社会分工便得以形成，随之而产生的就是物物交换的原始商业活动，越来越多的人开始投身于商贸往来的行当中。这时，互通有无的信息传递回应了更多的社会需求，使得社会对产品的需求不断增加，一些家庭开始操办自家的手工作坊。手工作坊在其结构和功能上已基本相近于工厂，但由于没有雇佣劳动力，相比于最早的那种家庭分工形态，没有太大的本质区别，因此只能算作工厂的雏形。

　　工厂由雏形到发展成熟，源于社会需求的进一步跃升。手工作坊的生产制造能力在一定程度上不能满足社会对货品的需求，出现明显的供需矛盾（供小于求）。此时，由于手工作坊的效率、规模以及劳动者这三要素均存在不足，需求的刺激促使手工作坊开始雇用"帮工"，生产效率和生产规模进一步扩大，早期的手工工厂便由此而诞生。后人之所以将此种工厂形态命名为手工工厂，原因在于它是大规模的劳动者运用手工方式直接从事生产劳作。这期间开始出现生产的分工与合作，生产效率不断提高。生产过程中虽然缺乏自动化的机械设备，但以大量廉价劳动者为依托，与

---

[1]　中共中央编译局：《马克思恩格斯选集》（第3卷），人民出版社1995年版，第776页。

手工作坊相比，其生产优势非常明显。在开展制造活动的过程中，部分熟练工人开始承担领班、师傅、管理者等角色，进一步提高了整个生产团队的管理效率和资源分配效率，最终大大提高了工厂的货品输出能力。

在手工工厂生产的后期，有人逐渐发现，对用于辅助生产的工具进行改良，能够对生产效率起到非常大的提升作用。于是，将水力、风力、蒸汽等自然力量和人造力量作用于生产工具的生产模式便开始受到工厂主的欢迎。在这方面最卓有成就的是英国发明家詹姆斯·瓦特，他改进了蒸汽机，为工厂的生产注入了新的动能。与人类劳工相比，机器可以有效减少资源浪费并提高生产效能，在很短的时间内，机械生产逐渐代替手工生产，由此掀起了第一次工业革命的狂潮。鉴于这种工厂所依托的是机械工具，借助于外力从事生产，而不是人类的手工力量，所以便将这一时期的工厂形态称为机械自动化工厂。

机械自动化工厂的特征是生产过程的机械化，是人与机器相互合作而从事的货品生产过程。在机械生产全程，人类劳工要与机器相互依赖。不同的机器之间分工不同，但彼此的联系需要人工来完成，生产各环节之间存在着一种潜在的物理网络。自20世纪初期福特汽车公司的工厂开启了流水线作业开始，那种"潜在的物理网络"显得更加明显，生产的分工进一步细化。虽然也是机械化的生产，但生产的环节更加细化。也就是说，生产的流水线作业出现了更为精细的社会分工，在每一个生产环节尽量实现效率的最大化，减少在同一个生产节点上任务切换导致的时间浪费。所以，这种基于流水线的机械化工厂在原有的生产基础上进一步提高了货品的生产效率，为人口的城市化集结奠定了物质基础，极大地促进了世界城市化进程。

随着电力的广泛应用和计算机的发明，机械自动化工厂形态继续沿革，多样化的生产工具包括内燃机、发电机以及计算机、机器人等，不断涌入工厂，继续对工厂的生产活动产生影响。在这个过程中，从采购、生产、存储，再到管理与服务等各个环节，机械自动化工厂的结构都在不断地被完善。

机械自动化工厂的形态经过上百年的变革，终于逐渐成型，又经过数百年的发展完善，近来已经发展到了巅峰状态。然而，其发展的弊端也不断凸显出来。在机械自动化工厂发展的后期，由于社会生产力的进一步发展，能够建立工厂并扩展规模的企业家越来越多，意味着行业间的竞争压力与日俱增，社会分工越来越细，社会劳动生产率不断提高。单个独立的工厂要想将自己的生产效率提升到社会劳动生产率之上，势必需要引进更多的先进技术设备和人才，一方面是从效率上超越，另一方面是从规模上扩张以实现量产，确保低价竞争以获得足够的回报，同时实现占领市场的目的。

然而，近几年，随着劳动力领域的"刘易斯拐点"[①]的出现，在人口红利逐渐衰退的情况下，原本工厂中必须由劳动者担职的岗位逐渐空缺，抑或成本高昂。因此，要想在成本上降低支出，就需要充分运用新兴技术以取代劳工。在这样的背景下，部分企业身先士卒，开始尝试在工厂中大范围地采用机器取代劳工，在降低劳动成本的同时又提高了生产效率和质量，能够在同行业的竞争中胜出一筹。这样，就在社会上出现了广泛的机器换人的活动。当机器换人达到一定的程度时，最终产生的便是最新形态的工厂，即无人工厂。

无人工厂是把新一代信息技术、智能技术与先进制造技术融为一体的综合制造模式，具有自感知、自学习、自决策、自执行、自适应等功能。它以客户的产品数据、优化的工艺流程、协调的生产装备为核心，实时获取工厂相关信息；以制造工艺流程和参数指令、智能装备和生产线、智能物流配送系统的集成，实现面向产品规划、设计、制造、检测和服务等产

---

① 刘易斯拐点是诺贝尔经济学奖获得者、发展经济学的领军人物、经济学家威廉·阿瑟·刘易斯（W. Arthur Lewis）提出的一个著名观点，即劳动力过剩向短缺的转折点，是指在工业化进程中，随着农村富余劳动力向非农产业的逐步转移，农村富余劳动力逐渐减少，最终达到瓶颈状态。

品全生命周期各个环节的动态整合与优化。其技术架构层级一般包括支撑装备层、设备控制层、制造执行层、运营决策层和企业管理层等。

支撑装备层是无人工厂的基础工业互联网、工业大数据、云计算、物联网、移动互联网等，配备智能数控机床、工业机器人、智能搬运机器人（AGV）、智能物流、智能立体仓库等智能装备和生产线实现数据采集和人机交互等功能，为无人工厂的部署和管理提供基础支撑，亦是无人工厂的执行者。

设备控制层是无人工厂中向支撑装备层发送控制指令的控制中心，通常包括可编程逻辑控制器（programmable logic controller，PLC）、分布式控制系统（distributed control system，DCS）、数据采集与监视控制系统（supervisory control and data acquisition，SCADA）、盖勒普车间集中控制系统（SFC）、工业无线控制系统（WIA）等系统。

智能化生产系统及过程是涵盖智能工厂的核心，就是对生产过程的智能管控，即制造执行系统（MES）。以 MES 作为生产执行层，处于中间桥梁角色，连接上下层级，使整体架构互融互通，起到了支撑整个架构的枝干作用。智能工厂建设必须从全局出发，以 MES 系统为核心，考虑生产的各个方面，随时获取实时数据，最大限度地提升工厂的生产效率和管理水平。实现产品全生命周期管理，贯穿产品的产能规划、产品设计、工艺设计、制造运行、检测及服务过程，实现价值链端到端的数字化流程优化和集成。

整合企业信息管理系统，包括供应链管理、企业资源计划以及客户关系管理，三者有效结合，相互支持、相关依赖，形成一个完整的闭环以发挥整体效用，帮助企业改善运营效率、提升管理水平。

在无人工厂的机器换人过程中，机器最终将完成对专门从事繁重体力劳动的大范围替代。在无人工厂中，最为常见的特征就是"机器忙，人清闲"，这样的生产场景是在传统的所有工厂形态中难以见到的。在机械自动化工厂形态中，虽然人们也想到这样的工厂生产形态，但由于技术发展不够成熟，因此无法马上把这种理想变为现实。工业互联网、物联网、大数据、人工智能等技术的发展，特别是人工智能技术的发展，使得被派往工厂的机器人设备能够更为智能地从事生产制造，在生产过程中能够更好地代替原有的生产线上的工人，并且可以实现智能算法控制（"智能+"赋能制造工厂）。基于一个中央控制系统的整个工厂几乎只需要几个工程师就可以启动和运行，这为无人工厂的发展奠定了智能基础。

在无人工厂中，原本需要人工搭建的物理网络，如今被智能机器人所代替，形成了智能协同网络、线上掌控与线下的机器人执行生产任务的生态制造场景。从原材料的输入到成品的输出，全过程实现了智能控制，生产过程中的信息被不断地以数据的形式传输到控制平台，使得生产监控者能够有效监管整个生产环节，生产的效率和质量都远远高于其他的工厂形态。唯一需要注意的是，在建设无人工厂的前期，机器的投入成本可能非常高。在建厂的过程中，厂主可能已经把未来的6~8年的全部劳动力成本一次性支付了，但无人工厂一旦建成，其后期的利润就能够不断地回升。

无人工厂在货品生产的全过程中，在流水线上、在生产车间以及整个的生产工厂，直接对接生产任务的不是传统意义上的人，而是能够代替人类员工的智能机器人。除此之外，就只剩下管理和运营机器的人。就这个层面而言，无人工厂不是绝对的无人，只是生产过程不需要人，只需要少量的管理和运营机器的人便可。

在无人工厂的生产过程中，其成本、效率以及生产质量，都是传统的工厂形态无法比较的。2017年6月，东莞长安镇诞生了首个无人工厂：每天60台机器手日夜无休地打磨一个个手机中框结构件。它们被分成10条生产线，每条生产线由一条自动传送带上下料，这个过程不再需要任何人力，每条线只有3名工人负责看线和检查。随之相继而来的是海尔、美的、格力、富士康等一大批制造业企业的工厂无人化革命。

可以预见，在不远的将来，智能化将会较普遍地走进生产领域，机器人将会逐渐淘汰、替换普通工人，越来越多的行业将会产生颠覆式变革，越来越多的工厂将会转型为无人工厂。

二、利润来源：无人工厂的利润变现之道

制造业企业是指专门从事生产制造与服务，并以营利为目的的生产服务组织。虽然目前部分大型制造业企业有朝着社会化企业发展的趋势，但从根本上看，制造业企业始终是要以营利为目的的。只有如此，企业才能在保证自身立足的同时又奉献社会。同理，制造业企业的无人工厂也是要以营利为目的的。那么，马克思主义经典作家认为的那种劳动创造剩余价值的学说在这里好像失灵了。这自然引起人们对无人工厂的利润来源产生疑问。究竟是什么样的原因，使得无人工厂的无人模式依然能够获得利润？这恐怕还是要从劳动创造剩余价值说起。

剩余价值是指劳动者在劳动过程中完成满足自己和家属的基本生存需要的必要劳动之后所剩余的那些劳动所创造的价值。对于资本家而言，剩余价值的存在才是他们雇佣劳动者的最初动机。但在无人工厂中，流水线与生产车间，或者说整个工厂的无人状态，引发人们对无人工厂的利润来源的重新审视。

为了辨清无人工厂盈利的源头，需要重新思考无人工厂的"无人"一词。首先，需要明确的是，无人工厂并不是真正的无人，只是相较于传统的人工工厂而言，它的数量和规模远远小于人工工厂。其次，在无人工厂中，如今仍然有众多的科研团队和管理团队在后台夜以继日地监测和管理，他们凭借过硬的专业本领和智能操控技能，构建了无人工厂得以有序运行的内在秩序，并在生产效能上与以往的那些成百上千的工人的劳动力大抵相当。通常情况下，"无人工厂"只是某一企业的"无人生产车间"，只是企业整个生产过程中的一个环节，而在生产过程背后却是庞大的科研和管理队伍。大批科研人员为新产品的开发、生产工艺的改进、新机器设

备的发明创新等花费了大量的高质量劳动,形成了数量巨大的价值。① 换句话说,这些无人工厂的科研团队和管理团队,由于他们高效的劳动生产率,在很短的时间内就已经完成了必要劳动时间内的劳动,其余都是在创造剩余价值。因此,他们在劳动质量上与工人工厂的人工质量相当。这听起来似乎有点不可思议,那是因为忽视了科学技术带来的强大力量。

众所周知,复杂劳动和简单劳动所能创造的价值是完全不对等的。无人工厂中的科研团队和管理团队所从事的是复杂劳动,人工工厂中的普通工人所从事的是重复而简单的劳动,所以后者只能用数量来抵偿质量上的不足。那么前者为何可以实现质量的飞跃?还是因为借助了现代科技的力量。他们深谙工业互联网、物联网、大数据和人工智能之道,能够通过复杂的技术手段控制机器为其创造替代性的劳动,这无疑在效率和质量上出现了飞跃。因此,在无人工厂中,除科研团队和管理团队外,那些人工智能机器人也是利润的来源之一。

引进人工智能机器人到工厂,我们可以把前期的机器人成本看作"劳动力成本"。唯一不同的是,这些机器人与企业"签订"的是"终生契约",接下来的整个生命历程都将为无人工厂默默付出。机器人有一大特点:它能够在生命周期内进行无休止的劳作,并能对其部分损坏的零部件进行迭代更新。所以,机器人能够在很短时间内就完成自身的必要劳动,余下的所有时间都将在生产剩余价值,并通过生产货品的途径,不断地将自身的剩余价值转移到商品中去,从而实现在商品交换关系中变现机器人的剩余价值,为无人工厂创造有形的利润。

同时,机器人所拥有的创造剩余价值的能力也值得我们关注。这就要回到人工智能机器人的发明创造领域。人工智能机器人的生产制造,是机械化大工业生产时代遇上"智能+"赋能制造的时代,在"智能+"赋能的源头上潜藏着剩余价值的转移。人工智能机器人技术并不是天然存在

---

① 《无人工厂》,见 360 百科网(https://baike.so.com/doc/6264215-6477636.html#6264215-6477636-3)。

的，而是无数人类科学家历经千辛万苦累积起来的人类劳动成果。不难理解，人工智能机器人中必然存在这些人类科学家的剩余价值，只是在人工智能机器上没有直接体现出来，而是体现在购买人工智能机器人的环节中，以及人工智能机器人制造的有待销售的商品中。毫无疑问，前一部分的科学家的剩余价值被机器人生产厂商所占有，后一部分的剩余价值则体现为无人工厂的利润。这两方面利润的叠加，可以直接算作人类科学家对这个社会的间接贡献。科学家在开始着手准备研究人工智能机器人的时候，就是朝着这个奉献的价值目标而去的。归根到底，"无人工厂"的利润主要来源于科研人员的复杂劳动所创造的剩余价值即科学价值。[1]

从上文可知，生产无人工厂机器人的制造商、无人工厂的科研团队和管理团队、人工智能机器人本身都是无人工厂盈利的价值源泉，但这些价值源泉是如何变为无人工厂的现实价值的呢？其载体必然要回到制造业链条末端产出的货品上来。当这些货品进入流通领域，成为商品时，它们在商品的交换活动中彻底地将无人工厂中各方存在的剩余价值变为资本。

马克思认为，"如果一个商品高于或低于它的价值出售，那只是发生剩余价值的另一种分配"[2]。所以，无人工厂的货品进入交换领域后，围绕商品进行的交换活动表现为剩余价值的再分配。由于在无人工厂中是高效率且不知疲倦的生产机器在进行生产，当这样的无人工厂还只是占社会的少数时，本身生产的产品的个别劳动生产率就要低于社会劳动生产率。因此，在社会交换互动中具有领先优势，以同样的价格进行交易，或者以比别人低的价格进行交易，都能从中赚取较为丰厚的利润，赢得超额价值的回报。换句话说，当某一行业只有一家或少数几家企业拥有"无人工厂"，其余企业还是利用有人工厂方式进行生产时，利用先进科学技术的"无人

---

[1] 刘冠军、邢润川：《科学价值："无人工厂"之利润的真正来源———一种马克思主义劳动价值论角度的理解》，载《科学技术与辩证法》2004年第6期，第16-21页。

[2] 中共中央编译局：《马克思恩格斯全集》（第25卷），人民出版社1972年版，第51-52页。

工厂"的产品的个别价值低于社会价值,这样就形成了超额剩余价值。①

综上所述,无人工厂的利润来源是多渠道的,有科学家、机器制造商、工厂的科研团队和管理团队、机器人本身以及从交换活动中换来的剩余价值等,但最根本的源泉仍然是劳动者的剩余价值。唯一不同的是,在无人工厂的生产中,劳动者不直接从事生产劳作,而是发明机器人以代替自己去劳作,进而创造更大的价值与做出更大的贡献。

既然无人工厂的利润来源是多样化的,这就意味着企业要获得利润变现的渠道也是多样化的。那么,企业该采取哪些措施进行创收?这是企业在建设无人工厂过程中需要思考的重要问题。

在无人工厂中的盈利,是一种复杂而系统的劳动战胜简单而分散的劳动的过程,企业要想从中提高盈利能力,难免要驱使工厂的劳动形态从简单劳动向复杂劳动的过渡,从而在低成本生产、高效生产与高质生产的过程中缩短必要劳动时间,提高个别劳动生产率,并且可以另辟蹊径,走新的个性化市场,从而打造属于市场特有的产品。

因此,制造业企业要提高盈利能力,势必首先主动引进先进技术,自主开发核心技术,以技术优势变革无人工厂生产效率和生产质量。比如,积极探索3D打印技术、边缘计算技术、5G技术与无人工厂技术的结合,不断地升级转型,提高无人工厂生产线智能化水平,不断提高劳动生产率,改进机械设备,实现高度柔性化生产,尽最大努力保证企业生产效率高于社会劳动生产率。

同时,制造业企业要适时打造自主品牌,保证市场口碑,注重产品的高质量与消费者个性化需求的契合,打造以消费者为中心的无人制造工厂,甚至可以让消费者生产自己需要的商品,其间还可以对消费者进行生产知识普及,提高消费者对商品形成全过程的参与感。

---

① 韩培花:《论"无人工厂"利润的多重来源——对刘冠军、邢润川二位先生观点的补充》,载《前沿》2006年第6期,第18-21页。

制造业企业要提高盈利能力，单靠企业本身的力量其实是远远不够的，还必须加强与外围科研团队、科研机构、高等院校的深入合作，积极转化人类"科学价值库"中的价值于商品之中。有条件的企业还可以在建设无人工厂的过程中，从事机器生产机器的制造活动，形成上下游产业链协同，减少剩余价值的社会分割。

三、企业应对：无人工厂的未来发展准备

无人工厂是制造业迈向高级阶段的新形式和新趋势，其构建的关键是，通过运用物联网、大数据、人工智能技术，助力实现因换人之需要而引进的机器人之间的互联互通，在不同的制造任务之间促进虚拟网络与现实物理网络连接的生成，并通过可视化技术、编程技术、信息控制技术、系统控制技术赋予机器以从事生产行动的能力，使一对多的人机互动基础得以形成。在无人工厂的建设中，只要在生产过程中嵌入传感器，对生产过程进行数据采集、存储和分析，再通过相关控制技术手段对执行生产任务的机器进行控制，就能实现对生产故障和潜在风险的预警，为制造过程带来极大的便利。

通过前文分析可知，无人工厂作为一种依靠智能技术生存的工厂形态，给制造业的智能化转型提供了技术基础。可以说，无人工厂的出现，是"智能+制造业"的完善形态，也是大数据、计算机视觉、语音识别、自然语言处理、机器学习等智能技术在制造业领域"大显身手"的大好时机。

在智能化转型的大趋势下，一些大型企业作为第一批"吃螃蟹"的企业，从中尝到了建设无人工厂的甜头，并迅速扩展建设无人工厂，众多的其他制造业企业也参与到这个过程中。如今，无人工厂已经成为未来制造业智能化转型发展的重要方向。

无人工厂的发展能够带动制造业的发展，并在发展中提高制造业企业应对风险的能力。目前，我国每万名产业工人所拥有的工业机器人数量为

68 台左右，仅为世界平均水平的 48%，不到世界平均水平的一半。① 所以，单从国内市场来看，无人工厂的建设还有巨大的市场有待开拓，专门从事制造业机器人销售的企业的前方还有广阔的蓝海。

无人工厂的建设促进了柔性化生产与个性化定制。从海尔的无人工厂建设视角来看，海尔沈阳冰箱工厂为实现大规模定制选配组合，将 100 多米的传统生产线改装成 4 条 18 米长的智能化生产线。目前，工厂内一条生产线就可支持 500 多个型号的柔性大规模定制，从而实现快速柔性满足用户的多样化选购需求。用户可以根据自己的喜好选择冰箱的颜色、款式、性能、结构等，定制一台自己的冰箱，也可以通过可视化操作，随时查到自己的冰箱在生产线上的位置，如生产到了哪一个工序、有没有出厂等。② 这对于消费者而言，无疑建立起了对制造厂商的信任感，生产制造全程的可看、可控，使消费过程的服务与体验得以大幅度提升。

总之，建设无人工厂，对于一个国家的制造业智能化转型升级具有重要意义，对于制造业企业降低生产成本、提高企业生产效率和生产质量、满足消费者个性化定制的需求有巨大优势。因此，建设无人工厂潜藏着对制造业企业发展的推动力量。从某种意义上说，能够充分掌控这个力量来服务于制造各环节的企业，在未来的制造的竞争中就占有优势。

在制造业智能化转型升级中，发展的过程也是竞争的过程。那么，那些原本就缺乏竞争力的中小企业势必很难实现后发赶超大型企业，因为拥有强大技术优势的企业还在前面出发，早已经发展到很多中小企业难以企及的地步，缺乏创新的中小企业自然难以生存。以机器人为例，虽然目前市场需求在逐渐增加，但国内的机器人制造企业不仅要面对相互之间的竞争，更要面对国际上一批拥有巨大影响力的工业机器人生产商的冲击。其

---

① 《芯片、机器人、轨交装备领域国产化替代加》，见新浪博客网（http：//blog.sina.com.cn/s/blog_ 5f364abb0102xlam.html）。
② 《海尔无人工厂"中国智造"落地样本》，见搜狐网（http：//www.sohu.com/a/215546456_ 267417）。

中包括瑞典的 ABB，德国的 KUKA Roboter Gmbh，美国的 Adept Technologe 和日本的 FANUC、安川、松下等知名企业。这些企业起步早，技术先进可靠，有着十分成熟的机器人解决方案和良好的销售渠道，是国内企业的劲敌。目前，我国本土企业在与这些国外知名企业的竞争中处于劣势地位，如果不迅速弥补核心技术、关键零部件等的短板，未来的机器人市场将难觅国内企业的踪迹。①

面对无人工厂发展过程中存在的机遇与风险，制造业企业从来都不是坐以待毙的，而是选择积极应对，在持续的探寻中，寻找一条通往可持续发展的道路。首先，为了能够从无人工厂中谋得更多的发展福利，就企业本身而言，构建一个开放包容的企业环境就显得尤为重要。在这样的企业环境中，多元制造文化的交错出现，刺激了企业多关注、研究和接纳前沿的制造业发展动态和政府的政策动向，积极顺应制造业发展趋势来定位企业本身的发展特色，并积极申报符合制造业转型升级条件的政策支持项目，实现借力对一部分落后产能进行转型。在认真衡量自身发展实际后，制造业企业也要根据已有的研究基础和相关政策合理布局无人工厂的建设，切忌盲从其他企业。否则，脱离自身实际的智能化转型，反而更容易被市场淘汰。

其次，制造业企业应该加强基础设施建设。特别是围绕制造业领域的国家标准、行业标准，进行企业的标准化、信息化和智能化改造，紧跟时代发展步伐，在生产制造的各个环节中引入大数据和人工智能技术，尽最大的努力打通数据孤岛，构建统一的生产数据平台。制造业企业在未建设无人工厂之前，若能够首先将这个基础打扎实，那么后继的无人工厂建设，其实就是引进先进设备的问题，而不是因为先天的不足而跨越式地进行战略布局，也不会导致企业在短时间内消耗众多的资本，增加无人工厂建设的风险。就无人工厂的建设而言，它是一个长久之计，企图在短时间

---

① 《东莞无人工厂启示录：机遇与挑战并存》，见维科网（https：//robot.ofweek.com/2015-06/ART-8321202-8420-28965900_4.html）。

内就能立即盈利是有些不现实的。因此，制造业企业需要一边发展一边准备，基础要抓，战略方向要抓，而且"两手都要抓，两手都要硬"，这样才能做到游刃有余。

再次，不断提升企业软实力。制造业企业的智能化发展，在提高企业硬实力的同时，要下大力气不断提升企业的软实力。在建设无人工厂的过程中，智能化水平不是由生产线上的机器人决定的，而是由掌控生产机器人的后台管理人员决定的。人才的水平，决定了制造业企业的智能化水平，也决定了无人工厂的智能化建设水平。所以，企业的无人工厂建设，需要首先开展人才培育工作，要做到既能引进人才，又能留住人才。在当前的制造业环境中，人才的流失率很高。人才流失的过程，其实就是技术与知识产权流失的过程，会对企业的无人工厂建设产生非常大的影响。所以，人才的激励机制要健全，从"心"上留住人才。

最后，要加大创新力度。由于激烈的市场竞争，那些趋于同质化、缺乏特色的产品就只能依靠低价赢得"市场回扣"。但是，中小企业在竞争力上根本不如国际知名企业，所以，制造业企业的无人工厂建设为了避免建成还是被淘汰的尴尬境地，制造业企业势必加大创新力度。无人工厂的建设，形式上是无人化和智能化，但这是所有企业建设无人工厂的目标之一，其根本的不同在于满足消费者个性化需求的程度。在一定意义上而言，消费者的个性化需求是无止境的，而且随着社会生产力的不断发展，消费者的个性化需求会表现出新的特征。因此，随消费者需求的变化而变化的制造业企业的创新也是无止境的。制造业企业的创新，在方法层面，有自主创新、合作创新、整合创新等；在创新内容上，有品牌创新、服务创新、产品创新、管理创新、营销创新等。制造业企业选择创新方法，以及选择创新内容，只要其在无人工厂的建设布局中，能够融入制造业创新的理念，并能切实提供其他企业没有的产品与服务，那么，这样的制造业企业无论什么时候开始布局无人工厂的建设工作，对其未来生存而言，其风险都要小得多。

第十四章

机器换人：做一个不会被机器换掉的人

机器换人最终会"换掉怎样的人、不会换掉怎样的人、会引进怎样的人"？这是已经在从事或者即将从事制造业的人一开始就要认真考虑的大问题。

在新时代，制造业要"提质、增效、降成本"，要转型升级和高质量发展，智能制造是必由之路，机器换人是必然选择。机器换人对制造业领域的从业者、企业、政府及相关产业都产生了深远的影响，但机器换人不等于不需要人，而是更需要适应智能时代的交叉复合型人才。

一、生存之战：制造业的机器换人战略

自工业革命以来，世界强国的兴衰史和中华民族的奋斗史一再证明，制造业是国民经济的主体，是立国之本、兴国之器、强国之基。当今世界，制造业的发展作为一个国家生产力水平的直接体现，必然成为各国相互竞争和抢先布局的重点领域，而首先在制造业领域实现突破和超越的国家，在未来的国际竞争和市场格局中都将获得主动权和话语权。

同时，制造业也是对科技发展最为敏感的领域之一。在"智能+"时代，工业互联网、大数据、人工智能、物联网、3D打印、数字孪生等新技术被广泛应用于制造业的各方面和各环节，机器换人浪潮此起彼伏。可以说，机器换人换掉的是制造业的"高成本、低效率、低质量"，换来的是

制造业的转型升级和信息化、网络化、智能化水平的提高。

随着制造业转型升级之风吹向全球工业化国家，美国的工业互联、德国的工业4.0、日本的再兴工业、中国的制造强国战略等，被提上了日程。虽然名称不同，但其本质都是智能制造。随着物联网、大数据和人工智能技术的快速发展和广泛应用，人工智能网络逐渐与原有制造业的物理网络相互融合。在此基础上，工业革命与互联网革命交叠而促进了智能制造的诞生。智能制造的基本特征是制造业的机械化、自动化与智能化，其表现形式之一就是机器换人——用机器人代替制造业中的部分劳动力。

就我国传统的制造业而言，大部分地区的制造业企业具有入门门槛低、原材料成本和厂地租金低、劳动力成本低的特征，这就为传统的制造业的崛起奠定了基础，再加上国家制造业政策的积极引导，我国在改革开放后的几十年间迅速跃升到世界制造业大国的行列。一方面，制造业发展的初期，由于制造的产品品类匮乏，市场需求却非常旺盛，是典型的供不应求的市场状态。另一方面，随着制造业的深入发展，制造业规模的不断扩大，数以百万计的劳动岗位出现缺口，这一强大的市场牵引力，使得浩浩荡荡的"劳动力大军"不断奔向沿海的制造业城市，造就了我国多年来存在的青壮年劳动力季节性转移的蔚为壮观的社会学景象，为沿海城市的经济腾飞贡献了无穷的力量。

然而，随着人口老龄化的加剧、计划生育导致的人口结构变化、劳动力成本的逐渐提高，无形间增加了制造业发展的劳动力成本压力。与此同时，在经济全球化进程中，世界制造业产品的销售市场逐渐饱和，制造业企业之间的竞争越来越激烈，从原有的规模竞争、效率竞争逐渐转化为质量竞争、人才竞争与效率竞争并举。曾经异军突起的传统制造业难敌更具优势的后起之秀——智能制造。

在新时代，制造业要实现转型升级与高质量发展，智能制造是必由之路，机器换人是必然选择。由于机器在性能、工作时间、工作效率、工作精准度等方面都远超人类劳动力，越是重复性劳动、线性劳动、流水线生产的领域，机器越能发挥其无可比拟的优势。

在国内，2012 年，浙江和江苏首先在制造业领域兴起以"机器换人"的方式促进传统制造业转型。2014 年，东莞市政府为促进全市制造业的转型升级，直接从战略与政策层面开始实施机器换人战略，进而在国内带动了一股强劲的机器换人的浪潮。时至今日，机器换人依然在升温，并具有从一般制造业逐渐向服务制造业延伸的趋势。

2014—2016 年，东莞市实施"机器换人"三年行动计划，市财政每年安排不少于 2 亿元，资助企业利用先进自动化设备进行新一轮技术改造，并重点引导企业优先使用莞产先进装备，对企业应用莞产装备进行"机器换人"。截至 2018 年 6 月，东莞企业申报"机器换人"专项资金项目共 2698 个，财政总投资约 386 亿元，新增设备仪器 76315 台（套），其中莞产设备占 17.5%。"机器换人"的成效显而易见。2016 年，东莞工业技术改造完成投资额 332.99 亿元，同比增长 44%。项目完成后，劳动生产率平均提高 2.5 倍，产品合格率平均从 86.1% 提升到 90.7%。相对可减少用工近 20 万人，单位产品成本平均下降 9.43%。①

东莞的机器换人战略成效显著，得益于东莞的政策支持。2014 年 9 月，东莞市分别发布了《东莞市关于加快推进工业机器人智能装备产业发展的实施意见》《东莞市推进企业"机器换人"行动计划（2014—2016 年）》《东莞市"机器换人"专项资金管理办法》等政策文件，为东莞的"机器换人"工作指明了方向，在发展目标、发展思路、产业规划、行动计划、配套服务体系、机器换人奖励规则以及战略得以实施的有效保障等方面作了明确指示，为东莞市近年来的制造业企业的转型升级提供了必要的政策支持。从区域经济学的角度而言，机器换人战略关系到一个地区经济的发展状况、企业转型升级的动力、区域内外的人才联动与流动等领域。简言之，机器换人是一个系统工程，可谓牵一发而动全身。

---

① 《东莞实施"机器换人"加快企业转型升级》，见奇虎网（http：//sh.qihoo.com/pc/9d6cd9a32bff455ac？cota＝4&tj_url＝so_rec&sign＝360_e39369d1&refer_scene＝so_1）。

从效益方面考虑，东莞的机器换人战略成效显著，主要得益于人才政策与机器换人资助政策。"谋事在人，成事在天"，东莞的人才引进政策对其机器换人战略具有重要意义。根据《关于调整〈东莞市特色人才特殊政策实施办法〉部分配套实施细则及办理规程的通知》（东人才办通〔2018〕2号）的相关规定，东莞对于进驻东莞的人才补贴包括住房补贴、创业贷款贴息补贴、个人所得税补贴等。其中，人才的创新创业方面最高可补贴100万元的贴息，在个人所得税方面最高可补贴50万元，购买房屋的补贴最高可补贴250万元。可见，如此强度的政策支持力度，势必为东莞的机器换人战略引进更"高精尖"的人才，为继续推行该战略奠定人才基础。在机器资助方面，根据《东莞市"机器换人"专项资金管理办法》可知，其专项资金主要以事后奖励、拨贷联动、设备租赁补助、贷款贴息等方式资助符合条件的项目，单个项目资助的金额最高可高达500万元。就此，东莞的机器换人战略的成效得以凸显。

机器换人战略不仅仅是东莞市在实行，国内的其他城市的制造业行业都在有序推进。制造业企业如果不借用机器换人战略迅速推动制造业转型升级，那么在后继的市场竞争中，难免会陷入被动的局面。正是因为如此，我们可以看到各地的机器换人的相关文件（见表15-1）反映的正是对这股趋势的积极回应。

表15-1 机器换人战略及相关文件

省份/地区/部门	时间	文件/其他
浙江省、江苏省	2012年12月	传统制造企业中逐渐兴起"机器换人"
工信部	2014年1月	《关于推进工业机器人产业发展的指导意见》
东莞市	2014年9月	①《东莞市"机器换人"专项资金管理办法》；②《东莞市推进企业"机器换人"行动计划（2014—2016年）》；③《东莞市关于加快推进工业机器人智能装备产业发展的实施意见》

续上表

省份/地区/部门	时间	文件/其他
温州市	2016 年	《关于农业领域"机器换人"推进行动计划（2016—2020 年）的通知》
山东省	2017 年 4 月	《关于组织申报 2016 年度第二批重点行业贷款财政贴息和"机器换人"技术改造专项资金项目的补充通知》
山东省	2017 年 8 月	《山东省智能制造发展规划（2017—2022 年）》
青岛市	2017 年 8 月	《关于加快先进制造业发展若干政策实施细则》
浙江省	2017 年	《关于 2017 年度浙江省工业投资和"机器换人"技术改造考核评价结果的通报》
安徽省	2018 年	《支持机器人产业发展若干政策》
深圳市	2018 年	《深圳市关于实施技术改造倍增计划 扩大工业有效投资的若干措施》
天津市	2018 年 8 月	《天津市关于加快推进智能科技产业发展若干政策》

机器换人战略是顺应时代发展潮流的重大战略，制造业企业的升级转型离不开物联网、大数据和人工智能等技术的支撑。截至目前，智能制造业已经成为全球化趋势，机器换人作为制造业实现智能化的重大技术，主要经历了如下三个发展阶段。

第一阶段是政策倡导阶段。这个阶段的机器换人，表现为一种被动倾向，机器换人的市场还没有全面铺开，对制造业的整体智能化转型的效果不明显，属于"未雨绸缪"阶段。

第二阶段是典型企业、龙头企业示范阶段。该阶段的机器换人，是带有试点性质的尝试阶段，部分企业开始出现裁员现象，首先试点的企业在试点的过程中发现机器换人对制造业发展的未来前景，迅速抓紧转型的好时机，朝着智能车间、无人工厂、关灯工厂的目标迈进，制造业的信息化、数据化、智能化水平明显提高。

第三阶段是全面发展阶段。这个阶段是机器换人发展竞争最为激烈的阶段，大量制造业企业不断地涌入机器换人的队伍，极大地促进了制造业在柔性化生产、个性化定制等方面的能力和水平，制造业的竞争由数量竞争过渡到质量、效率和服务竞争，凸显了制造业智能化转型后的强大影响力。

二、弯道超车：机器换人对智能制造的影响

由于制造业发展环境、劳动力结构、市场的变化、国家政策的激励等众多因素的综合作用，机器换人已成为制造业领域战略转型和"弯道超车"的快捷键，对劳动者、企业、相关产业以及国家而言都具有重要的现实意义。

（一）对劳动者个人的影响

机器换人改变了员工的工作方式和工作环境，将之从简单、重复、繁重的体力劳动中解放出来，从而使人们能够有更多的时间和精力去从事学习和再教育活动，拓展了人们的发展空间。当然，这个自由空间的获得，首先要求人们能够迅速在变化的工作环境中安身立命，找到一份适合自己的学习与发展的工作。这对于大多数制造业的劳动者而言，可能是最大的挑战。

由机器换人带来的制造业智能化升级，不可避免地对不同国家和地区的劳动者产生不利的影响。旧的就业市场需求严重缩水，新的就业岗位人才短缺，但在短时间内，旧有劳动力的能力与技能又不能实现快速迭代，所以会出现劳动力供需失衡的问题，需要劳动者势必在换人之前做好相应的准备。一方面，在换人的过程中，增加新的岗位，员工可能是在岗位上

的调动,其方向主要是从简单、重复的工作岗位转向带有创造性的、富有管理韵味的岗位,这样的工作岗位便于劳动者根据自己的需求适当地安排放松和锻炼,这是与人的全面发展相互符合的。另一方面,机器换人能够将劳动力从高度危险的作业环境中解放出来,在完成机器换人的重要使命的同时,给予员工一个更加安全的工作环境,减少职业病的发生,有利于最大限度地惠及劳动者的身体健康。

(二) 对制造企业的影响

制造企业通过引进先进的机器人设备,从提质、增效、降成本三个方面同时获益。毫无疑问,能够有机器换人基础的制造企业,自然会跟随市场行情而变化,在生产流水线、生产车间、加工工厂逐步开展换人活动,由简单到复杂逐次进行。

根据浙江新闻报道得知,海亮制造企业在数字化转型的过程中,实施机器换人后的生产线上,理料、排料、送料、衔接、定位、释放……一个个铜管接件就生产出厂了。俯瞰车间,"埋头"生产基件的不是工人,而是60多组四轴机器人,数十个机器人正有节奏地挥舞手臂,生产场景蔚为壮观。负责海亮铜管道管件部车间智能化改造的工程师介绍,整个车间共布置了四轴以上机器人60多组,其中六轴机器人共17组,所有工序设备均按照生产需要进行智能化改造,采用机器人作业,人工从17个人减少到4个人。2016年开始,海亮股份有限公司相继实施了4个浙江省级"机器换人"项目,涉及生产线信息化建设及智能化改造。据了解,2018年,该公司又实施了两个省级智能化"机器换人"改造项目,其中精密环保型铜及铜合金管件智能化制造技改项目改造完成后,在保持生产线产能不变的基础上,劳动生产率可提高25%,用工减少200人,节电1000万千瓦时,年节水0.72万立方米。①

---

① 《机器换人提质增效,海亮加快数字化改造》,见浙江在线网(http://zjnews.zjol.com.cn/zjnews/sxnews/201810/t20181030_ 8611837. shtml)。

从海亮制造企业的机器换人战略可知，无论是在企业劳动生产率还是节能节耗、生产效率等方面，改革的成效都非常显著。在流程化、自动化、智能化的生产过程中，操作失误的可能性非常小，只有在生产机器损坏或者输入的产品模型数据存在问题时，才会导致产品不合格。过去那种因流水线上的员工的疲劳、身体不适、偷懒、出现问题不上报等情况而导致产品不合格的问题，现在已被解决，员工被精准化、固定化、自动化的机器人所替代，生产的产品质量更高、效率更快。所以，机器换人对于制造业企业的影响，主要表现在提高了企业产品的生产质量和生产效率，并在不同方面出现边际成本不断降低的趋势。

首先是提质。以智能算法为技术核心的制造业机器人，打通了传统制造业企业的设计、研发、生产、产品交付等环节的数据，数据化、智能化的系统平台实时反馈、精益生产，为制造业的高质量发展带来机遇。在制造业领域，产业工人的劣势具有向产品转移的特征。那些无心投入生产、缺乏工匠精神与奉献热情的员工，在生产过程中的疏忽最终会导致产品的质量出现问题。相反，机器换人后的制造业，能够把制造业生产标准、产品参数数据、工匠精神、企业家精神等融入机器人运作原理之中，使高性能的机器人生产设备能不折不扣地将标准执行到底，这无疑会大大提升制造业的质量，从而提高产品合格率和企业市场竞争力。

其次是增效。以大数据、人工智能算法为核心的机器人，成为机器换人的"游戏主角"。回归"智能+"推动的制造业革命，从某种程度上来说，就是制造业领域的生产工具的革命。工具的革命的本质就是效率的革命，制造业企业在制造流程的再造活动中，以不知疲倦的机器人换掉人类劳动力，大幅度提高了生产效率。通过机器换人推动制造业企业生产效率的大幅度提高，有利于企业在供给侧结构性改革的过程中做到张弛有度，更好地控制流量、厘清存量、发展增量，从而能够迅速应对市场变化，提高了企业的生存能力。

最后是降成本。从海亮制造的新闻报道可知，其在实施机器换人后，劳动生产率提高了25%，用工减少了200人，节电1000万千瓦时，年节水0.72万立方米。这无疑为该企业的未来发展降低了成本。在解决用工荒的难题时，劳动生产率提高25%意味着单位时间内企业的劳动成本就会相应降低，制造业产品的增加值也随之增加。值得注意的是，被机器换掉的那200个人，节约的人工成本可直接用于购买机器设备，而这些机器的价值，最后又会被全部转移到产品中，这是节约成本的另一个方面。智能化的生产严格按照生产配方进行制造，全天候的制造活动减少了间歇性作业带来的额外能耗，原材料、水、电等方面出现不同程度的"节约"。此外，制造业企业实施机器换人战略，不单是企业自身的行为，还有政府与相关融资方的参与。政府的参与，主要是给予相关税收减免的优惠以及相关专项资金的支持；相关融资方的参与，为企业解决了"融资难、融资贵"的问题。综合而言，机器换人对于制造业企业生产成本的降低具有重要意义。

（三）对相关产业的影响

机器换人促进制造业智能化转型的同时，其影响的外延远不止于制造领域，还包括由其带动的一系列附加产业的崛起与复兴。

曾经有这样一群人，他们乘着阿拉斯加淘金的热风，在淘金沿线做起了售卖淘金工具的行当，最终实现脱贫致富。若是把淘金工作等同于制造业，那么，那些在淘金路上售卖工具的人就可以被称为生产性服务商。机器换人对制造业的变革，其影响便与这个故事有相通之处。一方面，由机器换人带来的制造体系迭代，对人才的素养要求日新月异，与之相应的制造机器人教育技能培训行业随之发展起来。另一方面，与智能制造存在上下游产业关系的生产性服务业与服务型制造业（机器人生产制造、金融服务、科技服务、商务服务、交通运输、现代物流）也分别得到不同程度的发展。生产性服务业与服务型制造业本身并不向消费者提供产品，而是嵌入智能制造的各个环节为其提供服务，因此，势必受到机器换人的影响而做出相应的服务调整。

（四）对国家的影响

时至今日，智能制造已成为全球不可逆转的趋势，不同的国家和地区都在不同程度上进行了制造业智能化的战略布局，其中的一个共同点在于，它们均借助机器人作为优化制造业结构的手段。因此，机器换人对于国家的战略意义是十分重大的。

第一，机器换人战略会影响国家的政策制度，包括税收制度、金融制度和财政制度等。不可否认，机器换人的思想首先诞生于部分战略超前的制造业企业，经过这些企业前期的实践，其收效颇丰，进而引起国家和政府的高度重视。故而将企业的战略提升为国家战略，并出台一系列机器换人的优惠政策，以引导、鼓励、支持更多的企业参与其中。

第二，加快国家制造业智能化转型速度，有利于制造业整体流程再造。从国家层面而言，机器换人战略布局是带有指向性、政策性的趋势与走向，必然能激起制造业经济主体的迅速贯彻落实，从而带动整个国家制造行业的智能化转型，随即出现的是新的制造业流程——实现制造业流程再造。

第三，有利于提高国际竞争力和国家总体经济硬实力。制造业是一个国家实体经济的典型代表，制造业的发展水平在很大程度上直接体现了一个国家的整体经济实力，对国家的总体经济安全与稳定具有重要意义。机器换人战略推进国家制造业智能化转型的步伐，能够有效保证一个国家在全球分工越来越细化的国际环境中具备竞争的能力，从整体上有利于提高国家的国际竞争力和总体经济硬实力。

三、新不等式：机器换人≠不需要人

近年来，随着数据化、自动化、智能化、机械化等制造技术的不断成熟，世界上众多大型跨国企业便借此机会争夺"先进制造"的领地，不断地向智能制造、服务制造转型。由于制造业企业智能化转型的需要，机器换人的浪潮席卷全球，自然而然，就会有人站出来关注被机器换掉的人的生存状态。

2018年9月，德国西门子公司为了改变公司的生产结构和生产方式，需要对公司的整体战略布局作出调整。根据德国西门子管理委员会声明，裁员作为公司重整计划的一部分，将会在未来两年撤约2900名员工。2018年12月，美国汽车行业的龙头制造企业通用汽车在其官网公布，将在2019年关闭7个传统的生产基地，届时，该公司将会有15%的员工可能被裁员。这一比例的背后，意味着在该公司将会有1.5万名左右的员工面临被裁掉的风险。2019年4月，在全球拥有2万名员工的曼胡默尔公布即将裁员人数，预计裁员比例为6%。换言之，作为汽车装备设备提供商的曼胡默尔在未来不久将裁掉1200名员工。

国外大型公司的裁员似乎成为某种趋势，在国内也不例外。最顶尖的科技型制造企业——华为的裁员风波尚未过去。2019年1月，根据英国《金融时报》报道，因华为供应5G网络设备在一些国家受阻，华为总裁任正非在发给员工的电子邮件中谈及裁员。在邮件中，任正非指出，未来几年，整体情况可能不会像想象中那样光明，必须为困难时期做好准备。他说，还需要放弃一些平庸的员工，降低人工费用。①

可见，无论是国外还是国内，制造业企业的智能化转型都是刻不容缓的，裁员是体现人才竞争的一种方式，更是企业转型更换新鲜"血液"的有效办法，给更多具有创新创造能力的制造业人才以新的发展机会，对于制造业企业而言也是一件幸事。制造业企业的大裁员意味着人才的稀缺，只有那些在智能化转型风口上能够走出来的制造业企业，在未来的市场中才更具有竞争力。

---

① 《华为也要裁员了，任正非发出裁员警告：放弃平庸的员工》，见奇虎网（http：//sh.qihoo.com/pc/93029392bad50a437? cota＝4&tj_ url＝so_ rec&sign＝360_ e39369d1&refer_ scene＝so_ 1）。

世界大裁员的浪潮，暗含着制造业企业的转型与业务重组。从根本上来说，它们裁掉的不是员工，而是对旧有的、落后的生产力的抛弃，被裁掉的人员有可能存在暂时性的失业，或者是技术性失业。但是，只要他们紧跟时代的发展步伐，不断地从工作中积极学习新技术、新制造业理念、掌握新的制造业技能，特别是制造业编程设计、制造业工业机器人生产、制造业工业机器人维护等的制造服务技能，很快，他们又能到新的岗位上继续为社会做贡献。

概括而言，制造业领域的机器换人不等于制造业不需要人，而是制造业更需要人才，所以势必在人才引进的同时，淘汰掉部分员工。"人才是制造业的第一资源"，制造业竞争的本质还是人才的竞争。在机器换人的过程中，可谓"机遇与挑战并存"：说是挑战，最主要还是对传统工作岗位上的员工而言的，由于岗位的缩减，制造业企业的智能化技术转向速度之快，使得他们不得不作出相应的改变，若存在对技术的不适应，其在制造生态链中的价值贡献就会缩水；说是机遇，是源于智能化转型的企业需要新型人才，所以创造了很多新型就业岗位，尤其是与智能机器人和计算机相关的岗位。

在机器换人的后期，制造产业链的任何一个环节（产品设计、原料采购、仓储运输、订单处理、批发经营、零售等），员工的智能素养要求都出现新的转变，其在工作过程中的职能就是使制造环节更加智能化、将繁重而复杂的工作交给机器自动去完成。因此，他们必将把更多的时间投入自动化生产线及其设备维护、软件开发与运用、产品的数据建模、产品的创新、品牌的打造、自动化生产线的管理等工作中，而这些本就是他们未来工作内容的主要构成部分——机器换人，最缺的是管机器的人。

与此同时，随着大数据和人工智能技术的快速发展、制造业企业转型升级步伐的加快、生产效率与质量的明显提高，以及制造业理论的深入发展，全球机器换人的程度会更加深入。未来的10～20年，全球的制造业机器换人的规模将持续扩大，应用范围也将持续向非制造业领域不断地延伸和拓展。就目前而言，越来越多国内的高等学府成立大数据和人工智能学院，如南开大学、南京大学、上海交通大学、中山大学、复旦大学等，其最终的目的都是为适应"智能+"时代的到来而培养社会所需要的新一代人才。

机器换人与智能制造是相辅相成、相互促进的关系，在换人的过程中，一方面提升了制造行业的人才素质，另一方面也提升了制造业的智能化水平和制造业企业转型升级的质量。反之亦然，制造业智能化水平的提高，又进一步影响机器换人的进度和效率。因此，为迅速提升国家的智能制造水平，提升制造业的"两化融合"的水平，我们只能采取机器换人的办法，对制造业的相关设备进行转型升级，否则，淘汰掉的不仅仅是劳动力，还会削弱制造企业以及国家制造业的全球竞争力。

需要注意的一点是，前文的叙述是否又激发了人们对于"机器换人是否等于智能制造"这个命题的思考呢？经过对传统制造业与智能制造的对比研究，我们发现，机器换人只是传统制造向智能制造转型升级的一个重要手段，而不是目的。制造业智能化的最终目的是能够精准、高效地满足制造产品消费者的个性化需求。智能制造是一种由智能机器和人类专家共同组成的人机一体化智能系统，它在制造过程中能进行智能活动，诸如分析、推理、判断、构思和决策等。通过人与智能机器的合作共事，扩大、延伸和部分地取代人类专家在制造过程中的脑力劳动。它把制造自动化的概念更新，扩展到柔性化、智能化和高度集成化。[1] 从智能制造的概念上来讲，机器换人只是智能制造中的一部分，它只能代表智能制造中由机器实现的自动化生产的那一部分，必须与人结合起来，达到一种人机融合的状态，才是真正的智能制造。

由于机器本身的智能是人类智能的延伸，因此，机器在换人的过程中，只能被迫地选择能够代替的领域而进行换人，其余则不然。在这其中

---

[1] 《智能制造》，见百度百科网（https：//baike.baidu.com/item/%E6%99%BA%E8%83%BD%E5%88%B6%E9%80%A0/4753603? fr=aladdin）。

蕴含着两层含义：第一，机器换人智能不完全代替人类劳动力；第二，机器换人创造出新的工作岗位。就第一点来看，机器换人之所以使得人们会误认为机器换人等同于智能制造，是因为人们以为机器能够全权地代替人类劳动力，从而实现全智能的生产模式，但事实是，人类劳动力无法"置身事外"。回到第二层含义，更有甚者，机器换人催生了更多新的岗位，使得人类劳动力重新投入到智能生产过程中。

重看机器换人，在制造业中被换掉的员工，绝大多数是一线员工和冗杂的办公行政人员，而真正从事研发设计、顶层规划的员工，他们依然安然无恙。这是因为，目前阶段的机器换人主要是为了解决效率与成本的双重问题，走的是智能化生产线、智能生产车间、无人工厂的路线，是对高效率和低成本的追逐。在机器人换人的过程中，把会疲惫的、劳动时长有限制的、劳动费用高昂的人类劳动力换为能够无休止工作的机器人，极大地提高了制造业的生产效率，而机器人的价值又会被无限制地转移到产品中。从长远来看，生产的边际成本几乎为零，这当然就会吸引众多企业迅速布局机器换人战略。但是，在满足消费者个性化需求层面，机器换人背景下的自动化生产，其能力是远远不足的。归根结底，真正的智能制造是能够在实现人机融合的过程中，快速而精准地响应市场个性化需求的制造模式，它在本质上有别于机器换人。总而言之，机器换人只是智能制造中的重要一环，"机器换人≠智能制造"。

四、能力再造：做一个不会被机器换掉的人

在"智能+"时代，机器换人已是大势所趋。马克思说："人们奋斗所争取的一切，都同他们的利益有关。"企业作为营利组织，更是如此，甚至可以说，企业奋斗的一切，都直接同它们的利益相关。由此衍生一个悖论，劳动者个人的奋斗与企业的奋斗之间存在着潜在的利益之争，企业的机器换人正是这个悖论在智能时代条件下的直接表征。机器换人需要掌握

智能技术的人才，而在人才引进的过程中必然会使原有的部分员工被淘汰。这也就意味着这部分员工将沦为制造业智能化转型升级的牺牲品。

机器换人最终会换掉怎样的人、不会换掉怎样的人、会引进怎样的人？这是制造业机器换人的"人才三问"。对已经在从事或者即将从事制造行业的人来说，一开始就要认真考虑这三个问题。当然，第一问在前文已经有所涉及。对于第二问和第三问，其答案其实是同一个，就是劳动者应该具备怎样的素质，才能得到制造业企业的青睐。

早在1920年，捷克斯洛伐克作家卡雷尔·恰佩克在他的科幻小说里根据 Robota（捷克文，原意为"劳役""苦工"）和 Robotnik（波兰文，原意为"工人"），创造出"机器人"（Robot）这个词，它成了机器人一词的起源。这个词体现了人类长期以来的一种愿望——创造出像人一样的机器，以便能够代替人去进行各种工作。[①] 可见，人类起初创造机器人是期望有朝一日能将自身从工作中解放出来，从而摆脱苦役劳动的束缚。

虽然事到如今，摆脱束缚的梦想依然是机器人存在之缘由，但当机器换人作为一个庞大集群忽现于人们的生活中时，人们换来的自由却是以自己的"饭碗"作为代价的，甚至很多人都还没有准备从束缚中走出来，就已经被"扫地出门"了。譬如，甲骨文公司裁员，被裁掉的中年员工无奈、惶恐，更多的是中年危机带来的焦虑和紧张，若能提前做好准备，应该会有更多选择的余地。

机器换人是制造业智能化转型的重要路径，众多制造业企业紧追慢赶地布局机器换人战略的同时，"裁员潮"与新型人才缺口都在不断地被放大。为此，与制造业紧密相关的新工科人才培养方案不断涌现，如复旦共识、天大行动、北京指南、麻省思维等（见表14-2）。

---

① 《全球经济变革中工业机器人发展战略举足轻重》，见维科网（https：//robot.ofweek.com/2015-12/ART-8321202-8120-29046858.html）。

表 14-2　新工科人才培养方案

复旦共识①	①我国高等工程教育改革发展已经站在新的历史起点； ②世界高等工程教育面临新机遇、新挑战； ③我国高校要加快建设和发展新工科； ④工科优势高校要对工程科技创新和产业创新发挥主体作用； ⑤综合性高校要对催生新技术和孕育新产业发挥引领作用； ⑥地方高校要对区域经济发展和产业转型升级发挥支撑作用； ⑦新工科建设需要政府部门大力支持； ⑧新工科建设需要社会力量积极参与； ⑨新工科建设需要借鉴国际经验、加强国际合作； ⑩新工科建设需要加强研究和实践
天大行动②	①探索建立工科发展新范式； ②问产业需求建专业，构建工科专业新结构； ③问技术发展改内容，更新工程人才知识体系； ④问学生志趣变方法，创新工程教育方式与手段； ⑤问学校主体推改革，探索新工科自主发展、自我激励机制； ⑥问内外资源创条件，打造工程教育开放融合新生态； ⑦问国际前沿立标准，增强工程教育国际竞争力
北京指南③	①明确目标要求； ②更加注重理念引领； ③更加注重结构优化； ④更加注重模式创新； ⑤更加注重质量保障； ⑥更加注重分类发展； ⑦形成一批示范成果

---

① 见360百科（https：//baike.so.com/doc/25631306-26683165.html）。
② 见360百科（https：//baike.so.com/doc/25631306-26683165.html）。
③ 见360百科（https：//baike.so.com/doc/25631306-26683165.html）。

续上表

麻省思维①	①学习如何学习（learning how to learn），指学生利用一定的认知方法主动思考和学习； ②制造（making），指新工科人才发现和创造出不存在的技术人工物的能力； ③发现（discovering），指通过采取探究、验证等方式促进社会及世界知识更新，并能产生新的根本性的发现和技术的能力； ④人际交往技能（interpersonal skills），指能够与他人合作并理解他人的能力，包含沟通、倾听、对话、情商、参与和领导团队的工作等； ⑤个人技能与态度（personal skills and attitudes），包含主动、有判断力、有决策力、有责任感、有行动力、灵活、自信、遵守道德、保持正直、能终身学习等； ⑥创造性思维（creative thinking），指通过深入思考，能够提出和形成新的、有价值的主张的思维； ⑦系统性思维（systems thinking），指在面对复杂的、混沌的、同质的、异质的系统时，能够进行综合性、全局性思考； ⑧批判与元认知思维（critical and metacognitive thinking），指能够通过对经由观察、体验、交流等方式所收集到的信息进行分析与判断，以评估其价值及正确度的思维； ⑨分析性思维（analytical thinking），指能够对事实、问题进行分解，运用理论、模型、数理分析，明确因果关系并预测结果； ⑩计算性思维（computational thinking），指能够把基础性的计算程序（例如抽象、建模等）以及数据结构、运算法则等用于对物理、生物及社会系统的理解的思维； ⑪实验性思维（experimental thinking），指能够开展实验获取数据的思维，包含选择测评方法、程序、建模及验证假设等内容； ⑫人本主义思维（humanistic thinking），指能够形成并运用对人类社会及其传统、制度以及艺术表达方式的理解，掌握人类文化、人文思想、社会政治经济制度知识

---

① 见腾讯网（https://new.qq.com/omn/20190522/20190522A0L21V.html）。

由表 14-2 可知，目前，国内外对于新工科人才的培养已经形成一定模式，从思维到共识，再到行动和行动指南一应俱全，包括复旦大学的 10 项共识、天津大学的 7 个行动、北京新工科研究与实践的 7 项指南、麻省理工学院的 12 个思维等。复旦共识、天大行动、北京指南过去被称为中国新工科人才培养的三部曲，现在加入麻省理工学院的 12 个思维（thinking of Massachusetts），总体服务于当代新工科人才培养。在此各取首字母，简称为新时代工科人才培养的"FAG+M"模式，共同致力于提高劳动者素质。

在机器换人的时代背景下，未来制造业人才的培养，不仅要借鉴 STEM、STS 教育模式的经验，还要从 PBL 教学模式中汲取经验，学界、企业界以及政府部门，都可以按照"FAG+M"模式进行新工科的人才培养。贯通制造业企业的需求、学生个人发展走向与政府政策为三位一体，实现新型工科人才的联合培养，为制造业领域源源不断地输送人才。

在制造业智能化的大趋势下，新工科人才"FAG+M"培养模式主要还是集中在宏观层面，服务于政府、学界和企业界。若要回归到劳动者个人层面，仍需要找到一条通往"FAG+M"模式所要求的能力目标的有效途径。我们认为，对劳动者能力的培养应该从如下几个方面着手，综合提高其素养和技能，确保其在"智能+"时代不被机器换掉。

一方面，劳动者个人要把自己锻造成为适应智能时代的交叉复合型人才。大数据和人工智能时代存在这样一个人才培养的矛盾点：教育界最先进的人才培养模式依然与社会对人才技能的实际要求相脱节。客观上教育资源的有限性，限制了教师对教育对象的个性化关注，这个任务需要交给学生自己去探索脱节的原因，并通过自己的努力使之串联起来形成一个闭环。从劳动者个人的角度而言，他们自己需要肩负起这个使能者的角色。智能制造时代，制造业人才应用场景中需要的人才是一种具备技术能力、创新思维能力、适应新环境的能力、终生学习的能力等的交叉复合型人才（具体参照"FAG+M"模式）。这对于劳动者来说无疑是一个巨大的挑战。

只有通过长时间的磨炼,才能获得改变。

第一,劳动者在机器换人的时代,需要认清就业形势,需要对未来社会所需的能力目标做一个提前研判。

第二,劳动者需要掌握制造的基础理论知识和基本从业技能,并注重理论联系实际,在实践中不断提高自己的实际动手能力、动脑能力、发现问题和解决问题的能力。

第三,劳动者个人需要不断地有意识地培养自身的信息素养、数据素养、智能素养,时刻保持对前沿制造技术的洞察力,对相关数据的敏感能力,以及收集数据、分析数据、数据可视化的能力等。

第四,劳动者个人需要对计算机运用能力、知识管理能力、编程代码能力、数据安全与隐私保护的能力、社会交往能力、沟通能力以及某些特殊工艺能力等个人技能和技术技能进行定期的迭代。

第五,劳动者需要磨炼和培养自身的奉献精神、工匠精神、精益求精的精神、企业家精神,在产品制造过程中能够从更高的视野、更宽泛的角度去看待制造业的未来发展,争取朝着智能制造应用型人才、智能制造系统架构师、智能制造系统工程师等"高精尖"领域跃进。

另一方面,在"政产学研用"协同发展的体系中构建劳动者技能再造的生态体系。在劳动者能力再造的过程中,企业、政府、教育机构以及社会都需要伸以援手,争取为劳动者的能力再造创造良好的生态环境,在"政产学研用"协同发展的体系中构建劳动者技能再造的生态体系。

第一,制造业企业要与高等院校和科研院所相结合,精准对接劳动者,为劳动者的实务技能训练提供现实场景,打造学习工厂,把劳动者的学习过程直接对准生产一线,使其更好地提升与大数据、智能机器人、工业互联网、3D打印等现实需求相关的能力。

第二,教育机构作为专门的人才培养基地,对劳动者的劳动能力再造具有重要意义。教育机构应该搭建新型人才培养的平台,以平台力量带动劳动者的全面发展。在制造业领域需要交叉复合型人才的时代,教育机构应该首先举起教育改革的大旗,从教育模式、教育管理制度、教学方式等方面进行改革,引进交叉复合型的教师队伍,开展师生的合作学习与探究式学习,铺设更能带动劳动者走向复合型人才发展的道路。

第三,政府要积极根据新工科人才培养相关的指标制定相关的激励政策,通过税收、财政、金融等领域的政策优惠,致力于促进劳动者能力再造,并深化与发达国家高水平应用型大学的合作,以政府的力量促成全面合作体系的形成,从而为智能制造的人才培养输送国外的先进资源和人才培养模式。

第四,社会上需要营造制造业文化氛围,以积极的制造业文化氛围熏陶制造业劳动者,使其能够在潜移默化中内化工匠精神、精益求精的精神和工程师精神。

第十五章

结语：迈向智能制造新时代

"智能+制造业"既是目前世界各大制造业国家顺应科技革命和产业变革的发展战略，也是各制造业企业重塑竞争力优势的战略抉择。智能制造业竞争力的不断增强为国家安全、国家综合实力和世界强国建设提供动力和基础。为抓住第四次科技革命的机遇，打造属于我们自己的先进制造业体系，建设制造强国，实现弯道超车，我国要在制造基础理论、生产性服务业、制造业"生态化"等方面，形成越来越协同一致的制造业智能化转型升级体系。

按照我国"十四五"规划，经济社会发展必然围绕高质量发展展开。实现我国经济高质量发展的目标，"智能+制造业"的充分实现是关键所在。当前，包括5G、云计算、移动互联网、人工智能、大数据以及区块链和数字孪生在内的新兴技术正快速发展，并不断与制造业深度融合，为"智能+制造业"的发展持续注入新动能，推动智能制造向更高层级演进，为"智能+制造业"的发展带来无限可能。

一、制造业智能化：智能制造从点向线、面深化应用

我国从2015年开始推行智能制造，其中标准体系、示范试点和顶层规划等起到了重要的促进作用，智能制造发展环境整体良好。新兴技术与制造业的融合正在逐步走向深入，制造业向智能化转型正在稳步推进。

"智能+制造业"的目的是实现智能制造。《"十四五"智能制造发展规划》指出，在制造活动的设计、生产、服务与管理等过程都引入智能制造，智能制造的主要特征包括自学习、自执行、自适应、自决策和自感知等，目的是实现制造业竞争力、效益与质量的不断提升。五个"自"代表着整个制造系统的发展方向。"智能+制造业"致力于制造业质量革命，全面实施企业数字化技术改造，推动制造业产品升级换代。智能制造作为一种生产方式，既包含生产力方面的变革，如装备、先进工艺、软件信息技术等，也包含企业组织结构、企业形态、商业模式的变革。

目前，我国智能制造从原本的普及理念和示范试点建设逐渐发展为拓展深化应用和系统创新。前期鼓励先行先试，基础较好的企业持续探索建设更高水平、更广范围的智能制造系统。同时，智能制造也从线、面两个维度深化应用，线主要是指产业链、供应链，从先行先试的龙头企业向供应链上下游的配套企业推广。面指两方面：首先是行业，从行业内的领先企业向其他企业推广；其次指区域和集群，从区域和集群内的标杆企业向其他企业推广。

以中国智能制造系统解决方案供应商联盟相关数据信息为基础，可以看出，目前柔性装配系统、加工过程数字化系统、智能运输系统、智能仓储系统以及ERP是排名前五的解决方案。在企业数字化建设不断加快的作用下，智能制造系统解决方案在服务、物流和研发等过程也深入应用，同时，方案也从原本的局部性和单项开始向集成性和综合性发展。截至2019年年初，商家可提供的智能制造项目如设备、工业软件和自动化等数量已有12000多家，为30多个行业提供服务，主要包括建材、船舶、航空航天、石油化工、电力、家电、汽车和纺织业等。

对于智能制造设备来说，《智能制造工程实施指南》中确定增材制造装备、智能物流设备、智能检测与装配装备、智能传感与控制装备、高档数控机床与工业机器人这五个装备的发展是最关键的。

根据有关数据可知，2019年年初，具有智能制造装备能力的典型企业中已有七成以上能够提供智能传感与控制装备，提供其他装备的也都在60%以上，能够对增材制造装备解决方案进行提供的企业则不足5%，仍比较少。2016年参与智能制造系统提升的企业增幅超过20%，2017年参与智能制造系统提升的企业增幅则达到37%。

智能制造不断发展和落实，不仅是制造企业高质量发展的必然趋势，更是国内供应商非常重要的发展机会。自从开始推行智能制造后，有效促进了企业转型升级，到2019年年初，智能制造试点示范项目总量为305个，推动建设了一批智能化示范工厂，组织培养了网络协同制造、大规模个性化定制、远程运维服务等新模式新业态。智能制造综合标准化与新模式应用项目投资总额为721.49亿元，总计428个项目。对于核心技术装备与工业软件来说，核心技术装备和工业软件分别为4700多套和1700多套，并且完成1300多项专利的申请。

数字化转型为制造业企业发展赋能的作用逐渐凸显。截至2021年上半年，制造业重点领域关键工序数控化率、数字化研发设计工具普及率分别达53.7%和73.7%，比2012年分别提高29.1个百分点和24.9个百分点，智能制造装备国内市场满足率超过了50%。

我国智能制造中机器人领域发展更为先进。我国在2021年9月召开了世界机器人大会，充分展现了机器人学术与应用领域的重要成果，将该产业未来的发展方向、布局以及智能制造日后发展方向进行展示。例如，"哈工轩辕"智能-实时一体化机器人专属操作系统、智能控制器模块、机器人智能驱动单元等，可以应用与机器人及智能工程装备等对智能性和实时性要求较高的场景。

近年来，我国与智能制造相关的各项新兴信息技术蓬勃发展，但技术层面的短板和卡脖子问题依然突出。2021年世界机器人大会对我国来说，在展示机器人产业领域发展优势的同时，也进一步突出了我国机器人产业发展中的卡脖子问题，核心技术方面的不足仍然是我们要主攻的短板。

机器人制造领域中存在的短板和问题，也需要通过智能制造的发展来解决。比如，目前国内外的工业化机器人还不具备现场环境的感知能力，因而在生产制造中不能根据对象的状态对作业路径进行调整，以致加工质量和精度难以达标。为此，华龙迅达采用工业互联网平台+数字孪生技术的平台来进行监测维护。

针对我国面临的工业4.0工业软件发展现状，德国墨卡托研究院给出了评估意见。从这些评估意见可知，技术、应用以及市场是我国发展工业软件过程中的主要壁垒：第一，累积效应壁垒，主要原因为工业基础不够坚实；第二，锁定效应壁垒，主要原因是用户路径过于依赖，导致非常高的转换成本；第三，生态效应壁垒，主要原因是为用户提供总体解决方案的能力不强，生态化部署在制造业整个流程中偏少。这三个壁垒是我们必须重视和打破的。

关于核心技术问题的处理，必须从自主创新力和产业基础能力方面入手，确保核心技术自控自主，在国际合作和竞争中取得优势。我国要坚持问题导向，采取一系列科学措施和政策，着力解决智能制造发展的瓶颈。

推进协同创新具有重要价值。设立大量创业链协同创新项目，促使核心技术应用的产业化发展，为产业发展和科技创新提供动力和保障。通过构建新型实验室体系，全面提升应用基础研究能力。此外，从国家层面到各重点地区、省区市全面发力，对高耗低效的落后产能实施淘汰，并通过转型、整合、创建等形式打造高质量发展示范园区，提升产业发展平台。

2021年世界5G大会在2021年8月底召开，2021年世界机器人大会在9月中旬成功举办，2021年世界互联网大会乌镇峰会9月底在浙江乌镇召开。频繁开展的高层次国际交流与合作活动，展现了在科技革命与产业变革的机遇期，我国为推动新一代信息技术的进一步快速发展，积极搭建国际协同创新合作平台，坚持共赢、互惠和开放合作的理念，措施更加务实，以推进国际创新合作交流范围的不断扩大。

科技部计划瞄准下一代信息通信技术的前沿领域，开展大维智能共生无线通信基础理论、毫米波器件、天地融合等方向的基础科学理论研究和技术研发合作，为全球经济社会发展做出新的更大的贡献。

二、制造业服务化：现代产业融合发展新趋势

近年来，随着我国制造业水平的提升，我国国民经济中生产性服务业占比不断增大，作用不断增强。全球产业竞争战略以生产性服务业为最高层次，也是产业结构转型和竞争力提升的重要支撑力量，其依附于制造业企业而存在，凭借着高科技和高附加值的优点，贯穿于整个生产过程，与其他各行业有着紧密的技术经济联系，在维持产业链的连续性、促进产业优化和提高劳动生产效率等方面发挥着重要作用。[①]

随着现代产业融合成为发展趋势，我国顺应时代发展，有力推进产业融合，促使服务业与制造业的相互渗透，即服务业制造化发展、制造业服务化发展。

随着制造业智能化发展进度的不断推进，其服务化发展也是各国产业发展的主要方向，从产品或服务的供应商向综合解决方案供应商转变的企业数量不断增多。按照《国民经济和社会发展第十四个五年规划和2035年远景目标纲要》，要加大推进和落实智能制造与绿色制造项目的力度，创新发展服务型制造模式，促进制造业绿色化、智能化和高端化发展。

制造业服务化指的是在科技信息高速发展、客户个性化需求以及经济全球化发展的背景下产生的新型生产组织与商业模式，是制造业与服务的有效结合，这种新型的产业模式促使企业从原本的产品（服务）供应商逐渐发展为综合性解决方案供应商。

当前，我国制造业转型升级由服务化提供源动力，新一代信息技术也有利地推动了制造业服务化升级和转型，在如今数字智能时代下产业发展与革命过程中的产物之一就是服务型制造。

---

① 毛晓蒙、刘明：《生产性服务业的产业关联与波及效应》，载《统计与决策》2021年第18期，第116-119页。

服务型制造是现代产业体系的核心内容,体现了构筑新产业发展格局的规律性、趋势性要求。定制化生产是服务型制造的典型方式之一,服务与制造的深度融合是服务型制造最高端的发展局势,是以产业组织关系重建为基础的新型产业格局的构建。

服务型制造能提升制造业对国内需求的适配性,提高产品品质和智能化水平,满足已有市场需求。通过发展大规模个性化定制、用户参与设计制造等新模式,快速低成本满足个性化的需求,使市场多样化需求与生产制造的匹配实现动态化。

现代化服务业和先进的制造业深度融合,生产与流通、制造与消费融合共生,共同创造新的生产模式及新业态。服务型制造在培育新型产业和传统产业升级转型的过程中都将其强大的效能充分展现了出来。

随着互联网、大数据等新兴信息技术的发展,生产性服务业与制造业服务化越来越融合在一个大的制造体系当中。2021年3月,发改委、教育部等十三部门出台《关于加快推动制造服务业高质量发展的意见》,旨在加快推进制造业与服务业的融合。

2020年7月,工信部、发改委等十五部门出台《关于进一步促进服务型制造发展的指导意见》,提出加强示范引领,服务型制造不断完善,构建具有深度、广度和全面融合的发展局势,并且面向企业推举了9+X种模式的服务型制造发展具体方向。

国家政策促进了地区生产性服务业与制造业的加速融合。《上海市先进制造业发展"十四五"规划》提出要着力打造高端产业群,发展电子信息,推动制造向服务延伸,加强产业细分领域布局,促进产业集群化、生态化发展。此外,前瞻性布局了下一代通信、类脑智能、新型生物制造、氢能高效利用、深海空天开发等未来产业;积极发展总集成总承包服务、研发和设计服务、产业电商等知识密集型生产性服务,促进生产性服务业良好发展,为智能制造发展提供支撑。

为推动制造业转型升级,促进制造业服务化,可以从推动核心技术研发创新、构建制造业服务化生态系统、加强国家工业互联网大数据中心体系建设、强化复合型人才培养、发挥相关企业示范引领效应等方面着重发力。

在政策大力推动下，2021年，我国制造业与服务业加速深度融合。截至2021年10月底，我国已分两批确定40个区域、80家企业开展先进制造业和现代服务业融合发展试点建设，两业深度融合有效激发了先进制造业的发展活力。

显然，要实现制造强国的梦想，必须深入研究产业融合发展的规律，对现代服务业和先进制造业发展高度重视，尤其是借助大数据、人工智能、互联网等新一代信息技术，促使服务业与制造业实现更深层次的结合，加快服务业制造化与制造业服务化的快速发展，推进智能制造和绿色制造等产业的发展，形成创新驱动发展的强大力量，共同推动制造业高质量发展。

三、制造业"生态化"：实现绿色高效发展

随着社会生产的发展，资源的有限性与社会对资源的需求形成了鲜明的对比，加之资源空间配置效率低下，因而加大生态治理的力度迫在眉睫。制造业要实现高质量发展，必须走"生态化"的道路。

制造业是能源资源消耗和环境污染的主要部门，制造业的发展一直受到能源、资源、环境的约束。近年来，原材料价格上涨、能源紧张、环境保护受到更多关注。制造业对环境的影响包括两个方面的因素：制造业环境污染的影响因素和绿色技术因素。制造业环境污染的影响因素主要有环境标准和立法，供应链、生产资源再分配。绿色技术因素包括制造业的环保动机，制造业使用清洁生产技术和非清洁生产技术的差异。

生态环境问题的根源在于经济建设和环境保护的失衡，政府应依托其坚固的中心地位，加大监管力度，督促企业强化环境责任意识，重视产业

结构的优化调整，进一步提高企业生产治污处理技术，从而促进资源合理优化配置。

首先必须依托现代产业链的建构，转变粗放型经济增长方式，合理利用资源，以绿水青山就是金山银山理念为指引，促使制造业与服务业协同发展和高质量发展水平的不断提升，从而改善生态效应。生产过程从局部粗放走向全面精细化，实现绿色高效发展，"智能+制造业"是核心支撑。"智能+制造业"能够促进生产性服务业和制造业的协同集聚，通过提高科技水平降低生态改善难度，科技水平的进步带动创新效应的涌现能够有效提高生态治理水平。研究证明，生产性服务业和制造业的协同集聚对生态改善有显著的长期效应。[①] 因此，智能制造发展尤为关键。以制造的根本为基础，对智能优势充分应用，围绕装备与工艺，在数据安全的前提下，通过各个载体如供应链、工厂、车间和制造单元等，实现高效、安全、低碳环保、动态改进、知识驱动和虚实结合的智能化制造系统的构建。

推动地区之间制造业与生产性服务业充分融合促进生态治理水平的提高。地区是一个开放包容的经济体，地区之间的文化交流、知识溢出会有效地推动技术进步。技术是引领发展的动力，二者充分融合，利用先进技术为生态优化提供动力，从而促进地区之间形成生态治理成果的"产业链"，进一步强化地区间的联系，从而有效提升地区整体生态治理水平。

"智能+制造业"的深化促进企业效率和效益得到提升。智能制造企业由于其在竞争中的优势，一般来说，有更多的资金投入技术创新与成果转化环节，成功的技术创新能够有效发挥其清洁能力，从而起到改善生态环境的作用。

"智能+制造业"对创新型高水平人才需求尤为迫切。人力资本素质越高，越容易接受新思想，其自身的行为会对生态改善产生正向的促进作用。一是高素质人力资本在接受高等教育之后，在思想观念、生活习惯以

---

① 毛晓蒙、刘明：《生产性服务业的产业关联与波及效应》，载《统计与决策》2021 年第 18 期，第 116-119 页。

及社会同理心方面都会有很大的不同。他们更多的是追求精神层面的享受，因而会更加注重社会制度的约束，从而使得"绿水青山就是金山银山"理念被有效践行。二是高素质人力资本集聚通过提高技术创新水平，会进一步提高劳动生产率，大大降低生态治理的难度，从而使得生态效应的现状得到明显改善。

展望未来，"十四五"阶段建设智能制造工程具有新思路，将以新一代信息技术与先进制造技术深度融合为主线，以应用水平、支持能力、供给和创新为出发点，为智能制造发展提供动力，加快实现智能化与数字化升级转型，为制造业高质量发展以及推动制造业"生态化"提供有力支撑。

推动"智能+制造业"更好体现生态环保理念，有助于促进实现"双碳"目标，深入落实国家关于"碳达峰""碳中和"的战略部署。未来5~15年，制造业将重点推进数字化补课、网络化普及、智能化提升。到2025年，关键行业中的重要数字化、网络化将初步完成，集成和协同将成为制造活动的主要特征，制造业"生态化"将得到充分实现。

四、实现"制造强国梦"：制造业系统全面智能化

智能制造是作为制造大国的中国向制造强国发展的重要任务，也是供给侧结构性改革过程中主要攻坚的领域，是中国制造实现高质量发展的必由之路。

我国的智能制造市场已茁壮成长起来。从2015年到2018年，工信部确定的智能制造试点示范与新模式项目分别为305个和420个，包含100多个行业，将国内全部省份都包括在内，数字化车间与智能工厂建设了700多个。经过智能优化后的项目，生产效率平均增长45%左右，运营成本下降25%，能源应用效率增长20%，不良产品率下降35%，研发周期缩短35%。根据相关测算，2020年，中国智能制造系统解决方案市场规模达

到了 2300 多亿元，"十三五"期间保持 20% 以上的高增长速度，初步建成了一批数字化车间与智能工厂。

从 2012 年到 2020 年，我国制造业增加值由 16.98 亿万元增长近 30%，完成了世界上规模最大的光纤和移动通信网络的构建，固定宽带从百兆提升到千兆，光网城市全面建成；移动通信从 4G 演进到 5G，实现网络、产业、应用全球领先，为制造业的转型升级提供了较好的基础，光伏、新能源汽车等重点产业跻身于世界前列，通信设备、高铁等一大批高端品牌走向世界。截至 2021 年 9 月底，我国已培育 4 万多家"专精特新"企业、4700 多家"小巨人"企业、近 600 家制造业单项冠军企业。[①]

我国在数字化设计与制造、机器人、增材制造、智能传感器等方面实现企业技术中心、重要实验室和创新中心等建设，在核心工业软件和技术装备方面获得了很多成果。据初步统计，我国已突破并应用了 8300 多台（套）智能制造关键技术装备，开发并应用 3500 多套核心工业软件，智能制造装备在我国市场的满足率已经高于 50%。

尽管发展前景乐观，但新一代信息技术在工业领域更加广泛的落地还面临着诸多深层次的困难，尤其是当很多应用创新与场景和业务深度结合时，会发现碎片化现象比较严重。

围绕由制造大国走向智造强国的战略目标，我国制造企业的发展壮大才是核心要义。只有弥补制造企业的发展短板，才能最大限度提升中国制造业的水平，发挥制造效能。

为促进智能制造领域的协同创新，我国完成智能制造系统解决方案供应商联盟的设立，对软件开发商、工业自动化供应商、用户和装备企业等在向智能制造系统解决方案供应商发展的过程中提供引导和动力。如今我国共有 5000 多家智能制造系统解决方案供应商，有 43 家主营收入超过 10 亿元。

---

① 秦海林、张潇潇、王高翔：《我国制造业稳步迈向高质量》，载《经济》2021 年第 12 期，第 80-83 页。

最近，我国明确规定要对新兴信息技术和先进制造业予以激励和支持。2021年12月发布的《国务院办公厅关于新形势下进一步加强督查激励的通知》（国办发〔2021〕49号）第四条规定：对促进工业稳增长、推动先进制造业集群发展、实施产业基础再造工程、保持制造业比重基本稳定等方面成效明显的市（地、州、盟），由工信部负责，在传统产业改造提升、智能制造示范工厂等试点示范工作中给予优先支持；第七条规定：对建设信息基础设施、推进产业数字化、加快工业互联网创新发展、促进网络与数据安全能力建设等工作成效明显的市（地、州、盟），由工信部负责，在创建国家产融合作试点城市、国家新型工业化产业示范基地等方面给予优先支持。

在"十四五"阶段，我国将重点强化智能制造系统创新、提升智能制造供给动力、深化智能制造推广应用和夯实智能制造发展基础。对基础技术进行突破，包括混合建模技术以及设计仿真技术等，对先进工艺技术进行研发并应用，对共性技术如高性能控制和智能感知技术等不断攻克，针对工业领域中的适用性技术如边缘计算、大数据、5G和人工智能技术等加大研发力度。不断推进智能工厂和智能车间建立，进而实现专用和通用的智能制造装备研发与转型升级速度的加快。鼓励建立智能制造先导区，打造核心装备与创新资源集聚、实验集聚地和智能制造技术创新基地。

"十四五"时期是中国制造业奋力迈向高质量发展的重要阶段。我们有必要通过强化高端产业引领功能，积极参与全球产业合作与竞争，开阔视野，创新技术，汇聚全球智慧与创造力，促进制造业朝着智能化转型升级，为实现我国经济高质量发展和"制造强国"提供根本动力。